GABRIELE GERNER-HAUDUM
WELKOM AFRIKA
Auf dem Motorrad von München nach Kapstadt

GABRIELE GERNER-HAUDUM

WELKOM AFRIKA

Auf dem Motorrad von München nach Kapstadt

hansa**nord**

IMPRESSUM

1. Auflage 2011
Copyright der deutschen Ausgabe:
© 2011 hansanord
Alle Rechte vorbehalten

Das Werk einschließlich aller seiner Teile ist urheberrechtlich geschützt. Jede Verwendung außerhalb der Grenzen des Urheberrechtsgesetzes ist ohne Zustimmung des Verlages nicht zulässig und strafbar. Das gilt vor allem für Vervielfältigung, Übersetzungen, Mikrofilmungen und die Einspeicherung und Verarbeitung in elektronischen Systemen.

ISBN: 978-3-940873-04-0

Covergestaltung und Gesamtbearbeitung: Stephanie Endemann
Bearbeitung und Lektorat: Dr. Renate Oettinger
Druck: AZ Druck und Datentechnik GmbH, Kempten
Printed in Germany

Für Fragen und Anregungen:
info@hansanord-verlag.de

Fordern Sie unser Verlagsprogramm an:
vp@hansanord-verlag.de

hansanordVerlag – ein Imprint des IMAGINE Verlag
Johann-Biersack-Str. 9 • 82340 Feldafing
Tel. +49 (0) 8157 59 69 48
info@hansanord-verlag.de
www.hansanord-verlag.de

Inhalt

Kapitel 1	Geht denn das überhaupt in der kurzen Zeit?	?
Kapitel 2	Die Balkanstaaten – da müssen wir ziemlich schnell durch!	??
Kapitel 3	Türkei – gastfreundliche Menschen an jeder Ecke!	??
Kapitel 4	Syrien – jetzt wird es orientalisch!	??
Kapitel 5	Jordanien – es wird warm – 42 Grad in Aqaba.	??
Kapitel 6	Ägypten – ein (Alb)Traum wird wahr!	??
Kapitel 7	Der Sudan – verlangt einem alles ab!	??
Kapitel 8	Äthiopien – nur schwer zu verkraften – You! You! You!	??
Kapitel 9	Kenia – Jambo! Die schlechteste Piste in ganz Afrika.	??
Kapitel 10	Tansania – Afrika pur! Ein Paradies.	??
Kapitel 11	Malawi – Afrika poor! Aber sehr schön!	??
Kapitel 12	Zambia – das wird ja immer schöner!	??
Kapitel 13	Botswana – tierisch gut!	??
Kapitel 14	Südafrika – Zielland erreicht!	??
Kapitel 15	Lesotho – Das Königreich in den Bergen.	??
Kapitel 16	Zurück in Südafrika – Ein Traum geht zu Ende.	??
Kapitel 17	Fazit	??
Kapitel 18	Tipps und Ausrüstung	??

Kapitel 1

Geht denn das überhaupt in der kurzen Zeit?

Unsere Zweifel, ob es überhaupt möglich ist, in 13 Wochen mit den Motorrädern von München nach Kapstadt zu kommen, wollen wir jetzt beseitigen und darum sitzen wir bereits beim dritten Cappuccino in der Küche und fragen uns, wann denn der Regen ein bisschen leichter wird oder vielleicht sogar aufhört, damit wir endlich losfahren können. Da sich die graue Wolkendecke nicht lichtet und wir überzeugt sind, dass nasses Wetter in den nächsten 3 Monaten sowieso zu den eher kleinen Problemen gehören wird, fahren wir bei strömendem Regen Richtung Balkan los. Mit den neuen Regenklamotten sehen wir jetzt allerdings auch nicht wesentlich besser aus als mit den alten. Das geht ja gut los! Neue Reifen, Regen, Wind, das schwere Gepäck: ein Traum! Schon nach ca. 100 Metern schwimmt das Motorrad so sehr, dass ich glaube, die Monteure vom Reifendienst haben mir die Reifen nicht richtig montiert. Aber bereits nach wenigen Kilometern auf der Salzburger Autobahn läuft es einigermaßen rund, alles fährt sich sozusagen ein und trotz klitschnasser Straße stellt sich schon Spaß ein. Die Aussicht auf 13 Wochen Freiheit und Auszeit vom Alltag ist überaus erfreulich!

Ich bin vor Jahren in Griechenland hinten auf dem Leihmotorrad von Christian, meinem Mann, mitgefahren, das hat mir bis dahin immer gut gefallen. Ich hatte da noch keinen Motorradführerschein. Auf einmal hat es mir dann aber gereicht, dass ich eigentlich immer nur entweder links oder rechts an seinem Kopf vorbeischauen kann und ich habe ihm ins Ohr geschrien (das ging da noch sehr gut, weil wir damals vor lauter cool natürlich keine Helme getragen haben), dass es jetzt reicht, gleich in München werde ich den Führerschein machen und dann möchte ich mit einem eigenen Motorrad durch Afrika fahren. Also in München sofort den Führerschein gemacht, Prüfung bestanden, taggleich eine XT 600 gekauft und damit hat die Motorradkarriere begonnen. Bis Afrika hat es dann aber mehr als 10 Jahre gedauert!

Letztes Jahr war ich schon einige Wochen mit dem Motorrad im Iran, allerdings allein, da Christian nicht wegkonnte und er am Iran auch nicht sonderlich interessiert war. Jedenfalls ist mir da der Wind der Freiheit schon um die Nase geweht und ich wollte das unbedingt in irgendeiner Form wiederholen. Und dazu kommt, dass Christian die Tatsache, dass ich allein so eine abenteuerliche Tour gemacht habe, natürlich nicht so im Raum stehen lassen kann! Das muss in jedem Fall getoppt werden. Er muss da jetzt unbedingt etwas Größeres machen, ich kann ja dabei sein, das zählt dann trotzdem. Wir sind beide absolute Afrikafans und haben Afrika auch schon mehrmals bereist, allerdings noch nicht mit dem Motorrad. Und so entscheiden wir uns sehr zügig für eine Durchquerung von Norden nach Süden entlang der Ostroute. Und das ist ja dann auf jeden Fall mehr als nur Iran, oder?

Gut gelaunt, dass wir so schnell zu einem „vernünftigen" Ergebnis gekommen sind, fangen dann auch ca. 9 Monate vorher mit den Grobplanungen an. Andere bekommen in dieser Zeit ein Kind, wir bestellen Koffer, Motorschutzbügel, Gepäckrollen, Schlafsäcke, Zelt und noch viel mehr. Fix ist eigentlich nur, dass wir mit unseren vorhandenen Motorrädern fahren, Christian mit seiner BMW 1200 GS, ich mit meiner kleinen BMW F650 GS. Christian bezeichnet mein Motorrad zwar immer als fahrenden Rasenmäher aber was soll`s, ich muss ja schließlich damit fahren. Mein Motorrad ist mir auf vielen Reisen in Europa und eben letztes Jahr in den Iran sehr ans Herz gewachsen.

Kapitel 1 – Geht denn das überhaupt in der kurzen Zeit?

Die Sitzhöhe ist für mich optimal und vom Gewicht her geht es auch einigermaßen, obwohl ich insgesamt schon der Meinung bin, dass Motorräder einfach für Männer gemacht sind: alles ein bisschen zu groß, zu schwer, zu hoch.

Aus dem Internet holen wir Informationen, wir kaufen Motorradzeitschriften, es tauchen Fragen über Fragen auf: wie viele Wassersäcke brauchen wir, nehmen wir 2 oder 4 Reservetanks mit, welche der vielen überflüssigen Extras, die angeboten werden, bestellen wir doch noch, nehmen wir wirklich ein großes Zelt oder reicht ein kleineres Notzelt und, und, und? Natürlich nehmen wir die Höchstzahl an Wassersäcken mit, dazu 4 Reservetanks, das Zelt wird auch eines von der großen Sorte falls wir überraschend doch oft campen und an den Extras sparen wir auch nicht unbedingt. Viele Abende hocken wir über den Karten, Libyen ja oder nein, das Motorrad nach Kairo fliegen lassen oder doch ab München fahren, mit der Fähre bis nach Griechenland oder nicht? Was hat es mit dieser legendären Fähre von Assuan nach Wadi Halfa wirklich auf sich, wann fährt die denn jetzt tatsächlich? Beim Besuch verschiedener Motorradforen habe ich manchmal den Eindruck, dass dies bis in alle Ewigkeit ein Geheimnis bleiben soll, das darf nicht klar und einfach beantwortet werden, diese Frage muss sich jeder immer wieder stellen und die Beantwortung kann man sich nur mit vielen, vielen Nachfragen verdienen. An und für sich ist das Ganze ja sehr einfach. Man glaubt es kaum aber ich habe die Fähre dann schlussendlich von München aus per Mail vorausgebucht.

Ursprünglich haben wir ja die Variante Kapstadt nach München favorisiert. Irgendwann fällt uns dann aber auf, dass wir dann vom ersten Moment an immer nur „nach Hause" fahren und wer will denn das schon? Wir wollen doch unbedingt weg und nicht gleich wieder zurück! Die Zeit der Planungen und auch die Abende und Wochenenden, die wir in der Garage mit unseren 2 Böcken zubringen, ist wunderbar! Und nachdem Christians Arbeitgeber die Auszeit genehmigt hat, setzen wir auch gleich den exakten Abfahrtstermin, den 06.Juli, fest. Bei mir ist das alles etwas einfacher da ich selbständig bin. Für mich war seit dem ersten Gespräch klar, dass ich die Reise mache und zwar genau dann, wenn es bei Christian auch geht, egal ob da ein paar Aufträge auf der Strecke bleiben. Von den tollen Messeständen, die ich im richtigen Leben plane, kann ich im Alter nicht zehren, von Abenteuern schon, solche Erlebnisse kann einem nie wieder jemand nehmen.

Schnell fällt uns auf, dass Motorräder wie Sparbüchsen sind, aus denen aber nie wieder etwas rauskommt. Wir machen viele Ausflüge zu den „Zubehörlieferanten" und jedes Mal heißt es da dann wieder, wir brauchen unbedingt auch noch dies und das und es wäre eh komisch, dass wir das noch nicht hätten, das hat ja quasi jeder. Die Verkäufer bringen Dinge ans Tageslicht, da käme ich nie auf die Idee, dass man so etwas überhaupt benutzen könnte. Hier noch ein Blech und da noch eine überflüssige Abdeckung! Ich bin dann auch nicht so anfällig und lasse das meiste im Laden, wo es meiner Meinung nach besser aufgehoben ist. Wenn man da nicht aufpasst ist man schnell mit einer Weicheifuhre nach Afrika unterwegs, schrecklich!

Sehnsüchtig fragen wir uns immer wieder, wann es denn endlich losgeht und irgendwann heißt es dann: ja, am Montag halt! Am letzten Wochenende wollen wir eigentlich noch relaxen aber prompt gibt unsere Videokamera noch den Geist auf und eine neue muss her. Christian besorgt eine neue Kamera, schlecht ist nur, dass wir damit keinerlei Erfahrungen haben. Aber das wird schon noch kommen.

Kapitel 2

Die Balkanstaaten – da müssen wir ziemlich schnell durch!

Kurz vor Holzkirchen geht mir dann noch durch den Kopf, ob ich auch alles ausgeschaltet, abgedreht und verriegelt habe. Ich schätze aber, dass alles passt und wenn nicht, dann sind da ja noch unsere lieben Nachbarn, die wir anrufen können. Jedenfalls schüttet es wie aus Kübeln, es ist zum Auswachsen. Irgendwo kurz vor der österreichischen Grenze kaufen wir uns noch die Pickerl und fahren dann weiter bis Villach. Tanken, eine Kleinigkeit essen, ein bisschen auftrocknen und schon geht es weiter Richtung Slowenien und dann, weil wir ja gerade so zügig unterwegs sind, gleich noch nach Kroatien. Immer in der Hoffnung, dass wir den Regen jetzt bald hinter uns lassen. Erich, mein Bruder, reserviert uns praktisch parallel zur Fahrt ein Zimmer in einem kleinen Hotel in Slavonski Brod. Und es ist dann auch gut, dass wir nach 730 Kilometer Dauerregenfahrt endlich ankommen und nicht mehr lange nach einer Unterkunft suchen müssen. Das Hotel ist entzückend.

Und schon beginnt der typische Abend eines Motorradreisenden: als erstes die Wäsche von heute waschen. Eines der wichtigsten Utensilien auf der ganzen Reise ist die dehnbare Wäscheleine, die ohne Wäscheklammern auskommt. Man spannt die Leine im Zimmer von A nach B. Das klingt jetzt sehr einfach, meistens ist aber auf den ersten Blick weder ein A noch ein B zu sehen. Wenn sie dann doch gespannt ist, hängen wir alles auf und hoffen, dass es bis morgen früh trocken wird. Einiges legen wir in diesem speziellen Fall auch auf die Heizung, da die Aussicht auf trockene Wäsche bei nahezu 100 % Luftfeuchtigkeit praktisch null ist. Als nächster Punkt steht die Suche nach Essbarem auf dem Programm. Gut, dass es hier im Hotel ein Restaurant gibt. Erich spürt uns telefonisch über die Rezeption auf und fragt, ob mit dem Zimmer auch alles in Ordnung ist. Die Angestellten hier werden sich denken, dass wir vermutlich die letzten Europäer ohne Handy sind. Tatsächlich aber haben wir beschlossen, die Handys nur anzuschalten, wenn wir irgendwo anrufen wollen. Ansonsten kommt man ja aus dem Alltag wieder nicht raus. Und diesmal wollen wir uns freundliche aber manchmal überflüssige Gespräche wie folgt sparen: Hey, wo seid ihr denn, seid ihr schon in der Türkei? Nein, wir sind noch in Bulgarien! Ja warum seid ihr denn noch in Bulgarien, ihr solltet doch schon in der Türkei sein? Ja, sind wir aber nicht! Ja, kommt ihr dann morgen in die Türkei? Ja, wahrscheinlich kommen wir morgen in die Türkei...

Bei einem Balkanbierchen fragen wir uns gleich am ersten Abend, ob das alles so seine Ordnung hat und ob das jetzt wirklich das ist, was wir wollen. Das Ergebnis: Ja, passt schon! Die einen verbringen Ihre kostbare Urlaubszeit im Luxushotel auf den Malediven und wir fahren halt durch den Regen Richtung Afrika. Ist doch auch ganz nett, oder? Todmüde schlafen wir bei deutschem Fernsehen hier in Slavonski Brod ein.

Beim Frühstück taut die Restaurantperle von gestern Abend auf und bringt sogar ein Lächeln hervor, bevor sie dann mit uns noch zu den Motorrädern geht und uns den kürzesten Weg aus besagtem Slavonski Brod zeigt. Sehr freundlich! Es regnet wieder, nicht mehr ganz so stark wie gestern aber trotzdem, besonders erfreulich ist das nicht! An der Grenze zu Serbien kommt aber die Sonne durch, endlich! Der Grenzübertritt klappt problemlos, die Leute sind sehr freundlich. Und bei Sonnenschein ist ja eh alles gleich anders.

Die Autoput ist übrigens äußerst langweilig, die praktisch einzigen Unterbrechungen sind die vielen Zahlstellen. Die einzelnen Beträge sind zwar nicht besonders hoch aber sie summieren sich auf. Und bei zwei Motorrädern ist das natürlich besonders unangenehm.

Alternativ zur Autoput haben wir den Autoreisezug von Villach nach Edirne überlegt, erfahren aber aus mehreren Foren, dass die eigentliche Reisezeit von ca. 28 Stunden meistens überschritten wird und man ganz schnell einmal bis zu 40 Stunden im Zug verbringt. Das ginge zur Not ja auch noch aber da das Zugrestaurant nur als Treffpunkt für Reisende dient und es wegen der verschiedenen Lebensmittelvorschriften der zu durchfahrenden Länder keinerlei Möglichkeit gibt, im Zug während der gesamten Fahrt etwas Essbares zu erstehen, haben wir das Ganze schnell abgebrochen. Außerdem soll es ja eine Motorradreise und keine Zugfahrt werden.

Wir beschließen, heute noch nach Bulgarien zu fahren und am besten in Sofia zu übernachten. Bei der heutigen Gesamtstrecke von wieder ca. 600 Kilometern sind wir froh, dass wir die bulgarische Grenze in sehr kurzer Zeit passieren, da winkt uns nämlich ein freundlicher Grenzer neben der Spur durch und so sparen wir uns viel Wartezeit. Und vom letzten Jahr weiß ich ja noch, dass man sich mit dem Motorrad nicht in der langen Schlange für die Straßenmaut anstellen muss, man lernt ja dazu. Es ist allerdings sehr viel Verkehr, damit haben wir nicht gerechnet.

Wir erreichen Sofia ziemlich spät und die Fahrt zum Zentrum führt an einem Elendsviertel direkt neben der Hauptstraße entlang. Hier leben hauptsächlich Sinti und Roma. Die sehr hübschen aber armselig gekleideten Kinder kommen schnurstracks zu den Motorrädern, da wir an einer Ampel endlos lange warten müssen. Sie möchten Geld, sind aber nicht wirklich aufdringlich. Aus den Hütten im Viertel schaut die pure Armut heraus, das gibt einem schon sehr zu denken. Wenn man überlegt, dass Bulgarien ja zur EU gehört! Vereinzelt gibt es so krasse Unterschiede zu Deutschland, da sind Welten dazwischen, da ist noch viel Zeit und Geld nötig, um das irgendwann auf ein einigermaßen gleiches Level mit den anderen Staaten der EU zu bringen.

Das Zentrum selbst ist teilweise außergewöhnlich schön, großzügige, sehr saubere Plätze, wunderbare goldene Kuppeln, die Newski Kathedrale, das alles wäre schon einen längeren Besuch wert. Da es aber schon spät ist und riesige schwarze Gewitterwolken über der Stadt hängen, müssen wir schnell eine Unterkunft finden. Außerdem müssen wir hier in Bulgarien die Uhren ja bereits eine Stunde vorstellen und so ist es gefühlt ja nochmal später. Da es sich nach unseren Informationen hier in Sofia unbedingt empfiehlt, dass man eine sichere Parkmöglichkeit für die Motorräder hat, habe ich mich diesbezüglich schon vorher erkundigt und bin dabei auf ein relativ teures Hotel gestoßen. Wir finden es nicht, auch nachfragen bringt nichts, es ist immer irgendwie zu weit weg. Und da kommt Todor ums Eck, seines Zeichens ebenfalls Motorradfahrer. Er kennt das Hotel auch nicht, sucht es aber mit uns zusammen und fährt eine geschlagene Stunde vor uns her bis wir endlich am Ziel sind. Wir tauschen noch Telefonnummern und Mailadressen aus, dann fährt Todor eine weite Strecke zurück, so ein freundlicher Mensch!

Nach langen, zähen Verhandlungen bekommen wir endlich ein sehr schickes Zimmer. Und dann wieder „the same as always", Wäsche waschen.... Im Hotel gibt es WLAN und so können wir mit unserem Netbook direkt im Zimmer ins Internet. Christian hat zuhause schon alles für unsere Website vorbereitet und so ist es an und für sich relativ einfach, die Berichte ins Internet zu stellen. Er schreibt dann auch die Zusammenfassung der letzten beiden Tage. Für mich ist das aber nur reine Statistik. Gut möglich, dass es den einen oder anderen interessiert, dass wir mit einer von seinem Bordcomputer abgelesenen Durchschnittsgeschwindigkeit von 67,3 Stundenkilometern 1.413 Kilometer weit gefahren sind und dabei dreimal getankt haben. Mich würden aber die Geschichten dazwischen interessieren und die fehlen komplett. Christian ist aber der Meinung, dass das, was er schreibt, schon reicht, man müsste ja nicht gleich übertreiben. Ich wollte das alles mit dem Internet ja von Haus aus nicht und habe ihm gesagt, dass ich damit nichts zu tun haben möchte. Irgendwie hatte ich aber von Anfang an den Verdacht, dass da etwas an mir hängenbleibt. Also gebe ich noch schnell meinen Senf zu seiner Statistik dazu, so lebt alles wenigstens ein bisschen. Wenn Christian da künftig nicht deutlich mehr Herzblut in die Berichterstattung hineinfließen lässt, nimmt das kein gutes Ende!

Später gehen wir hinunter in die Lobby und da gefällt mir dann ganz besonders, dass wir in Outdoorhosen und Schlappen durch die Rezeption von diesem 5-Sterne-Hotel „flanieren", diese Kombi macht sich schon gut zwischen den ganzen Anzugträgern. Das Essen im Hotel ist nicht unbedingt unsere Sache und wir wollen ja wenigstens ein bisschen was von Land und Leuten sehen und so gehen wir trotz Regen noch in ein Restaurant außerhalb. Wir genießen noch ein Gläschen Wein und eine ganz seltsame Art von Pizza, die aber genauso scharf wie ausgezeichnet schmeckt. Ein angenehmer Ausklang eines schönen Tages. Danach schlafen wir wieder bei einem langweiligen deutschen Film ein. Das darf jetzt aufhören! Auch heute fragen wir uns wieder: sind wir so müde oder ist das deutsche Fernsehen so schlecht?

Todor hat uns gestern noch den Tipp gegeben, dass wir nicht, wie eigentlich geplant, über Edirne in die Türkei einreisen sollen, da wären zu dieser Zeit wahre Heerscharen unserer türkischen Mitbürger Richtung Heimat unterwegs und fünf bis sechs Stunden Wartezeit wäre keine Seltenheit. Wir sollen in Svilengrad Richtung Griechenland abbiegen und dann den Grenzübergang Ipsala in die Türkei benutzen. Dort soll wenig los sein, weil die Griechen von den Türken zur Einreise ein Visum verlangen und die Türken deswegen Griechenland meiden.

Das machen wir auch und sowohl die Ausreise aus Bulgarien als auch die Einreise nach Griechenland sind schnell erledigt. Die Landschaft, durch die wir jetzt fahren, ist herrlich, viele Sonnenblumenfelder, die Luft flirrt vor lauter Hitze. Die Temperatur hat mittlerweile 37 Grad im Schatten erreicht. In einer kleinen Ortschaft essen wir einen griechischen Salat, köstlich und erfrischend! Ganz besonders reizend sind die Störche in ihren Nestern auf den Kaminen der kleinen Häuser. Störche suchen sich schon sehr idyllische Gegenden aus.

Fazit Balkanstaaten: es wäre gut gewesen, wenn wir ein bisschen mehr Zeit gehabt hätten. Die Autoput ist einfach extrem langweilig und man sollte die wirklich nur fahren, wenn man schnell vorwärts kommen will oder muss! Ansonsten gäbe es so viel zu sehen, man könnte hier natürlich einen Extra-Urlaub verbringen. Wir können uns aber gut mit der schnellen Durchfahrt abfinden, weil unser wirkliches Ziel ja Afrika ist!

Kapitel 3

Türkei – gastfreundliche Menschen an jeder Ecke!

Jetzt wird es türkisch: „Türkiye`ye Hosgeldiniz – Welcome to Turkey". Wie schön, dass wir da sind! Gleich an der Grenze werden türkische Flaggen in allen Größen und Qualitäten verkauft, die Nachfrage ist groß und die Heimkehrer nutzen jede Möglichkeit, die Fahnen und Fähnchen am Auto anzubringen. Na wenn das kein Nationalstolz ist? Am liebsten würde ich mir auch gleich eine Fahne kaufen, weil ich mich so freue, dass wir hier sind.

Da die Tagesetappe mit 550 Kilometern zuzüglich zwei Grenzübergängen doch wieder sehr lang war, fangen wir gleich hinter der Grenze an, nach einem Hotel zu suchen. Das erste finden wir direkt an einer Tankstelle in Kesan. Das ist jetzt nicht meine favorisierte Lage aber Christian meint, es wäre schon gut, wenn wir jetzt hotelmäßig mal in die Puschen kommen. Ich frage an der Rezeption nach und lasse mir ein Zimmer zeigen. Es ist nichts Besonderes, dazu auch noch sehr klein, aber wenigstens geht es nach hinten raus und wir atmen nicht direkt die Ausdünstungen der Zapfsäulen ein. Als besonderes Extra hat es eine Klimaanlage, die bei diesen Temperaturen nicht zu verachten ist. Und wenn der Portier dann noch die zwei versprochenen Handtücher und eine Seife bringt und tatsächlich noch die defekte Birne im Bad austauscht, dann passt das schon. Ich bin auch schon zu müde zum Weiterfahren und so nehmen wir das Zimmer. Die Motorräder stehen da bestimmt auch gut.

Kapitel 3 – Türkei

Wir gehen noch über die gut befahrene sechsspurige Straße in die Ortschaft hinauf und setzen uns da an den kleinen Stadtplatz. Ich hole ein paar Liter Mineralwasser aus dem Shop und dann können wir die Leute beobachten. Sehr interessant, die Türken leben ja viel mehr im Freien, da bekommt man einiges mit. Wir sitzen lange da und irgendwann geht die Sonne direkt hinter den hohen, schlanken Minaretten unter, dazu ruft der Muezzin, das gefällt uns ausgesprochen gut. Jetzt sind wir schon in einer anderen Welt angekommen! Und dass dazu der Muezzin nicht wirklich ruft, sondern nur eine ausgeleierte Kassette eingelegt ist, macht nichts aus.

Wir gehen noch ins Restaurant und ich möchte gern einen leckeren Döner Kebab bestellen, da habe ich jetzt so richtig Lust drauf. Aber von wegen Kebab, hier gibt es gar nichts, was wir kennen und so bestellen wir per Fingerzeig das gleiche Essen, das die am Nachbartisch auch haben, das sieht ganz gut aus. Es schmeckt auch wirklich gut, aber ein bisschen enttäuscht bin ich schon: Türkei und kein Kebab in Sicht!

Meinem Bruder erkläre ich am Telefon noch, dass wir in einer Ortschaft sind, die kein Mensch kennt, die heißt Kesan. Aber weit gefehlt, Erich kennt die Ortschaft, er hat sie noch gut in Erinnerung von seiner Türkeireise: das war der Ort, aus dem er ganz schnell wieder weg wollte, weil es da gar nichts gab, was ihn gehalten hätte. Also ganz so schlimm ist es jetzt auch wieder nicht!

Zurück in unserem Zwergenzimmer tasten wir uns zwischen Gepäck, Helmen und Motorradstiefeln zu unserem Minibett vor. Fernsehen gibt es heute nicht, da wir des Türkischen nicht mächtig sind. Also lesen wir noch. Ich bin auf dieser Reise so versessen aufs Fernsehen, weil wir insgesamt nur drei dicke Bücher dabei haben und ich jetzt schon Angst habe, dass der Lesestoff ausgeht, das wäre einfach schrecklich! In größter Not müsste ich mir vielleicht doch die Reparaturanleitung von meinem Motorrad durchlesen und, wenn alle Stricke reißen, auch noch die von Christians Maschine.

Am nächsten Morgen brennt die Sonne durch das Fenster herein, wir müssen dringend aus dem Bett, das ist ja nicht mehr auszuhalten. Sofort wieder die Klimaanlage auf „high" schalten und nach einer eiskalten Dusche gehen wir gleich zum Frühstück runter. Wir müssen weiter wenn das hier morgens schon so heiß ist! Im Frühstücksraum sind bereits ein paar Familien unterwegs, das Frühstück ist gewöhnungsbedürftig. Ich weiß aber, dass ich mich sofort daran gewöhne, Fladenbrot, Gurken, Tomaten, Honig, Käse, dazu türkischer Kaffee oder Tee. Selbst wenn es mir nicht schmecken würde, ich finde dieses ausländische Essen einfach toll, man hat zu einhundert Prozent sofort das Gefühl von Urlaub und weit weg sein! Ich mag das Frühstück, sehr gern sogar, dieses Fladenbrot könnte ich trinken, dazu den köstlichen Honig, vom Kaffe ganz zu schweigen!

Zur Abfahrt sind die Motorräder natürlich schon umstellt, viele neugierige aber äußerst freundliche Türken möchten noch dies und das wissen und bewundern uns so richtig, sogar mich mit dem kleinen Motorrad! Ja, wenn das nicht gut tut!

Äußerst gut gelaunt fahren wir Richtung Fähre los, die uns dann über die Dardanellen nach Asien bringt. Die Straße ist mies, da viele Abschnitte gerade erneuert werden und man praktisch auf einem Provisorium fährt.

Um ca. 11 Uhr erreichen wir die Fähre. Wie gute Deutsche das halt so machen stellen wir uns in der Schlange hinten an, es kommt aber gleich ein Einweiser, der uns ganz nach vorne schickt. Irgendwie peinlich aber wir müssen aus verschiedenen Gründen mit den Motorrädern als erste auf die Fähre rauffahren und dann zwecks „Roll-on-Roll-off" auch wieder als erste runter. Na ja, es gibt Schlimmeres.

Die Fahrt dauert ca. eine halbe Stunde. Wir treffen auf ein Ehepaar, sie Deutsche, er Türke. Die beiden sind mit einem Kombi aus Deutschland gekommen, sie haben in der Türkei ein Haus, in dem verbringen sie mehrere Monate pro Jahr, den Rest der Zeit in Deutschland. Und immer haben sie das ganze Auto voll Waren, man könnte es auch Plunder nennen.

Die Unterhaltung ist angenehm, bis die Frau anfängt, sämtliche Eventualitäten einer solchen Afrikareise zu erörtern: was könnte alles passieren, was macht ihr, wenn „die" euch ausrauben, wenn „die" die Reifen zerstechen, wenn „die" Zucker in den Tank füllen, wenn, wenn, wenn…?

Kapitel 3 – Türkei

Ich sage ihr, dass ich niemals auf die Idee käme, mir solche Sachen schon im Vorfeld auszumalen, auf diese Art zieht man das Unglück doch förmlich an. Und dann bitte ich sie direkt, dass sie jetzt damit aufhören soll. Wenn sie so viel Angst hat, ist es am besten, wenn sie daheim bleibt, mir reicht es jetzt! Ihr Mann, der sich mit Christian unterhält, ist ganz anders, der sieht die Welt positiv. Und ich muss an diese Angsttante geraten, das habe ich ja schon dick! Ich geselle mich jetzt zu den zwei Frohnaturen und lasse die Frau mit Ihren Ängsten bei Ihrem Auto zurück. Soll sie jetzt einmal aufpassen, dass ihr „die" da nicht alles klauen. Jetzt noch das „Roll-off" und dann sind wir auf einmal in Asien, irgendwie toll!

Mittags essen wir direkt am Meer in einem Restaurant sehr guten Fisch, preislich angenehm und dazu ist auch alles wunderbar angerichtet. Auf der Weiterfahrt schmilzt fast schon der Teer unter den Reifen so heiß ist es.

Nachmittags fällt mir auf unbefestigter Sandstraße beim Wenden im „Mini-Offroadbereich" das Motorrad in den Graben, was bin ich gleich genervt!! Christian kommt zurück und wir sind sehr angetan, dass wir das vollbeladene Motorrad doch ziemlich leicht aufstellen können, obwohl ich es geschafft habe, dass es kopfüber im Graben liegt... Kaputt ist nichts und auch bei mir ist nur eine blaue „Kerbe" am Bein, wo mir das Motorrad drauf gefallen ist. Und ich denke mir noch: ja danke schön, wenn ich da schon umfalle, wie wird das erst In Afrika?

Wir finden ein Badehotel und beschließen, dass wir hier zwei Tage bleiben. Die Temperatur ist nämlich mittlerweile bei 38 Grad angekommen, während der Fahrt ist das kein Problem aber mit der kompletten Kluft irgendwo länger herumstehen ist dann nicht mehr ganz so toll.

Abends im Speisesaal sind wir der Meinung, dass wir wegen der fehlenden Armbändchen praktisch die einzigen sind, die nicht „all-inklusive" haben, aber Irrtum, auch bei unserem 2-Tages-Arrangement ist alles mit dabei. Am nächsten Tag, nach drei Stunden im Liegestuhl am Strand, dann Christians Frage: „Soll ich zur Rezeption gehen und nachfragen, was hier ein dreimonatiger Aufenthalt kostet?" Ich bin mir nicht ganz sicher, ob es wirklich nur Spaß ist.

Außerdem findet das GPS jetzt keine Satelliten mehr, Christian repariert das aber gerade übers Internet mit irgendeiner aktuellen Software, Gott sei Dank! Andererseits braucht man ein GPS eh nur wenn man mit einem Mann unterwegs ist, Frauen finden eigentlich alles selbst. Christian findet meine Meinung dazu aber nicht wirklich lustig.

Der Hotelmanager, er hat ca. 40 Jahre in Bayern gearbeitet, zeigt uns am Tag der Abreise noch sein Büro. Da hängt liebevoll eingerahmt die Bayernhymne, seitlich davon ein Porträt von König Ludwig und Franz Josef Strauß gleich daneben noch ein Bayernwimpel. Über so viel Patriotismus staunt selbst Kemal Atatürk von der gegenüberliegenden Wand.

Wir sind eh der Meinung, dass die Türken, denen wir bisher begegnet sind, ganz besonders freundliche Menschen sind, so was von gastfreundlich und hilfsbereit, wir sind ganz angetan. Die schlechte Meinung über verschiedene Badeaufenthalte in der Türkei kommt nur aus den Toruistenhochburgen und da verhalten sich die Einheimischen, wie überall sonst auf der Welt, halt anders als im restlichen Land.

Umringt von Publikum wende ich mein Motorrad bei der Abfahrt ganz vorsichtig, der Schreck von vorgestern sitzt mir noch in den Knochen. Es wäre schon peinlich, wenn jemand zuschauen würde, wie ich umkippe.

Heute ist ein sehr anstrengender Fahrtag, um 8Uhr geht es los Richtung Konya. Hier in der Türkei gilt für Motorräder eine Höchstgeschwindigkeit von 80 Stundenkilometern und zwar nur auf Autobahnen, ansonsten außerorts 70 Stundenkilometer. Und da wir heute auf keiner Autobahn fahren aber gleichzeitig viele Radarkontrollen sehen, können wir uns so richtige Höchstgeschwindigkeiten gut verkneifen. Die Strafen hier sind drastisch, so ab 100 Euro aufwärts, gern aber auch mal mehr.

Wieder geht es vorbei an riesigen Sonnenblumenfeldern, teilweise Landschaften wie in der Toskana. Wir fahren ins Landesinnere Richtung Konya. Bei mehreren Stopps an Raststätten bewundern wir immer wieder die niedlichen farbigen Minarette der kleinen Moscheen. Moslems beten ja fünfmal am Tag, nämlich morgens, mittags, nachmittags (hier ist eine genauere Definition: wenn die Schatten der Gegenstände größer sind als die Gegenstände selbst), zu Sonnenuntergang und abends (nach dem letzten Abendrot und bei Beginn der Nacht).

Abends kommen wir dann nach 700 Kilometern Fahrt in Konya an. Wir fahren durch endlos lange Vororte mit vielen Hochhäusern und erst daran merken wir, dass es sich hier um eine größere Stadt handeln muss. Dem ist auch so, Konya ist eine Millionenstadt. Damit haben wir ja überhaupt nicht gerechnet.

Es wird immer später und wir sehen keine einzige Übernachtungsmöglichkeit. Ich habe gestern schon im Internet ein Hotel im Stadtzentrum herausgesucht, wollte das aber nicht buchen, weil es viel zu teuer ist. Und dann kommen wir doch irgendwann im Stadtzentrum an, es ist immer noch sehr heiß, die Dunkelheit bricht herein, ein mörderischer Verkehr, uns reicht es für heute. Wir sind hundemüde, hungrig und haben keinerlei Lust auf die zwei Absteigen, die wir dann doch an der Hauptverkehrsstraße anschauen. Da können wir ja gleich auf einer Verkehrsinsel übernachten, das kann auch nicht viel schlimmer sein.

Also hole ich jetzt doch meinen Zettel mit der Adresse und dem Namen des Hotels aus dem Internet heraus. Wir zeigen es ein paar Leuten, keiner kennt es. Dann hält einer direkt neben uns mit dem Auto, der weiß jetzt, wo das Hotel ist und fährt uns freundlicherweise durch diesen Höllenverkehr etwa 30 Minuten voraus. Für mich ist es schwierig, den Anschluss zu halten. Und dann sehe ich das riesige Hotel, endlich sind wir da. Wir bedanken uns noch bei dem freundlichen Menschen, der seine Zeit für uns geopfert hat.

Im Hotel nennt mir der Herr an der Rezeption einen Preis, dass es mich fast aus den Motorradstiefeln haut, der ist ja komplett verrückt. Ich sage ihm, er soll mir doch bitte irgendwo im Umkreis ein Hotel mit vernünftigen Preisen empfehlen. Und auf meine freche Antwort zaubert er wie von Geisterhand „ganz hinten aus dem Internet" eine „Special-Weekend-Rate", die er scheinbar vorher nicht gefunden hat, heraus. Der Preis liegt deutlich unter der Hälfte des vorher genannten, wir nehmen das Zimmer ungesehen.

Auf dieser Reise habe ich bisher schon die Erfahrung gemacht, dass es durchaus hilfreich sein kann, ein bisschen dumm zu schauen oder auch etwas unverschämt zu sein. Nur so kommt man zu wirklich vernünftigen Preisen in diesen normalerweise vollkommen überteuerten Hotels. Wir bekommen während der ganzen Reise sehr oft 4 oder 5-Sterne-Hotels zum Preis von 3-Sterne-Hotels. Wenn man das nicht selbst probiert hat, glaubt man es kaum, wie günstig man schön und gut schlafen kann!

Ganz stolz schließe ich unser kleines Königreich im 19. Stockwerk auf. Das Zimmer: luxuriös, der Blick: überwältigend! Da ich im Hotelrestaurant nicht damit rechne, dass die Preise verhandelbar sind, gehen wir lieber gleich ins gegenüber liegende Shoppingcenter. Hier bekommen wir in einer urigen Dönerbude endlich einen guten Döner Kebab, dazu ein Ayran, das ist so eine Art türkischer Trinkjoghurt. Und dann kaufen wir hier im Supermarkt noch für jeden von uns ein T-Shirt zu je 2 Euro. Wir haben jetzt schon festgestellt, dass die zwei T-Shirts, die wir pro Person dabeihaben, wirklich zu wenig sind, vor allem weil ja eines davon noch für die Nacht ist.

Christian verarztet seine vom vielen Sitzen herrührenden Wehwehchen mit der von mir mitgebrachten Penatencreme. Zuhause hieß es noch: „Was sollen wir denn damit?" Jetzt haben wir die Lösung!

Ausgeschlafen fahren wir von Konya los Richtung Adana, das sind heute ca. 340 Kilometer. Aber: morgens um halb 10 in der Türkei ist keine Zeit für Knoppers sondern für Vollgas, der Teer schmilzt förmlich unter den Reifen weg. Ich habe schon das Bild vor Augen, dass wir an einer Ampel nicht mehr wegfahren können, weil wir am Teer festkleben.

Wir kommen gut voran, irgendwann beschließen wir, dass diese Tempobeschränkung für uns keinen Sinn ergibt. Wir geben endlich wieder richtig Gas. Es gibt des Öfteren Radar, wir werden aber nicht erwischt, meistens sieht man die Polizisten rechtzeitig mit ihren Radarpistolen am Straßenrand rumlungern.

So gegen 15 Uhr kommen wir dann in Adana an. Erst klappt ja noch alles ganz gut, obwohl es wirklich schwierig ist, bei diesen ganzen irren Autofahrern an Christian dranzubleiben. Sie schneiden, hupen, drängeln, nerven, gaffen. Und ich denke mir noch, wenn die Türken zu allen immer so freundlich sind wie zu uns, dann müssen die Aggressionen ja irgendwo anders wieder raus. Und so wie es aussieht, geschieht das in der gesamten Türkei beim Autofahren.

Ein besonderer Spaß ist es dann auch, an der Ampel zu stehen, links ein Türke, rechts ein Türke, beide schon nervös den Fuß auf dem Gaspedal, damit sie auch in jedem Fall mit Vollgas anfahren können, und dann, wenn grün wird, selbst kräftig Gas zu geben und sie so richtig stehen zu lassen. Danach dürfen die beiden wieder herankommen, damit sie überholen können. Man gönnt sich ja sonst nichts und so wird dann alles wieder ins rechte Licht gerückt! Eigentlich kindisch aber trotzdem mache ich das ab und zu sehr gern! Das war auch auf der Iranreise schon ein Riesenspaß!

Und während ich noch so nachdenke, fängt der Ärger erst richtig an: Christian steht mitsamt seinem Motorrad nämlich genau da, wo ich hin will. Ich höre ein extrem ungutes Krachen und schon bin ich ihm hinten reingefahren. Wobei fahren leicht übertrieben ist, das ganze geschieht praktisch aus dem Stand beim Anfahren im Kreisverkehr. Folge meiner Blödheit ist, dass wir und die Motorräder ganz schnell auf dem immer noch warmen Teer mitten im Kreisverkehr liegen. Wie 2 Käfer auf dem Rücken, keiner kommt da mehr mit dem Motorrad allein hoch. Als erstes kommt mir in den Sinn, dass jetzt wahrscheinlich alles vorbei ist, die Motorräder kaputt und wir verletzt. Überhaupt muss ich da jetzt erst einmal ein paar Krokodilstränen vergießen! Wir halten alle um uns herum auf, das hat ein Kreisverkehr so an sich und so bleibt auch das nervige Gehupe nur etwa eine Sekunde aus und dann geht es so richtig los!

Christian kommt gleich her und wir richten zuerst mein Motorrad auf, da haben wir ja schon Übung von vorgestern. Und dann gehen wir zu seinem Motorrad. Scheinbar weckt der Adrenalinschub ungeahnte Kräfte, auch Christians vollbeladenes Moped ist in nullkommanix wieder aufgestellt. Die Polizei, die nach 2 Minuten auch ankommt, ist damit schon überflüssig geworden. Die beiden Polizisten fragen Christian noch, ob sie das Ganze protokollieren sollen, damit er später

Kapitel 3 – Türkei

was in der Hand hat, wenn er diesbezüglich gegen mich vorgehen will! Am liebsten würde ich den beiden den Hals umdrehen, entscheide mich aber dann doch für ein freundliches Verabschieden. Wir gewinnen dem Ganzen dann auch noch etwas Gutes ab: besser jetzt schon feststellen, dass wir die Mopeds wieder aufstellen können als immer ein bisschen Angst zu haben, bis sie im Sudan im Sand liegen! Wir wollten diesen Test zuhause einfach nicht machen, das war uns irgendwie zu blöd, dass wir die vollbeladenen Fuhren einfach hinlegen!

Fix und fertig und noch immer sehr zittrig finden wir, Gott sei Dank, schnell ein Hotel. Ich möchte den besten Preis für eine Nacht erfragen, schlussendlich einigen wir uns darauf, dass wir zwei Nächte zum Preis von einer bleiben können. Wir hatten zwar überhaupt nicht vor, hier in Adana, das ja auch keiner kennt, zwei Tage zu bleiben aber wir sehen das jetzt als gutes Zeichen und bleiben. Vom Zimmer aus haben wir einen wunderbaren Blick auf die herrliche Moschee mit den 6 Minaretten, ein formvollendetes Wunderwerk islamischer Baukunst! Und gleich dahinter an den vielen Hochhäusern hunderte von Satellitenantennen und Wassertanks auf den Dächern. Die beherrschen das Stadtbild.

Auch Adana ist mit ca. 1,5 Millionen Einwohnern wieder wesentlich größer als vermutet. Interessant ist neben der großen Moschee noch die 1600 Jahre alte Steinbrücke über dem Seyhan-Fluss, die als die älteste noch benutzte Brücke der Welt gilt. Und dann natürlich noch die Altstadt, der Basar...

Spätnachmittags brechen wir noch zu einer kleinen ersten Besichtigungstour auf. Es hat aber immer noch ca. 35 Grad, nicht wirklich die Idealtemperatur für unser Vorhaben. Vielleicht wäre ja auch alles bei 10 Grad weniger ein bisschen angenehmer? Wir schleppen uns am Fluss entlang von einer Steinbank zur nächsten, dazwischen trinken wir, was das Zeug hält. Abends in der Dunkelheit bleiben wir noch in der Mitte der alten Steinbrücke stehen und schauen uns die wunderbare Spiegelung der Moschee im Fluss an.

Am nächsten Tag nehmen wir uns die Altstadt vor. Die Steinbrücke ist heute rechts und links von kleinen Verkaufsständen besetzt, viele

Menschen sind unterwegs. Und was hier angenehm auffällt: manche Frauen sind komplett verhüllt im Tschador unterwegs, andere tragen nur ein Kopftuch und wieder andere tragen gar keine Kopfbedeckung, die Leute sind hier sehr offen, es wirkt, als könnte jeder mehr oder weniger machen, was ihm gerade gefällt. Entsprechend freundlich ist auch die Stimmung.

In der Altstadt gehen wir als erstes in ein Cafe, hier sind allerdings ausnahmslos Männer zugeen. Ich darf aber gern auch Platz nehmen und alle sind äußerst zuvorkommend. Es sieht sehr urig aus, kleine Hocker und Minitische davor, typisch türkisches Teegeschirr und dazu ein paar kleine süße Teilchen, woraus immer die auch sind. Jedenfalls schmecken sie sehr gut! Im Innenraum des Cafés sehe ich ein paar schief hängende rahmenlose Bilder von verschiedenen Wasserfällen, von Moscheen und von Mekka. Gegenüber dem Café eine uralte Moschee, alles wirkt sehr orientalisch, ganz anders, wunderbar!

Auf unserem weiteren Rundgang durch den Basar kommen wir an vielen interessanten Geschäften vorbei. Im Orient ist es ja meistens so, dass in den Basaren jede Zunft ihr eigenes Viertel hat, da gibt es die Schmuckgassen, die Töpferviertel, die Stoffgassen und Kleiderviertel usw. Viele Kinder begleiten uns durch die Gassen, alle möchten immer wieder fotografiert werden, teilweise springen sie direkt vor die Kamera. Wir kaufen den Kindern Süßigkeiten, Geld soll man ja prinzipiell nicht geben, das müssen die Kinder oft gleich an ihre Eltern weiterreichen und das ist ja auch nicht Sinn der Sache.

Irgendwann sind wir dann aber dermaßen erledigt, dass wir beschließen, den Hotelpool noch etwas zu genießen. Genau heute wird der Pool gewartet, das heißt im Klartext, dass er gesperrt ist und dass wir im Innenpool schwimmen und im Außenbereich unter den Sonnenschirmen liegen. Das Wasser ist so warm, darin würde man sich bei uns an einem kalten Weihnachtsabend auch gern baden. Aber wenigstens ist das anschließende Duschen erfrischend. Wir gehen noch kurz ins Zimmer und da sticht mir das Bügelbrett aus dem Schrank ins Auge. Und gleich denke ich mir: „da war doch was mit frisch gebügelter Wäsche". Und prompt hole ich die zwei frisch gewaschenen

T-Shirts von gestern heraus, stelle das Bügelbrett auf und habe hier im Süden der Türkei scheinbar tatsächlich nichts Besseres zu tun als diese lappigen T-Shirts auf Vordermann zu bringen. Na ja, jedem das Seine!

Mit der Wäsche sieht es bei uns folgendermaßen aus: wir haben jeweils drei T-Shirts dabei, zwei Stück für den Tag, ein Stück für die Nacht, wobei die vom Aussehen her alle einfarbig sind und deshalb beliebig benutzt werden können. Desweiteren besteht unsere aufwändige Garderobe noch aus jeweils drei Satz Unterwäsche und Socken sowie einer langen Outdoorhose mit abtrennbaren Beinen, damit man die auch als kurze Hose anziehen kann, dazu je ein Fleecepullover. Ein Paar feste Schuhe und ein Paar Schlappen, finito! Einziges Problem ist, dass alles, wenn wir es waschen, über Nacht immer unbedingt trocken werden muss, ansonsten könnte da schnell der Supergau eintreten, dass wir bei 40 Grad abends noch in der Motorradhose rumsitzen, während die tagsüber nass transportierten Kleidungsstücke leicht muffelig wieder auf der Leine hängen.

Das Wäschekonzept passt aber insgesamt sehr gut zu dem, was mir an Motorradreisen so gut gefällt: man besinnt sich endlich wieder auf das Wesentliche, man kann nur das mitnehmen, was man wirklich braucht, sonst ist man gleich so was von überladen. Für mich ist es außerordentlich befreiend, wenn ich sehe, mit wie wenigen Sachen ich auskomme. So viele unsinnige Zusatzgedanken, die man sich im normalen Leben zuhause macht, entfallen ganz einfach. Die Frage: „was ziehe ich heute an?" erübrigt sich, wenn man nur zwei schwarze T-Shirts für den Tag dabei hat. Und das beste dabei: man merkt auch endlich wieder einmal, wie unwichtig diese Frage ist, nicht nur auf Reisen! Ich tue mich zugegebenermaßen besonders leicht, weil ich eh kein Modefan bin. An Kosmetika haben wir nur Shampoo, Seife, Hautcreme, Gesichtscreme, Sonnencreme sowie Zahnpaste, Zahnbürsten, einen Rasierer mit Klingen, eine Bürste und noch ein paar „Frauensachen" dabei. Ich habe noch einen Haarschaum ins Gepäck geschmuggelt, für besondere Anlässe. Ich weiß aber bis jetzt nicht, wann die kommen sollen aber wegwerfen mag ich ihn auch nicht, obwohl er so was von überflüssig ist. Hoffentlich entdeckt Christian den nicht, ich glaube, der hält mich sonst für verrückt.

Durch die vielen Reisen, die ich bisher gemacht habe, ist mir aufgefallen, dass für mich „das Wesentliche" nicht Dinge wie ein großes Auto, tolle Klamotten, Schmuck und solche Sachen sind, sondern dass Zeit für mich wirklich wichtig ist, Zeit für Abenteuer, Zeit für den Partner, Zeit für Reisen, Zeit zum Leben, Zeit, um irgendwo im Nirgendwo einen sensationell schönen Sternenhimmel zu beobachten, in die Stille hineinzuhorchen, stundenlang irgendwo Tiere beobachten, Zeit für Gespräche mit anderen Menschen aus anderen Kulturkreisen. Für mich ist erstrebenswert, dass ich das habe, was mich zufrieden macht, ob das dann größer oder besser ist als das, was Andere haben, ist mir so was von egal, ich kann`s gar nicht sagen. Aber die Menschen sind ja unterschiedlich.

Neu eingekleidet mit den zwei gebügelten T-Shirts – die alten sind schon wieder gewaschen und hängen auf der Leine – gehen wir dann abends noch auf ein kühles EFES-Bier in die Altstadt, wer weiß, was sich in Syrien alkoholmäßig abspielt. Daheim trinken wir ja wirklich wenig Alkohol aber auf Reisen ist halt alles ein bisschen anders. Da ist die Devise: einen gelungenen Tag soll man mit einem kühlen Bier (oder auch gern Wein) ausklingen lassen und wenn tagsüber alles nicht so war, wie man sich das vorgestellt hat, dann soll man darauf auf jeden Fall auch ein Bierchen trinken, damit man sich wieder beruhigen kann.

Fazit Türkei: die Türkei ist kein Land für Motorradfahrer, diese Geschwindigkeitsbeschränkungen auf höchsten 80 km/h auf Autobahnen und 70 km/h auf Landstraßen sind einfach nervig und meiner Meinung nach auch absolut übertrieben. Ansonsten haben wir nur angenehme Erfahrungen gemacht, speziell wegen der äußerst gastfreundlichen Menschen hat uns dieses Land ganz besonders gefallen. Aber auch ansonsten hat die Türkei überaus viel zu bieten! Gern kommen wir irgendwann hierher zurück.

Kapitel 4

Syrien –
jetzt wird es orientalisch!

Heute geht es weiter Richtung Syrien, bis zur Grenze sind es noch ca. 200 Kilometer. Der Himmel ist grau und nach etwa 30 Kilometern fängt es etwas zu regnen an. Wir holen die Regenklamotten nicht heraus, die paar Tropfen sind eine angenehme Abkühlung. Das Wetter wird dann schnell sehr viel besser, gegen 11 Uhr hat es eh schon wieder 37 Grad. Und auf einmal zieht ein ganz brutaler Seitenwind auf. Wir halten irgendwo zum Tanken und dabei fallen wir im Stand mitsamt den Motorrädern fast um. Hoffentlich bleibt das nicht so, das Fahren mit den vollbeladenen Motorrädern ist auf diese Art sehr schwierig und ungewohnt. Und dann sind wir an der syrischen Grenze, für mich ein absolutes Highlight der bisherigen Reise, weil ich alle anderen Länder schon vorher mit dem Motorrad bereist habe und jetzt kommt ganz was Neues.

Die Ausreise aus der Türkei verläuft ohne Probleme, von der Einreise nach Syrien haben wir schon gehört, dass sich das endlos hinziehen kann. Und es dauert dann auch entsprechend lang, ca. zwei Stunden. Direkt an der Grenze strahlt uns auch gleich der Präsident von Syrien, Baschar al-Assad, entgegen, da kann ja nichts mehr schiefgehen. Ich passe bei ca. 40 Grad auf unsere Motorräder auf, während Christian die Grenzformalitäten erledigt. Das ist ja auch ein sehr verantwortungsvoller Posten. Hier an der syrischen Grenze gibt es jetzt noch ei-

Kapitel 4 – Syrien

nen „Helfer", der sich aufdrängt. Er meint noch, dass sein Dienst nichts kostet, man könnte ihm bei Zufriedenheit am Schluss ein kleines Trinkgeld geben. Christian sagt mir, dass ohne den alles doppelt so lange gedauert hätte. Hier müssen wir zum ersten Mal das Carnet de Passages benutzen. Das ist ein Grenzdokument, das für die vorübergehende zollfreie Einfuhr von Fahrzeugen in bestimmte Länder benötigt wird. Gut, dass wir die Visa schon in Deutschland beantragt haben, die Warteschlangen sind überall sehr lange. Dem „Helfer" gibt Christian am Schluss 10 Euro und denkt noch, dass das eh schon großzügig ist, der bekommt dann aber ein langes Gesicht. Aber was soll`s, ich finde, ein Syrer mit langem Gesicht ist besser als wir zwei mit langen Gesichtern und einem leichten Geldbeutel.

Endlich sind wir mit der Bürokratie durch und können unser heutiges Tagesziel, Aleppo, ansteuern. Die Fahrt ist dann interessant und abwechslungsreich. Hier in Syrien fahren ganz besonders die LKW-Fahrer mit einer irrsinnigen Geschwindigkeit dahin, die rasen, was das Zeug hält. Denen gehört die Überholspur. Die sollen sie behalten, wir haben nämlich auch hier ganz brutalen Seitenwind und können sowieso nicht so schnell fahren. Nach Ankunft im sehr verkehrsreichen Zentrum von Aleppo machen wir uns auf zur Stadtbesichtigung.

Aleppo hat mehr Einwohner als die Hauptstadt Damaskus, nämlich ca. 1,75 Millionen. An den vielen Kirchtürmen sehen wir, dass es hier auch Christen gibt und wir erfahren, dass der Anteil an der Gesamtbevölkerung bei ca. 20 Prozent liegt. Die gesamte Altstadt von Aleppo ist UNESCO-Weltkulturerbe. Die schauen wir uns natürlich an, dabei kommen wir auch an vielen Moscheen vorbei und später besuchen wir noch die Zitadelle. Aleppo gefällt uns ausgesprochen gut, eine faszinierende orientalische Stadt!

Den Abend verbringen wir direkt auf dem Platz vor der Zitadelle mit einem kühlen – wer jetzt Bier meint täuscht sich! – Mineralwasser. Ich bin schon ein wenig stolz, dass wir jetzt mit den eigenen Motorrädern von München bis nach Syrien gekommen sind und sage zu Christian: „Ist schon irre, jetzt sind wir tatsächlich mit den Motorrädern in Syrien!", er antwortet aber nur:"Ja, was hast denn Du gedacht?" So unterschiedlich sind die Menschen! Die Zitadelle wird dann in wechselnden Farben beleuchtet, dazu ruft der Muezzin; eine beeindruckende Stimmung, irgendwie heilig, mit läuft es ganz kalt den Rücken runter! Da es bald ziemlich kühl wird, verschieben wir das Rauchen einer Wasserpfeife auf ein andermal.

Am nächsten Morgen steht dann da ein großer Araber im Dishdash, auf dem Kopf ein rot-weißes Ghutra-Tuch, ein Wüstensohn wie aus dem Bilderbuch. Das muss ein Scheich sein, edel wirkt er, seine Kluft weht im Wind. Auf einmal dreht er sich um und steigt ins nächste Taxi. Und das war`s dann auch mit dem Scheich, er steigt nämlich nicht als Gast ein, er ist der Fahrer! Schon komisch, da hat man so ein Bild im Kopf, ein paar Tücher und eine bestimmte Kopfbedeckung und fertig ist der Scheich, endlos Geld und Wüstenschlösser natürlich inklusive.

Man glaubt ja eigentlich, dass die ca. 350 Kilometer von Aleppo nach Damaskus ein Katzensprung sind aber weit gefehlt! Wir haben mittlerweile einen Seitenwind, man kann sich`s gar nicht vorstellen, die ganze Fahrt nur in Schräglage. Teilweise brennen die abgeernteten Felder rechts und links neben der Straße, dann kommen die Flammen bis direkt an die Motorräder. Schwarze Teilchen fliegen durch die Luft und ich finde das schon gefährlich aber irgendwie müssen wir weiterkommen. Beißender Rauch nimmt mir teilweise den Atem, gern würde ich anhalten und ein nasses Tuch vor Mund und Nase binden aber das geht nicht, es hört einfach nicht auf zu brennen. Und mitten im Rauch stoppen ist bestimmt auch nicht empfehlenswert. Irgendwann bin ich dann überzeugt, dass meine Haare unter dem Helm vor lauter Hitze geschmolzen sind. Dann hört es endlich auf zu brennen und wir halten gleich an und schnaufen richtig durch, die Haare sind nicht geschmolzen, Glück gehabt!

Allein an dem, dass in Syrien ohne Rücksicht auf Motorradfahrer alles so einfach abgefackelt wird, merkt man schon, dass es hier praktisch keine Motorräder gibt und wenn doch, dann nur kleine 125 ccm-Maschinen. Entsprechend fallen wir natürlich auf. Sobald wir stoppen, und wenn es nur zum Tanken ist, werden wir zum Tee eingeladen. Es ist sehr interessant, wir werden vom Tankstellenbesitzer eingeladen und dann gesellen sich verschiedene Kunden, die die Motorräder sehen, dazu. Wir sitzen also da und unterhalten uns, hauptsächlich sprechen die Männer Christian an. Ich lasse mir das aber nicht gefallen und mische mich dauernd mit eigenen Fragen in die Gespräche ein. Ich gehe denen dann so lange auf die Nerven, bis sie mich als Gesprächspartner akzeptieren, wo kämen wir denn da hin? Ich bin doch nicht irgend so ein Anhängsel von Christian! Aber Frauen werden hier teilweise nicht besonders gastfreundlich behandelt, damit meine ich zum Beispiel, dass manche Moslems mir als Frau ja nicht einmal die Hand geben. Angeblich ist der Grund dafür, dass Muslime dadurch Abstand zum Fremden bzw. zum anderen Geschlecht halten und damit verbotenen Beziehungen vorgebeugt wird! Empfindlich sollte man hier nicht sein! Aber als Gast in einem fremden Land muss man sich halt an die Gegebenheiten anpassen. Auf Dauer wäre das hier allerdings nichts für mich. Im Iran oder im Jemen bei den äußerst strenggläubigen Moslems ist mir das aber niemals passiert, die sind da anders drauf, die pflegen eine andere, für meine Begriffe wesentlich angenehmere Art von Gastfreundschaft. Es kann aber auch sein, dass ich da anders behandelt wurde, weil ich als Frau allein unterwegs war.

Christians Motorrad wurde inzwischen bestimmt schon 100 mal fotografiert, meines interessiert dann mehr am Rand. An dieser Stelle sei jetzt nochmal erwähnt, dass ich eben letztes Jahr allein mit dem Motorrad im Iran war und da natürlich immer im Mittelpunkt gestanden bin. Und jetzt das: jemand, der mir die Show stiehlt mit einem größeren Motorrad! Gut, dass es der eigene Mann ist, ansonsten gäbe es Krieg!

Wenn wir abseits der Hauptroute durch kleinere Dörfer fahren, müssen wir ab und zu nach dem Weg fragen. Und im arabischen Raum ist das mit den Auskünften ja eine Frage der Ehre. Es passiert uns mehrmals, dass die Befragten auf einen Ort in der Karte zeigen und dann einen ganz anderen Ort aussprechen. Und bevor jemand zugibt, dass er nicht weiß, wohin wir fahren sollen, erzählt er, freundlich ausgedrückt, lieber Märchen. Es empfiehlt sich hier immer, mehrere Auskünfte einzuholen und sich dann an der höchsten Trefferquote zu orientieren.

Relativ spät kommen wir in Damaskus an und da geht verkehrsmäßig so richtig die Post ab. Da das Verhandeln in den Hotels bisher ja ausnahmslos gut geklappt hat, holt mich hier ein Hauch von Größenwahn ein und wir fahren mit unseren mittlerweile wirklich dreckigen Motorrädern beim „Four Seasons-Hotel" vor. Erst im Nachhinein erfahre ich, dass es das beste und teuerste Hotel in ganz Syrien ist. Ich denke mir nur, dass es ganz passabel aussieht. Auffallend, aber nicht weiter verwunderlich, finde allerdings selbst ich, dass in der Anfahrtsschleife gleich mehrere Rolls Royce und Maybachs stehen. In der Hotelhalle sitzen schon in jeder Ecke Staatsbürger aus Saudi Arabien herum, da schwant jetzt auch mir preislich Schreckliches! Der Durchschnittsscheich ist ja gemeinhin nicht mit Absteigen zufriedenzustellen! Es sind nur noch wenige Zimmer frei, die aber seltsamerweise in der höchsten Kategorie, welch Wunder, ich dachte eigentlich, die wären Scheichs & Co. vorbehalten. Der freundliche Rezeptionist kommt mir zwar bei einem dieser sicher tollen Zimmer bzw. Suiten um mehr als 60 Prozent entgegen, der Preis liegt mit fast 300 Euro aber noch immer so hoch, dass ich die Aktion schnell abbreche. Der gute Mann erwähnt dann auch noch was von „zuzüglich 22 Prozent Steuern". Im Grunde genommen trifft er mit der Steuer genau den Betrag, den ich insgesamt ausgeben wollte. Ja, was soll man sagen? Was zu viel ist, ist zu viel, Ende! Der Chefportier gibt uns aber dann noch jeweils eine Flasche kaltes Wasser, wirklich nett. Wir erfahren von ihm, dass sich hier sehr viele Saudis aufhalten, die in den Sommermonaten wegen der hohen Temperaturen von ca. 60 Grad in ihrem eigenen Land hier in Syrien bei schlappen 35 Grad Erholung suchen.

Und so suchen wir weiter, fast alles ist ausgebucht und wir finden dann nur noch ein Hotel ohne Garage im Zentrum. Das Hotel ist eine „Absteige", kostet aber wegen der vielen Sommergäste aus Saudi Arabien auch noch über 100 Euro. Die Zimmer sind im Stil ehemaliger

Kapitel 4 – Syrien

Jugendzimmer aus den 70er Jahren in Deutschland gehalten, Pressspan an jeder Ecke, das Furnier blättert überall ab und das bei dem Preis. Allein das Frühstück würde zusätzlich pro Person 12 Euro kosten. Nach einer schnellen Dusche wollen wir uns Damaskus anschauen und dann noch essen. Wir streifen ein bisschen durch die Suqs und auf unserer anschließenden Restaurantsuche stoppt uns ein Syrer. Eigentlich nichts besonderes hier in Damaskus bis auf die Tatsache, dass er uns in tiefstem Bayrisch anspricht. Das haben wir jetzt natürlich nicht erwartet. Er ist hier, wie könnte es anders sein, Reiseführer und damit ist er uns natürlich gleich suspekt! Der will was, ist ja klar! Er sagt uns, dass er uns ein sehr gutes Restaurant empfehlen kann, dass er uns das auch zeigt, wir aber ein bisschen schneller gehen müssten, da er zuhause bereits erwartet wird. Überall auf der Welt die gleiche Masche. Wir gehen ihm nach, warum, weiß ich eigentlich auch nicht genau. Und dann kommen wir zum Restaurant, er sagt uns noch, dass wir in die erste Etage raufgehen sollen, da hätten wir eine bessere Aussicht, dann gibt er uns noch seine Karte und sagt, wir sollen ihn anrufen, wenn wir hier in Syrien irgendwelche Probleme hätten. Er wünscht noch guten Appetit und eine unfallfreie Weiterreise. Ja sag mal, wo gibt's denn so etwas? Da wirft dieser freundliche Syrer doch glatt alle meine sorgfältig aufgebauten Vorurteile über den Haufen. Ich bin begeistert und schäme mich fast ein bisschen.

Im Restaurant sitzen wir dann oben und werden auch gleich bedient. Wir kennen die Gerichte allesamt nicht, Christian bestellt Huhn mit Reis in irgendeiner besonderen Soße, ich bestelle Lamm mit gewürzter Joghurtsoße. Das Essen kommt, Christians Huhn sieht sehr lecker aus, nur mein Lamm ist in ca. einem Liter Soße ertränkt, schmeckt aber ausgezeichnet. Und dazu wieder ein kühles Wasser, was will man mehr? Mit Mühe und Not finden wir den Weg zurück zum Hotel und schauen nochmal zu den Motorrädern, die direkt am Hoteleingang stehen und von Schaulustigen umzingelt sind. Dann fahren wir mit dem Puppenstubenlift in unsere Etage und schlafen todmüde in unseren Spanplattenbetten ein.

Am nächsten Tag schauen wir uns in der Altstadt von Damaskus um, die ist ebenfalls UNESCO-Weltkulturerbe. Es gibt sehr viele Moscheen, Suqs und Hamams. Damaskus ist interessant aber wir müssen weiter. Afrika ruft!

Fazit Syrien: Aleppo ist allemal einen Besuch wert, vielleicht auch noch einen zweiten, weil der erste doch sehr kurz war. Ansonsten hätten wir einfach mehr Zeit gebraucht, um das Land besser kennenzulernen. Aber Syrien ist für uns ja noch ein „Durchreiseland" gewesen.

Kapitel 5

Jordanien – es wird warm – 42 Grad in Aqaba.

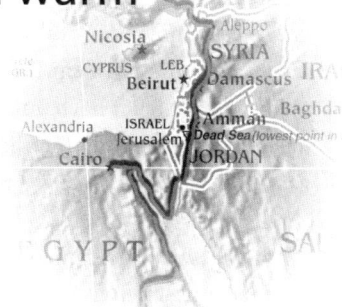

Von Damaskus nach Amman sind es nur 260 Kilometer, wir wissen aber nicht, wie lange wir brauchen, da ist ja die Grenze nach Jordanien dazwischen. Erstmal wieder die Ausreise aus Syrien. Christian meint, dass man in Länder, die eine Ausreisesteuer verlangen, gar nicht erst einreisen sollte. Und Recht hat er! Auch die Einreise nach Jordanien hält uns auf. Mit den Carnets und den ganzen anderen Formalitäten dauert alles endlos lange und mit Versicherungen und solchen Sachen summieren sich die Kosten auch zu einem ordentlichen Betrag! Außerdem glaube ich, dass hier keiner dem anderen traut und so wird oft wieder kontrolliert, was vorher schon kontrolliert wurde. Eine nervige Mentalität! Aber alles kann noch schlimmer werden.

Die Jordanier fahren noch eigenwilliger als die Syrer und das heißt schon was. Mittlerweile nervt es auch etwas, dass die Autos überholen und dabei ewig auf gleicher Höhe neben einem herfahren und schauen. Manche lassen sich auch dann noch Zeit bis endlich ein Beifahrer das Handy herausgeholt und ein Foto von uns gemacht hat. Ich habe zu Christian schon gesagt, dass so ein Motorrad hier wie ein Käfig ist und wir zwei sind die Affen, die bestaunt werden. Andererseits ist es auch nicht so ungewöhnlich, weil es hier eben nur kleine Motorräder und Mofas gibt. Außerdem würden wir uns auch wundern, wenn eine

Kapitel 5 – Jordanien

Kamelkarawane in München über den Stachus zieht! Da würde zumindest ich einen verlängerten Blick drauf werfen. Teilweise ist diese Gafferei aber für mich nicht ganz ungefährlich, da fahren nämlich die entgegenkommenden Autos und schauen Christian, der vor mir herfährt, nach und mit dem Blickrichtungswechsel ziehen sie dann auch teilweise das Steuer nach links und fahren auf mich zu! Bis sie merken, dass da noch jemand hinterher dümpelt, dann wird wieder auf gerade gestellt.

Als Tagesziel ist Amman geplant, wir fahren da auch ins Zentrum, stellen aber schnell fest, dass wir hier nicht unbedingt bleiben wollen, allein schon wegen des starken Verkehrs, wir stehen endlos in den Abgasen im Stau und so beschließen wir, dass wir weiterfahren. Damaskus gestern hat gereicht! Wir möchten heute gern was Ruhigeres. Und dann glauben wir um ca. 14 Uhr, dass die restlichen ca. 250 Kilometer nach Petra sicher kein Problem sind. Aber wir kommen einfach nicht vorwärts, es ist immer irgendetwas, Ortsdurchfahrten, Tanken, Gespräche, dies und das.

Und dann wollen wir natürlich noch auf den Kings Highway, ein Höhepunkt Jordaniens. Die malerische, antike Königsstraße ist eine ca. 400 Kilometer lange Karawanenroute, die durch Wüste, Gebirge und Trockenflusstäler führt. Die Landschaft ist grandios, eine Augenweide. Diesen Kings Highway darf man sich keinesfalls entgehen lassen, wenn man in Jordanien ist. Und da es schon abends wird, steht die Sonne ganz schräg, ein großartiges Spiel von Licht und Schatten, eine Stimmung, wie man sie selten findet. Es wird allmählich sehr kalt aber wir halten trotzdem immer wieder an, um ein paar Fotos zu machen. Langsam wird die braune Landschaft durch den schrägen Lichteinfall rosarot. Als die Sonne ganz untergegangen ist, frieren wir aber bald so richtig und bei einem Stopp holen wir alles Verfügbare an Kleidung und Halstüchern heraus, ansonsten könnten wir gar nicht mehr weiterfahren. Tagsüber heiß und abends dann so eiskalt, das ist schon irre!

Und heute passiert das, was wir eigentlich unbedingt vermeiden wollten: Fahren bei Dunkelheit. Da wir uns aber verfranst haben und mittlerweile die einzigen sind, die hier noch herumfahren, müssen wir ja irgendwie zur nächsten Ortschaft. Die aber lässt lange auf sich warten und als sie endlich da ist, stellen wir nur fest, dass es hier außer ein paar kleinen Geschäften nichts gibt. Also weiter, wir müssen noch nach Petra. Irgendwann kommen wir dann doch wieder auf die richtige Straße und wie von Zauberhand – oder sollte es doch das GPS sein? – sind wir auf einmal in Petra. Todmüde lasse ich mir im „Petra Inn", dem ersten Hotel, das wir sehen, ein Zimmer zeigen. Jedes Mal wenn ich den Rezeptionisten anschaue, geht er wieder mit dem Preis nach unten. Er meint, ich beanstande den Preis, mir gefallen aber nur die abgewohnten Zimmer überhaupt nicht, also weiter zum nächsten Hotel, wo wir dann auch ganz schnell die Motorräder unterstellen und unser Zimmer beziehen können. Hier bleiben wir 2 Nächte. Wir sind so unfaßbar müde und hungrig, wir haben heute ja noch nichts zu Mittag gegessen, so dass wir uns nur noch etwas beim Zimmerservice bestellen und dann sofort einschlafen.

Guten Morgen Petra! Geld wechseln, Getränkekauf im Supermarkt nebenan und jetzt geht es hinein in das absolute Highlight von Jordanien, nach Petra. Gleich nach dem Eingang ist die „Princess Alia Working Animal Clinic", hier werden Pferde, Esel und auch Kamele behandelt. Bevor es diese Klinik gab, wurden die Tiere, die größtenteils die Touristen nach Petra hinunterbringen, nicht gut behandelt, jetzt soll das alles viel besser sein, es gibt scheinbar so etwas wie Tierschutz hier. Wenn ich mir die Tiere und die Reiter dazu so anschaue, frage ich mich schon, wie das denn vorher erst gewesen sein muss. So richtig zufrieden schaut hier keines der Pferde aus. Für mich ist das jedes Mal in einem islamischen Land ein Riesenproblem, mir gefällt überhaupt nicht, wie die Tiere hier behandelt werden. Man muss schon ganz seltsam drauf sein, wenn man andere Lebewesen so mies behandelt. Aber Diskutieren bringt da nichts, da muss man schon in irgendeiner Form einschreiten. Einmal habe ich auf Sansibar einem Jungen, der einer Katze einen Fußtritt verpasst hat, dass sie durch die Luft geflogen ist, die Ohren umgedreht. Vielleicht hat er ja was dazugelernt? Wir wollen uns den Tag aber jetzt nicht verderben lassen und marschieren los.

Kapitel 5 – Jordanien

Petra ist sehr gut erhalten. Die rosarote Felsenstadt war in der Antike die Hauptstadt der Nabatäer. Petra ist UNESCO-Weltkulturerbe. 2007 ist es in einer Umfrage zu einem der „Neuen Sieben Weltwunder" ernannt worden, dies wird allerdings von der UNESCO nicht anerkannt. Durch die strategisch günstige Lage am Kreuzungspunkt mehrerer Karawanenwege war die Stadt über Jahrhunderte ein bedeutender Handelsplatz. Man kann alles heute noch erahnen, wir spazieren durch großartige Kulisse direkt auf das berühmteste Bauwerk Petras, das Schatzhaus Khazne al-Firaun, zu. Direkt davor hat sich der Kommerz ausgebreitet, verschiedene Souvenirshops mit allem, was man unbedingt braucht, dazu Cafés, Kameltreiber, Kutschenfahrer, alles zum Wohl der Touristen. Ich bin aber überrascht, dass die Händler gar nicht aufdringlich sind, das habe ich mir anders vorgestellt.

Seit Syrien fällt uns ganz besonders auf, dass hier praktisch alle Frauen ein Handy haben, teilweise mehrere, eines zum Fotografieren, eines für den Sound und dann noch eines zum Telefonieren. Das sticht so ins Auge, weil der Gegensatz von den teilweise sehr stark verhüllten Frauen zur modernen Technik doch enorm ist. Speziell in Petra sehen wir viele Frauen, teilweise im Tschador, die Ihr Handy hochhalten und sich damit selbst in der tollen Umgebung fotografieren. Im Grunde sieht man ja nur die Augen und wieder einmal frage ich mich, wie es möglich ist, dass die guten Leute sich untereinander überhaupt erkennen. Geht das dann mehr nach Bewegung oder nach was? Nach der Augenfarbe und der Kleidung kann man ja auch nicht unbedingt unterscheiden, beides ist hauptsächlich schwarz. Na ja, irgendwie machen die das schon, man muss ja nicht alles verstehen! Auch die Kameltreiber, die im Sattel sitzen und SMS schreiben, sind ein gewöhnungsbedürftiger Anblick. Einen beobachte ich eine Zeit lang, der kann gar nicht mehr aufhören und dabei entgeht ihm sicher das eine oder andere Geschäft.

Wir gehen dann noch weiter zum römischen Theater, auch das wurde direkt aus dem Fels gemeißelt und hat ca. 5000 Zuschauern Platz geboten. Dann kommen noch ein paar Gräber und das ehemalige Stadtzentrum, alles sehr beeindruckend. Mittlerweile ist es aber so

Kapitel 5 – Jordanien

heiß, dass wir wieder Richtung Ausgang aufbrechen. Gut, dass wir schon so früh da waren, jetzt kommen erstaunlich viele Besucher, es wird ungemütlich. Wir haben natürlich nur einen Teil von Petra gesehen aber zu viel Antikes ist eh nichts für uns. Wir mögen beide viel lieber das wirkliche Leben, das mit den echten Menschen, auch wenn sie manchmal ein bisschen nerven.

Später geht mir durch den Kopf, dass ich seit langer Zeit keinen einzigen Gedanken mehr an den Alltag in München verschwendet habe, alle Sorgen sind wie weggeblasen, wir leben in den Tag hinein als gäbe es kein Morgen. Und ich frage mich, ob es wirklich keine Möglichkeit gibt, ein bisschen von diesem fabelhaften Lebensgefühl in den Alltag hinüberzuretten. Ich komme aber zu dem Schluss, dass die meisten von uns einfach viel zu eingezwängt sind in die ganzen Vorschriften, die Bürokratie, die Arbeit, mit der man sein Geld verdient und vieles mehr. Man sitzt fest in einem Käfig, der aus vielen Ängsten besteht: Angst vor Geldmangel, vor Krankheit, vor dem Älterwerden, vor Arbeitslosigkeit und Angst vor vielen, vielen anderen Dingen. Und gegen die Angst vor dem Geldmangel spart man sich dann zu Tode, gegen die Krankheit, die Arbeitslosigkeit und andere Katstrophen versichert man sich zu Tode. Und die Versicherungen wiederum kosten so viel Geld, dass wir durch die Angst, das Geld dafür nicht auftreiben zu können, noch mehr im Käfig der Angst gefangen sind. Nur die Angst vor dem Älterwerden, die bleibt, die kann man nicht versichern, man kann nur versuchen, sie loszuwerden. Und ich bin der Meinung, dass das am besten funktioniert, wenn man ein sehr ausgefülltes Leben führt und aus seinem Leben das Bestmögliche herausholt. Und das Bestmögliche ist für jeden etwas anderes, die Menschen sind ja auch nicht alle gleich. Ich bin überzeugt, dass es mir jetzt so gut geht, weil ich es wieder einmal geschafft habe, aus dem Käfig herauszukommen. Ein unvergleichlich gutes Gefühl! Das Schwierige an so einer Reise sind erst einmal nicht die vielen Probleme und Fragen, die sich auftun, egal ob es sich dabei um irgendwelche Sicherheitsfragen, finanzielle Fragen, Probleme wegen der Wohnung oder den Haustieren handelt, das Schwierigste ist, zu sagen: „Ja, ich fahre am 06. Juli los nach Afrika,

Kapitel 5 – Jordanien

komme, was wolle!" Einen so weitreichenden Beschluss zu fassen ist wesentlich schwieriger als die Lösung aller dann folgenden Probleme! Und jedem, der etwas Ähnliches plant, kann ich nur raten, das Vorhaben erstens wirklich zu beschließen und dann zügig das genaue Datum festzulegen. Sonst wird das wahrscheinlich nichts.

Seit Syrien sind die Temperaturen übrigens sehr angenehm, ca. 25 bis 35 Grad, zum Fahren ideal und auch ansonsten durch die trockene Hitze gut verträglich. Wir dachten ja ursprünglich, dass wir eventuell schon in Syrien schwer mit der Hitze zu kämpfen haben. Bei der Abfahrt wussten wir überhaupt nicht, wie das mit den Temperaturen auf der Reise wird. Immer wieder haben wir Überlegungen angestellt, welche Kleidung wohl die beste wäre, ob wir doch noch andere Motorradjacken mitnehmen sollen als die, wie wir bisher benutzten. Alles sollte irgendwie dünner sein aber doch sicher und eigentlich muss es ja auch für kühlere Strecken, zum Beispiel im äthiopischen Hochland, geeignet sein. Auch in den Foren haben wir dazu keine für alles gültige Antwort erhalten, wie denn auch, es gibt sie einfach nicht. Bei so vielen verschiedenen Klimazonen kann die Kleidung nur ein Kompromiss sein, Ende!

Weiter geht es Richtung Aqaba, bis dahin sind es noch ca. 140 Kilometer. Wir finden keine Tankstelle, also fahren wir so los, wird schon eine kommen. Die Fahrt geht durch braune Wüstenlandschaft, Jordanien besteht zu 90 Prozent aus Wüste. Petra und Umgebung sind ziemlich hoch gelegen. Unterwegs neben der Straße leben viele Nomaden, wir sehen Kamele mit Jungtieren und fragen uns, was von dem Nichts die da fressen. Alles ist trocken und ausgedörrt. Die Zelte der Nomaden sind sehr einfach aus Stoffbahnen zusammengesetzt, wichtig ist vor allem, dass sie einfach auf- und abzubauen sind. Es wäre sicher sehr interessant, einmal eine Nacht in so einem Zelt mit den Nomaden zu verbringen.

Während der Fahrt keimt bei mir urplötzlich die Hoffnung auf, dass eine Auswandererfamilie, die man bei uns im Fernsehen jetzt so oft sieht, in Aqaba eine Imbissbude mit Spezialität „bayrischer Wurstsalat" oder „Schweinsbraten mit Knödel und Kraut" eröffnet hat. Es geht ja nicht darum, dass das Essen hier nicht gut wäre, gestern abends zum Beispiel gab es Lamm in Tomatenminzsoße, trotzdem möchte ich jetzt gern ein bayerisches Essen. Mal sehen, wie das so wird in Aqaba. Schließlich ist das ja ein Touristenort. Dann fällt mir aber ein, wie sich das mit Moslems und Schweinefleisch so verhält. Also dann vielleicht Dampfnudeln oder ähnliches?

Zwischenzeitlich geht`s hurtig bergab, aus den kühlen 25 Grad werden schnell 35 Grad. Eigentlich sollten wir allmählich tanken, wir stoppen mehrmals und auf Christians Nachfragen schleppt jemand einen 20 Liter Kanister an, es ist aber normales Benzin, kein bleifreies, das mögen unsere Böcke nicht besonders also fahren wir weiter. Hier in Jordanien wissen wir noch nicht, wie das in den kommenden Ländern mit der Kraftstoffversorgung läuft und so stellen wir noch richtig hohe Ansprüche an die Benzinqualität. Angeblich sind es noch 40 Kilometer bis zur nächsten Tankstelle. Die Höhe über NN geht nach unten, die Temperatur nochmal nach oben, 38 Grad! Nach 50 Kilometern immer noch keine Tankstelle, auf erneutes Nachfragen biegen wir unerlaubt auf der Autobahn durch die Senke zwischen den Fahrtrichtungen in die entgegengesetzte Richtung ab. Und dann gibt`s endlich einen kräftigen Schluck für die Mopeds, für uns natürlich auch. In Deutschland würde es uns ja nicht im Traum einfallen, dass wir zum Beispiel auf der Salzburger Autobahn, wäre es denn möglich, über den Mittelstreifen auf die entgegengesetzte Spur wechseln. Aber unterwegs ist halt alles anders, wesentlich lockerer! Weiter geht es Richtung Meereshöhe null und binnen sehr, sehr kurzer Zeit erreichen wir dann einen neuen Temperatur-Highscore von 42 Grad! Wir sind in Aqaba angekommen.

Aqaba hat den einzigen Seehafen Jordaniens. Der Großteil der ca. 90.000 Einwohner lebt vom Tourismus. Die Hotels sind am Golf von Aqaba wie Perlen auf der Schnur aufgereiht, ein Bunker neben dem anderen. Auch hier sind viele Gäste aus Saudi Arabien unterwegs, die es sich bei besagten 42 Grad gut gehen lassen! Gleich nach Ankunft

Kapitel 5 – Jordanien

ziehen wir wieder los, um eine Kleinigkeit zu essen. Unterwegs sage ich zu Christian: „Schau mal, ich schwitze trotz der 42 Grad nicht, irgendwie seltsam." Darauf Christian: „Ja, weil der Körper glaubt, dass so etwas nicht möglich ist. Der gibt intern weiter: Du brauchst nicht schwitzen, das mit den 42 Grad ist nur ein Irrtum!" Und da wir ganz überraschend doch keinen „Auswanderer-Imbiss" entdecken, dafür aber ein großes gelbes „M", gehen wir sofort in das angenehm tiefgekühlte McDonalds-Restaurant und bestellen zwei Menüs. Die schmecken lecker wie daheim, die Pommes geschmacklich wie am Stachus, das lobe ich mir!

Mit einem Taxi fahren wir noch zum Hafen, der ziemlich weit außerhalb liegt. Da wollen wir die Fährtickets für morgen nach Ägypten kaufen, das gelingt uns aber nicht. Es ist schon ein Riesenakt, überhaupt in Erfahrung zu bringen, dass wir die Tickets erst morgen in aller Herrgottsfrüh im Zentrum von Aqaba kaufen können. Am Hafen selbst ist es wie ausgestorben und so suchen wir auch sofort eine Möglichkeit, wieder ins Zentrum zurückzukommen. In letzter Sekunde stoppen wir ein Taxi von einem ankommenden Fahrgast. Mir kommt der Fahrer gleich irgendwie seltsam vor, ich weiß aber nicht genau, warum. Nach ein paar Minuten Fahrt Richtung Stadtzentrum sehe ich es aber dann genau: der junge Taxifahrer ist ein hundertprozentiger Saddam Hussein-Fan, seine Sympathie stellt er mit einer Büste vom Exdiktator auf der Ablage zur Schau. Damit Saddam weich steht, hat er alles mit einem Flokati unterlegt. Ich trau mich gar nicht, es Christian zu zeigen, man weiß ja nie, wie so ein richtiger Fan reagiert. Christian hat die Figur aber auch schon entdeckt, in stiller Übereinkunft warten wir mit dem Lachen aber, bis wir diese Wahnsinnsfuhre verlassen haben. Den restlichen Nachmittag verbringen wir am Hotelpool und lesen, es ist sehr gemütlich, nur bewegen sollte man sich wegen der Hitze besser nicht! Und seltsamerweise schreibe schon wieder ich die Berichte für das Internet, das ist jetzt schon zur Gewohnheit geworden. Und allmählich schreibe ich mich auch ein, es macht mir schon ein bisschen Spaß!

Kapitel 5 – Jordanien

Am nächsten Tag übernehme ich frühmorgens das Packen, derweil fährt Christian ins Zentrum, um endlich diese Fährtickets aufzutreiben. Um 12 Uhr müssen wir nämlich mit allen Papieren schon am Hafen sein. Und es wäre ein wahres Wunder, wenn die Bürokratie beim Kauf der Fährtickets nicht genauso aufwändig wäre wie bei allen anderen Kleinigkeiten. Vollkommen fertig kommt er nach ca. zwei Stunden wieder. Es hat bereits um 11 Uhr vormittags 37 Grad im Schatten, eigentlich müsste man ja sagen: bloß weg hier, das ist ja viel zu heiß! Aber: wird es auf den nächsten paar tausend Kilometern kühler oder vielleicht sogar noch heißer? Vermutlich heißer!

Angekommen am Hafen sehen wir, dass vor uns schon viele andere Schlaumeier eingetroffen sind. Die Autos stehen schon dreispurig an der Einfahrt zur noch nicht vorhandenen Fähre. Wir stellen uns dazu. Und irgendwie ist das hier im Nahen Osten schon sehr bemerkenswert, die Leute werden teilweise wie Vieh behandelt, da stehen sie alle wie an der Tränke mit Ihren vollkommen überladenen Kombis, die Mitfahrer und Familienangehörigen warten neben den Autos in der prallen Sonne bei ca. 38 Grad auf die erst um 15 Uhr abfahrende Fähre. Und wir mitten drin. Aber Hauptsache, alle sind spätestens drei Stunden vorher da! Christian erledigt noch die zahlreichen Formalitäten, es ist ein einziger Graus. Es gibt ein paar zusammengefallene Betonbänke im Halbschatten, irgendwann ergattere ich da einen Platz aber richtig erholsam ist das hier auch nicht. Ein ganz besonderer Wichtigtuer schleicht immer wieder zwischen den wartenden Autos durch und macht irgendwelche Zeichen. Wir wissen eh nicht, was er eigentlich will und deshalb ignorieren wir ihn jetzt einfach. Jedenfalls hat er eine Uniform an und das gehört in diesen Ländern mit zum Schlimmsten. Die Beamten sind an eingebildeter Wichtigkeit kaum mehr zu überbieten. Um 14 Uhr kommt dann die Fähre aus Ägypten, wir haben ja extra die „Fastferry" gebucht, damit wir schnell hinüberkommen. Die Fahrzeit beträgt angeblich eine Stunde. Wenn wir gewusst hätten, dass wir vorher schon so lange warten müssen, hätten wir gleich die normale Fähre nehmen können. Nach ewig langem Hin und Her fahren wir dann nach einer weiteren Stunde endlich auf die

Kapitel 5 – Jordanien

Fähre, der Raum unten für die Fahrzeuge ist niedrig und es ist überaus heiß. Irgendwann gelingt es uns dann, die Motorräder möglichst sicher zwischen den Autos abzustellen und wir möchten gern nach oben in den Passagierraum. Aber auch hier: Kontrolle der Kontrollen der vorherigen Kontrollen. Wir stehen kurz vor einer leichten Krise, am liebsten würden wir einfach vorbeigehen. Aber nach der vierten Kontrolle kommen wir tatsächlich oben an.

Die letzte Temperatur vor der Fähre war 38 Grad, hier hat es jetzt noch genau 15 Grad. Und wir finden das zu anfangs auch noch toll, weil wir aufgeheizt sind. Wir setzen uns unter eine der zahlreichen Klimaanlagen, das tut jetzt so richtig gut! Die Fähre ist sehr groß und wir denken noch, dass die mit den Leuten, die draußen noch warten, bestimmt nur zur Hälfte voll wird. Es bleibt auch lange ruhig, doch dann öffnen sich die Flügeltüren und ganze Heerscharen von weiß gekleideten Moslems strömen herein. Irgendwann ist bis auf den letzten Platz alles dicht, auch Stehplätze sind schon knapp. Die neu hinzugekommenen Passagiere kommen alle zurück aus Mekka von der Hadsch, der islamischen Pilgerfahrt. Die zählt zu den fünf Säulen des Islam. Dies sind im einzelnen: das Glaubensbekenntnis (es gibt keinen Gott außer Allah und Mohammed ist sein Prophet), das Gebet fünfmal täglich, die Mildtätigkeit (eine Abgabe für die Bedürftigen), das Fasten (Ramadan) und eben die Pilgerreise. Alle volljährigen Muslime, sowohl Männer als auch Frauen, die es sich leisten können, müssen einmal im Leben nach Mekka pilgern. Für Muslime, die sich den Hadsch nicht leisten können, ist dieser auch nicht verpflichtend. In manchen islamischen Ländern ist es üblich, dass eine Dorfgemeinschaft Geld sammelt, damit wenigstens einer von Ihnen stellvertretend für alle anderen den Hadsch machen kann. Der Haddsch ist nur während festgelegter Tage im Jahr möglich, die kleine Pilgerfahrt, die Umra, kann zu jedem beliebigen Zeitpunkt angetreten werden. Alle männlichen Pilger haben noch das Pilgergewand an, es besteht aus zwei weißen Baumwolltüchern, von denen das eine den Körper unten bedeckt und das zweite den Körper oben. Beide Tücher sollen weiß sein. An den Füßen dürfen nur Sandalen getragen werden. Für Frauen gibt es keine besonderen Kleidungsvorschriften, sie dürfen nur während der Zeremonien nicht verschleiert sein.

Und jetzt zeigt uns ein Pilger ein Video auf seinem Handy, er hat gefilmt, wie das in Mekka abläuft. Das ist wirklich interessant und er hat das auch schön gemacht. Und wir merken schon, dass das Video sein ganzer Stolz ist. Wir bewundern ihn entsprechend und das ist ein Fehler, wie wir gleich bemerken werden. Viele andere kommen auch und stehen förmlich Schlange, dass auch sie uns ihre Videos zeigen können. Beim ungefähr fünften Video wird`s aber allmählich langweilig, weil die für uns alle ziemlich gleich sind. Und dann ist da auch noch dieser ägyptische Junge, der seinen Mund nicht halten kann und dauernd sein mieses Englisch anbringen will. Immer wieder labert er los, die Eltern sind ganz stolz, weil er ja Englisch spricht. Sie selbst können keinerlei Englisch und bemerken darum auch nicht, dass der Junge nicht einen kompletten Satz zustande bringt. Eine Zeit lang kann man sich ja alles anhören, irgendwann nervt es aber dann wirklich. Der Bursche steht bei mir ganz gewaltig auf der Kippe, bloß vorsichtig sein!

Ich lasse mir die Fahrt durch Jordanien noch einmal durch den Kopf gehen und überlege mir dabei ganz besonders, warum eigentlich nicht mehr Touristen aus Europa hier Urlaub machen. Die Anreise ist relativ einfach, ein paar Stunden und man landet in Amman, die Temperaturen sind ja auch rund ums Jahr angenehm, die Preise sind erträglich, woran also liegt es also? Ich glaube, es ist das gleiche Phänomen wie in Syrien: die Highlights liegen zu weit auseinander und genau genommen gibt es auch nicht so viele davon. Ich habe mir selber schon mehrmals überlegt, ob ich nicht mal 10 Tage hierher fliegen soll, habe mich aber immer für ein anderes Ziel entschieden. Sache ist einfach, dass praktisch alle Gegenden auf der Welt, die wirklich was zu bieten haben, von vielen Touristen bereist werden und Gegenden, in denen das nicht der Fall ist, werden auf der touristischen Landkarte ignoriert. Und auch ich finde jetzt, dass es ganz gut war, Jordanien und Syrien selbst zu sehen aber das war es dann auch. Vielleicht irgendwann wieder auf der Durchreise nach Afrika?

Kapitel 5 – Jordanien

Fazit Jordanien: Der Kings Highway ist traumhaft und auch Petra ist absolut sehenswert. Für mich war es optimal, dass wir diese beiden Highlights auf der Durchreise sozusagen mitgenommen haben.

Kapitel 6

Ägypten – ein (Alb)Traum wird wahr!

Mit ca. einer Stunde Verspätung legt die Fähre dann endlich ab, wir merken auch schon, dass wir auskühlen. Wenn ich mir jetzt die Herren in den weißen Gewändern so anschaue, dann friert es mich ja gleich noch mehr. Andere Plätze, die etwas wärmer wären, gibt es aber leider nicht. Aus der einen Stunde werden eineinhalb und irgendwann legt die Fähre dann in Ägypten an. Wir drücken natürlich gleich Richtung Ausgang, mittlerweile sind wir froh, dass wir den Temperatursturz überlebt haben. Aber da stehen wir wieder und jetzt kommen die Männer von der Schweinegrippeabteilung, jeder hat einen Mundschutz im Gesicht und sie übergeben jedem Passagier ein Formular zum Ausfüllen. Und dann wird noch Fieber gemessen. Bei wirklich jedem Handgriff merkt man, dass alles nur pro Forma ist, das Ergebnis interessiert hier niemanden. Heilfroh, dass wir endlich wieder bei unseren Motorrädern im Schiffsbauch sind, geht es dann auch gleich mit dem Hinausfahren los. Ich habe den Motor schon angelassen und fahre die schräge Rampe hoch, da fährt einer vom Schiffspersonal eine Trennwand nach unten, das würde heißen, dass wir nicht hinaus können. Ich sehe das aber zu spät und werde fast in 2 Teile getrennt. Da fängt der Typ auch noch an, dass er mich komisch anreden will, ich zeige ihm aber den Vogel und steigere das im Verlauf der Unterhaltung auch noch etwas. Ich bin mittlerweile so was von verärgert über diese ganzen Wichtigtuer an der Grenze, vor dem Schiff und hier auf dem Schiff, dass ich den guten Ton vorübergehend vergesse. Natürlich ist es etwas vom Schlimmsten, wenn eine Frau einen arabischen Mann anschnauzt, da verliert der ja ganz schnell sein Gesicht. Er steigert sich rein, ich mich natürlich auch und irgendwann tue ich sein ganzes Geraunze mit einer extrem abwertenden Handbewegung ab, gebe Gas und lasse ihn stehen.

Und jetzt gleich vorweg: sollte jemand irgendetwas an der deutschen Bürokratie zu beanstanden haben, dann sei ihm ein Grenzübertritt mit dem eigenen Fahrzeug nach Ägypten empfohlen. Hochzufrieden wird jeder gern zum deutschen Amtsschimmel zurückkehren. Gleich nach dem Verlassen der Fähre geht der größte Irrsinn los, den wir jemals an einer Grenze hatten. Man muss schon ein ganz ausgesuchter Masochist sein oder einen wirklich guten Grund für einen Grenzübergang mit dem eigenen Fahrzeug nach Ägypten haben. Bei uns trifft ja zwecks Sommer und Afrika beides zu. Wir sind ja der Meinung, dass die Angelegenheit mit der Schweinegrippe durch das Überprüfen auf der Fähre erledigt sein müsste, es waren ja schließlich ägyptische Beamte an Bord. Weit gefehlt, wir müssen die Motorräder gleich außerhalb der Fähre wieder abstellen und mit allen Passagieren durch einen Scanner durchgehen. Ich bin ja überzeugt, dass dieser Scanner nicht einmal eingeschaltet ist, Christian meint aber, das wäre ein Wärmescanner, vermutlich könnte da schon irgendetwas festgestellt werden. Bei mir können sie im Höchstfall feststellen, dass mir heiß ist, dass ich schwitze und, wenn es ein guter Scanner ist, auch noch, dass ich total genervt bin und endlich weg will. Wie auch immer: doppelt und dreifach hält hier scheinbar immer besser. Und dann stehen unter hohen Dächern alle Fahrzeuge, die auf der Fähre waren, und warten und warten und warten. Den vielen Kindern, die auch dabei sind, ist es natürlich zu heiß und sie schreien teilweise wie am Spieß, ist ja auch verständlich. Und zwischen den Leuten diese unfassbar unfähigen Beamten, die eigentlich alle nur eines wollen, nämlich Schmiergeld! Alle Autofahrer müssen ausnahmslos alles abladen und ausladen und vorführen. Für uns ist ja nur ein ganz bestimmter Beamter zuständig, das hat sich bei der Abfahrt der Fähre in Jordanien schon herauskristallisiert. Und wie kann es anders sein, der ist mir von der ersten Sekunde an durch und durch unsympathisch! Ein etwa 35-jähriger uniformierter Schnösel. Wir mahnen ihn immer wieder an, dass er jetzt endlich mal kommen soll aber alles dauert eben. Und irgendwann ist er mit zwei seiner „Besichtigungskollegen" dann doch da, er gibt uns aber hinter vorgehaltener Hand gleich zu verstehen, dass etwas Bakschisch das alles beschleunigen könnte. Die müssen wirklich die Motornummern auf Papier aufreiben, als Beweis, dass sie auch tatsächlich nachgeschaut haben. Was machen wir jetzt, sollen wir diesen Unsympathen auch noch Geld geben? Oder sollen wir ein Exempel statuieren, ihnen nichts geben und uns schikanieren lassen? Wir beschließen, dass wir ihnen jetzt jeweils einen Euro geben, damit wir hier möglichst schnell wegkommen. Aber das war ja nur der Anfang vom Geldausgeben, der Grenzübertritt mit Motorrad nach Ägypten kostet insgesamt incl. Versicherungen, ägyptischen Kennzeichen und so weiter pro Person etwa 130 Euro. Und dazu dann noch 15 Euro für unseren uniformierten Leichtmatrosen, da könnte einem eigentlich schon alles vergehen!

Im Grenzbereich treffen wir noch Sam, einen Amerikaner, der mit einer uralten Yamaha schon seit Monaten durch Afrika fährt. Er ist jetzt bereits den dritten Tag im Grenzbereich und kann diesen auch nicht verlassen, da ein ägyptischer Grenzbeamter in sein Motorrad hineingefahren ist und dieses dabei so sehr demoliert hat, dass er nicht mehr weiterfahren kann. Nun telefoniert er endlos und fordert Ersatzteile von überall her an. Ein sehr schwieriges Unterfangen. Und das Beste dabei: die ägyptischen Grenzer helfen ihm überhaupt nicht, die streiten auch ab, dass sie schuld sind und sie bedrängen ihn auch noch, dass er jetzt endlich das Gelände verlassen soll. Welche Unverschämtheit! Sam erzählt uns noch, dass er vorher im Konvoi eine Niletappe gefahren ist, die sind da glatte 42 Stunden durchgefahren. Ich dachte nämlich ursprünglich, dass Sam auf Droge ist aber seine seltsam tränenden Augen kommen daher, dass er schon ewig wach ist. Wir geben

Kapitel 6 – Ägypten

ihm von unserem Vorrat eine spezielle Klebepaste, er hofft, dass er damit ein bisschen weiter kommt, ansonsten können wir ihm leider auch nicht helfen.

Wir waren ja vor Jahren schon einmal in Ägypten und haben da eine Nilkreuzfahrt gemacht. Das Land selbst und auch die Kreuzfahrt hat uns sehr gut gefallen aber mit den Leuten hier konnten wir uns schon damals nicht besonders anfreunden. An jeder Ecke, immer und überall, wollen einem die Ägypter das Geld aus der Tasche ziehen. Und dazu diese teilweise dummdreiste Art, dieses bauernschlaue Gehabe, das jeder sofort durchschauen kann, das nervt irgendwann extrem. Vorher immer auf freundlich machen und dann abzocken, eine Mentalität, mit der ich nichts anfangen kann, die ist mir fremd und kann es gern auch für alle Zeiten bleiben.

Nach ca. 4 Stunden, die Christian mit „unserem Grenzbeamten" von einem Schalter zum nächsten und wieder zurück gelaufen ist und nachdem dann noch zwei weitere Ägypter unsere deutschen Nummernschilder abgenommen und die ägyptischen montiert haben, können wir das Grenzgelände endlich verlassen. Und auch jetzt wieder ein Kreuzzeichen und der Schwur, Ägypten für alle Zeiten nur noch im äußersten Notfall zu betreten.

Es ist ja schon spät abends und eigentlich wollen wir dem Tipp von Afrikafahrern, die das gleiche wie wir vor ein paar Jahren gemacht haben, folgen und suchen einen ganz bestimmten Campingplatz. Genau genommen steht uns der Sinn ja nicht nach Campen aber der Platz soll wirklich schön sein. Unsere Campingausrüstung haben wir nur einmal daheim im Garten zur Probe aufgebaut, dann haben wir uns noch eine halbe Stunde ins Zelt gelegt, damit wir ein Gefühl bekommen, wie es so wäre wenn, das war`s dann auch. Ich mag ja sehr gern campen aber Christian liegt doch lieber in einem richtigen Bett. Eigentlich schade! Wir finden den Campingplatz auch, der ist aber bestimmt schon seit Jahren geschlossen. Da ist außer einem verrosteten Unimog nichts mehr zu sehen. Also fahren wir weiter und dann kommen wir zu einem Badehotel, ich gehe rein, die Rezeption sieht ganz passabel aus und ich nehme ein Zimmer. Wir bekommen auch noch ein schönes Eckzimmer direkt vorne am Meer. Hungrig und durstig gehen wir noch ins Hotelrestaurant. Es ist das erste Hotel von allen bisherigen Reisen, bei dem es zum Abendessen im Hotelrestaurant keine Möglichkeit gibt, irgendetwas zu trinken zu bestellen. Christian geht wieder hinaus und holt unseren Getränkevorrat, der aus ein paar Flaschen warmem Wasser besteht. Das Essen im Hotel ist bescheiden, es schmeckt absolut nicht. Anschließend sehen wir noch, dass es irgendwo ganz hinten eine Hotelbar gibt, wir nehmen da noch ein „Luxor-Classic" mit und dazu 2 Plastikbecher. Ich denke natürlich, dass das Bier alkoholfrei ist, dies ist aber ein Trugschluss, es ist ganz normales Bier, das beste am ganzen Hotel. Die Nacht ist dann aber bis auf das übliche „Klimaanlage zu heiß, zu kalt, zu heiß…" ganz ok.

Um 6 Uhr morgens gehe ich gleich auf den Balkon und schaue mir den Sonnenaufgang über den Bergen an. Beim Blick nach rechts sehe ich drei Kamele am Strand grasen, ein schöner Anblick! Direkt vor unserem Zimmer bleiben sie stehen und ich habe fast den Eindruck, dass sie zu mir herauf schauen. Eine friedliche Stimmung, wenn die ganzen Pauschalurlauber noch in den Betten liegen. Das Frühstück am Morgen ist noch einen Tick mieser als das Abendessen gestern, dazu brennt die Sonne in den Speisesaal, es gibt keine Klimaanlage. Ich sage zu Christian, dass man sich bei solchen Temperaturen einfach nicht rühren darf, dann ist das alles nicht ganz so schlimm. Er fragt mich, ob ich damit auch meine, dass er mit dem Kauen aufhören soll. Auf jeden Fall sind wir jetzt froh, wenn wir endlich hier wegkommen. An der Rezeption sehe ich an den Schildern der einzelnen Reiseleiter noch, dass das Hotel hauptsächlich von Agenturen aus Osteuropa gebucht wird. Ich frage mich da gleich, ob wir einfach zu hohe Ansprüche haben, komme aber zu keinem Ergebnis. Nachdem das Gepäck komplett verstaut ist, gehen wir nochmal ins Zimmer und Christian dreht sich in voller Montur noch ein paar Minuten vor der auf „eiskalt" gestellten Klimaanlage und dann geht es weiter.

Die Fahrt führt durch wüstenhafte Landschaft, ab Meereshöhe fahren wir dann sehr schnell bis über 700 Meter hinauf, da ist es vergleichsweise kühl und angenehm. Solange wir fahren, ist das ganze so-

Kapitel 6 – Ägypten

wieso kein Problem, auch der Wind, der teilweise wie direkt aus der Hölle von der Seite her bläst, ist mittlerweile ein gern gesehener Gast, er kühlt gut. Also genau genommen gewöhnt man sich an Alles! Wir fahren nach Dahab, das im Internet als Hippietreff angepriesen wird, irgendwie glauben wir, dass wir hier eine Art „Goa am Roten Meer" vorfinden. Aber weit gefehlt, wir eiern durch die Stadt, wie in Goa ist hier rein gar nichts, irgendwie glaube ich aber, dass wir die richtigen Stellen einfach nicht finden und so fahren wir weiter.

Angekommen in Sharm el Sheikh drehen wir eine schnelle Runde durch den Ort und schauen uns die Hotels an. Wir wissen wegen der Abfahrtszeiten der Fähre nicht, wie lange wir hier bleiben. Wir gehen ins Internetcafé und buchen da auf einer Website für Hotelbuchungen per „Hot Deal" ein Hotel. „Hot Deal" heißt, dass die Kreditkarte sofort belastet wird und man nicht mehr stornieren kann. Das wollen wir aber um 13 Uhr 30 bei der Hitze sowieso nicht mehr. Der Preis ist bei diesen Buchungsbedingungen dann natürlich sehr günstig. Später schauen wir uns Sharm el Sheikh noch ein bisschen genauer an, vielleicht bleiben wir nur bis morgen, wenn wir für die Fähre nach Hurghada heute noch Tickets bekommen. Ansonsten fährt die nächste Fähre in 3 Tagen. Und, bevor ich`s vergesse, neuer Temperaturrekord 43,5 Grad.

Sharm El-Sheikh hat ca. 12.000 Einwohner und liegt am Roten Meer. Viele Taucher sind hier wegen den schönen Korallenriffen. Die wärmsten Monate hier sind Mai bis September. Dann sind wir da ja genau richtig, oder? Die Hauptreisezeit ist eigentlich im Herbst und Frühling, wir haben aber auch jetzt den Eindruck, dass alles sehr gut gebucht ist und wir hören auch wieder das eine oder andere deutsche Wort.

Die Terroranschläge von 2005, bei denen es fast 90 Tote gab, haben Sharm el Sheikh ganz besonders getroffen, da der größte Teil der ca. 12.000 Einwohner vom Tourismus lebt. Die Sache mit den Anschlägen darf man sich aber gar nicht so genau überlegen, sonst fühlt man sich gleich unwohl.

Kapitel 6 – Ägypten

Ungefähr 2 Stunden später: die Fastferryfirma, mit der wir eigentlich von Sharm el Sheikh nach Hurghada übersetzen wollen, hat vergessen, den Zusatz „wir befördern auch Fahrzeuge" vor 2 Jahren aus dem Internet herauszunehmen. Eine andere Möglichkeit, per Schiff mit den Motorrädern nach Hurghada zu kommen, gibt es nicht. Das heißt im Klartext, dass wir morgen wieder gen Norden fahren und dann unter dem Suezkanal durch hinüber nach Suez, von da aus dann wieder Richtung Süden nach Hurghada. Mal sehen, ob uns der kleine Umweg von ca. 750 Kilometer Spaß macht, muss er aber wohl. Beim ADAC habe ich im Infoblatt zu Ägypten gelesen, dass es auf dem Sinai kein bleifreies Benzin gibt, und gutes Normalbenzin auch nicht. Und ich habe mir auch gleich gedacht, dass das nicht stimmt, im Jahr 2009, auf dem gesamten Sinai? Fehler! Es ist so. Zusätzlich gibt es das Problem, dass es überhaupt nur an jeder vierten oder fünften Tankstelle Benzin gibt, manche haben gar nichts, andere ausschließlich Diesel. In Sharm el Sheikh will uns noch einer an der Tankstelle ein „Additiv" zum miesen Benzin dazu verkaufen, wir nehmen es. Wenn es hier kein bleifreies Benzin gibt, bezweifle ich allerdings, dass das ein Additiv ist, vermutlich eher Senfsoße oder ähnliches!

Also fahren wir heute wieder gen Norden den Sinai hinauf nach Suez. Rechter Hand Wüste, linker Hand zum größten Teil Meer, teilweise sehr schöne Ausblicke und durch die Meeresnähe auch angenehm zu fahren. Bis auf die wenigen, nicht meernahen Streckenabschnitte, da ist es dann so richtig heiß. Mitten in dieser wüstenhaften Landschaft sehen wir dann zwei Frauen, die mit einem vollbeladenen Kamelen durch die Wüste ziehen. Da, wo wir herkommen, war seit zig Kilometern keine Ortschaft, auch nach vorne ist in dieser unendlichen Weite keinerlei Ansiedlung sichtbar, ebenso wenig weiter in die Wüste hinein. Die Frauen müssen also noch einen endlos langen Weg vor sich haben. Und da das Kamel so hoch beladen ist, gehen sie selbst daneben her und müssen die ganze Strecke zu Fuß zurücklegen, für mich unvorstellbar! Wir halten kurz an und geben den Frauen jeweils eine Flasche Mineralwasser, das ist hier so üblich und die beiden bedanken sich auch ganz freundlich. Leider ist keinerlei Unterhaltung möglich, die Sprachbarriere ist einfach zu groß.

Die Straße ist größtenteils gut und irgendwo zwischendrin, wo man eigentlich gar nichts erwartet, taucht dann plötzlich, wie eine Fata Morgana, eine nagelneue Raststätte mit schöner Moschee auf, dazu ein schlankes Minarett, daneben die Pizzeria und ein Cafe. Ein Traum für zwei ausgehungerte und durstige Motorradfahrer! Wir haben natürlich noch Wasser dabei aber das ist mittlerweile wieder so warm, dass es einfach nicht mehr schmeckt. Im Innenraum des Restaurants wäre es zwar angenehmer aber mittlerweile fürchten wir eine Erkältung. Diese Temperaturschwankungen von teilweise 25 Grad innerhalb von Sekunden sind ja unerträglich. Und so sitzen wir bei 42 Grad und leichtem Wind im Außenbereich unter dem Sonnenschirm. Natürlich bestellen wir gleich Pizza, dazu viel zu trinken und im Anschluss dann noch einen richtig guten Espresso. So kann man das Reisen aushalten!

16 Tage nach der Abfahrt aus Deutschland fahren wir dann durch den Ahmed Hamdi Tunnel, der unter dem Suezkanal durchführt, und sind um genau 16 Uhr 12 endlich in Afrika! Das feiern wir dann auch gleich mit einem eiskalten Mineralwasser! Es wird spät, wir fahren nach Suez, um ein Hotel zu suchen. Suez ist aber, so wie es aussieht, eine Stadt, die kein Hotel braucht und scheinbar auch keines hat. Hier will keiner übernachten. Diese Stadt hat rein gar nichts, sie lebt vermutlich nur von ihrem Namen.

Wir beraten uns kurz und nehmen eine kleine Änderung ins Programm auf: da wir ja eh schon ums Eck sind, werden wir heute noch nach Kairo fahren und dann morgen die Pyramiden etc. anschauen. Mir wäre lieber gewesen, wir hätten Kairo großzügig umfahren. Die Geschichten, die ich verkehrsmäßig von dieser Stadt gehört habe, sind so haarsträubend, dieses Erlebnis hätte ich mir gern erspart. Aber vielleicht wird ja alles ganz anders! Der dichte Verkehr beginnt dann aber schon ganz weit vor Kairo, ich kann erahnen, was da auf uns zukommt. Auf dem GPS haben wir nur eine Ringstraße in Kairo, die Hauptstraße durch das Zentrum von Kairo und einige Punkte wie eben die Pyramiden. Und das ist dann wirklich ein Erlebnis der besonderen Art: abends zur Rushhour durch Kairo. Mir läuft jedenfalls während der gesamten Fahrt der Schweiß den Rücken hinunter, das ist mir bisher noch nie passiert. Auf der Straße ist alles unterwegs, was sich bewegen kann, Autofahrer, Fußgänger, Kamele, Hunde und so weiter. Und alles bewegt sich mit einem Affenzahn. Und die Huperei an allen Ecken gehört scheinbar unbedingt dazu. Mit dem GPS finden wir dann irgendwann tatsächlich zu den Pyramiden. Da wollen wir hin, da in der Nähe möchten wir übernachten, weil wir sie am nächsten Tag gleich als erstes besichtigen wollen. Ein Taxifahrer gibt uns dann – man höre und staune: gratis! – einen Tipp für ein Hotel in der Nähe, das finden wir schnell und das ist dann auch ganz ok. Ich bin mittlerweile fix und fertig. Beim Einchecken ins Hotel um ca. 20Uhr30 hat es hier in Kairo übrigens immer noch 39 Grad! So etwas habe ich bisher noch nicht erlebt, abends noch so heiß. Im Zimmer zeigt uns der Boy dann noch den Balkon, wir stehen da und er sagt zu mir, ich soll nach links schauen. Das mache ich, sehe aber gar nichts und denke mir noch, ja, was ist denn er jetzt wieder für einer? Ich schaue ihn entgeistert an, er zeigt aber wieder in die Richtung und jetzt sehe ich sie auch, die Pyramiden, beleuchtet noch dazu. Ich konnte die vorher nicht sehen, weil das Ganze Teil einer Lightshow ist und da war es gerade dunkel. Also das ist jetzt schon toll, ich sehe die Pyramiden sogar von meinem Kopfkissen aus! Wir stellen noch übereinstimmend fest, dass man vermutlich auf der ganzen Welt an jedem Ort fahren kann, wenn man so eine Fahrt durch Kairo überlebt! Dann reicht es aber auch für heute, ein wirklich anstrengender Tag.

Am nächsten Morgen können wir das kurze Stück zum Eingang der Pyramiden leicht zu Fuß gehen. Wir sind früh dran, damit wir uns an diese Hitze gewöhnen können. Und was wir dann sehen, das ist schon sehr beeindruckend. Wie die Ägypter das jemals fertig gebracht haben? Wir laufen alles ab, da kann ich wenigstens in Ruhe fotografieren. Ich brauche schon einiges an Abstand, damit ich diese gigantischen Bauwerke komplett auf das Foto bringe.

Kapitel 6 – Ägypten

Die weltberühmten Pyramiden von Gizeh sind das letzte der sieben Weltwunder der Antike, das noch erhalten ist. Selbstverständlich sind sie UNESCO-Weltkulturerbe. Das ganze Areal liegt in der Wüste. Zu den Pyramiden von Gizeh zählen die Cheops Pyramide, die Chephren Pyramide, die Mykerinos Pyramide sowie die Große Sphinx und einige kleine Nebenpyramiden, in denen die Frauen der Pharaonen begraben wurden. Erbaut wurden die Pyramiden ungefähr zwischen 2620 und 2500 vor Christus. Die Cheops Pyramide ist die größte. Sie war ursprünglich 146,6 Meter hoch, hat aber durch die Witterungseinflüsse über die Jahrtausende hindurch an Höhe verloren und so sind nur noch knappe 139 Meter übrig. Vor den Pyramiden liegt die Große Sphinx im Sand, auch sie ist sehr beeindruckend. Die Skulptur stellt einen männlichen Löwen mit einem menschlichen Gesicht dar. Wahrscheinlich sollte die Sphinx das gesamte Areal bewachen, dies ist aber bis heute nicht geklärt. Erstaunlich ist, dass zum Bau der Pyramiden kein Transportmittel mit Rädern verwendet wurde, da in Ägypten das Rad zu dieser Zeit noch vollkommen unbekannt war. Bis heute weiß niemand mit Sicherheit, wie die Pyramiden gebaut werden konnten.

Und gerade bei den Pyramiden fällt mir wieder einmal auf, dass es Sachen gibt, die man einfach in ihrer wirklichen Größe, Tiefe, Höhe, Menge oder was auch immer keinem anderen wirklich schildern kann. Ich habe im Vorfeld selbst Beschreibungen von den Pyramiden gehört und Bilder gesehen und bin jetzt vor Ort trotzdem erstaunt, wie sehr ich mich verschätzt habe. Es gibt Dinge auf dieser Welt, die muss man selbst gesehen haben. Das gilt aber nicht nur für irgendwelche Abmessungen, das gilt auch für Elend, Armut, Krankheit, Unwürdigkeit. Es gibt es nämlich, das sprichwörtliche „unbeschreibliche Elend", ich habe es schon oft gesehen, es treibt einem die Tränen in die Augen und doch kann man es nicht treffend schildern.

Von so viel Größe fast erschlagen, schnappen wir uns ein Taxi und machen uns auf den Weg zur Zitadelle und zur Alabastermoschee. Die Fahrt dauert bei dem Verkehr ziemlich lange, die Luft im Taxi ist durch die vielen Abgase sehr schlecht. Nach etwa einer Stunde setzt uns der Fahrer vor der Zitadelle ab. Die ist sehr imposant, schon von außen sehen wir auch die Moschee, die sich im Innern der Zitadelle befindet. Erbaut wurde sie von 1824 bis 1884. Im Hof gibt es einen sehr schönen Brunnen für die rituellen Waschungen. Die Wände der Moschee sind innen mit Alabaster verkleidet. Wegen dieser Alabasterverkleidung wird sie vom Volksmund auch „Alabastermoschee" genannt, eigentlich heißt sie Mohammed-Ali-Moschee. Von der Decke sind riesige Lichtkränze abgehängt. Wir setzen uns auf die dicken Teppiche, um die Atmosphäre hier zu genießen. Nach der Besichtigung fahren wir dann noch in den großen Basar. Es tut mir in der Seele weh, dass wir mit den Motorrädern unterwegs sind und nicht mit leeren Koffern, die wir hier bis an den Rand füllen könnten!

In einem der zahlreichen Lokale essen wir dann noch Falafel, Tomaten und köstliches Fladenbrot, dazu trinken wir Karkadé, das ist roter Malventee, der auch ausgezeichnet schmeckt. Leider gibt es beim Bezahlen Ärger, es ist einfach nervig. Wir haben ja beim Bestellen die einzelnen Getränke und das Essen schon aufaddiert aber die Rechnung ist natürlich doppelt so hoch. Wir lassen die Speisekarte wieder kommen und sagen ihm, er soll uns seine Rechnung erklären, das kann er natürlich nicht, wir zahlen, was wir errechnet haben und gehen. Satt und müde wollen wir jetzt nur noch mit einem Taxi zurück zum Hotel. Die Touristenpolizei möchte uns dabei „behilflich" sein, aber hier in Ägypten versuchen selbst die, die den Touristen eigentlich helfen sollen, ihnen das Geld aus der Tasche zu ziehen. Sie nennen uns einen Preis, der mindestens dreimal so hoch ist, wie er eigentlich sein sollte. Ich sage ihnen auf gut Deutsch, dass sie sich schleichen sollen und unterstreiche das noch mit einer entsprechenden Handbewegung. Sofort wissen die Polizisten, was ich meine. Ich habe schon oft erlebt, dass es einen Tonfall und Gesten für solche Sachen gibt, die haben weltweit Gültigkeit, da ist die Sprache dazu vollkommen unwichtig. Jammerschade, dass es ständig Ärger gibt, es gefällt uns ansonsten nämlich wirklich gut.

Zurück im Hotel gehen wir noch auf den Balkon und schauen uns die Pyramiden an. Ich beobachte noch die Kreuzung direkt unten am Hotel, da sind viele Bettler unterwegs, wirklich sehr arme Menschen.

Kapitel 6 – Ägypten

Manche von ihnen leben direkt auf den kleinen Verkehrsinseln, ich habe das letzte Nacht schon gesehen. Die besitzen außer einem Pappkarton und einem Topf nicht viel. Besonders schlimm ist, dass viele dann auch noch Kinder haben, die ebenfalls hier leben. Die Kinder werden sofort, wenn sie selbst den ersten Schritt machen können, losgeschickt, sie sollen möglichst auch gleich betteln. Man könnte heulen wenn man das so sieht. Vor allem haben es diese Kinder natürlich unverhältnismäßig viel schwerer, es zu irgendetwas zu bringen. Im Dreck geboren, im Dreck aufgewachsen, keinerlei Schulbildung, kaum Chancen auf ein normales Leben! Ewig der Verkehr in unmittelbarer Nähe, die schlechte Luft und dazu keinerlei Privatsphäre, welch schreckliches Leben! Auf Reisen wird man wirklich oft daran erinnert, welch schönes Leben wir in Deutschland haben! Noch ein letzter Blick auf die beleuchteten Pyramiden und dann schnell schlafen, wir müssen morgen möglichst bald raus, vielleicht ist der Verkehr dann noch nicht ganz so schlimm. Ist er aber natürlich doch und es dauert lange, bis wir endlich aus Kairo raus sind.

Wir fahren wieder zurück nach Suez und dann die Küstenstraße nach Hurghada. Die Nilstrecke soll zwar schöner sein aber wir möchten nicht mit den Konvois fahren. Sam, den wir an der Grenze getroffen haben, hat uns da nochmal die Augen geöffnet, 42 Stunden am Stück fahren, das käme für mich einfach nicht in Frage! Wir haben so einen Konvoi schon beim letzten Ägyptenaufenthalt „genießen" können, das hat uns gereicht. Ein Polizeifahrzeug fährt extrem schnell vorneweg und alle anderen sollen hinterher hecheln. Die meisten machen das dann ja auch, weil es schon viele gibt, denen das schnelle Blindfahren Spaß macht. Die Strecke nach Hurghada führt größtenteils direkt am Meer entlang, es gibt hier tolle Ausblicke, teilweise Karibikstrände, weißen Sand und türkisblaues Wasser, nur die Palmen fehlen.

Zwischendrin sieht es aus wie auf der Müllkippe, unsagbar dreckig! Teilweise werfen die Leute ihren gesamten Abfall direkt an den Strand.

Hoffen sie, dass der weggespült wird? Und dann gibt es da Resorts, irgendwo im Nirgendwo, nichts außen herum. Ich überlege mir, wie es wäre, wenn ich mit der Hoffnung auf einen schönen Urlaub hier ankomme und da 2 Wochen verbringen müsste: aus wäre es, nur das Resort und außen rum gar nichts, keine Stadt, keine Ortschaft, nichts eben! Gut ist so etwas ausschließlich, wenn man wirklich nur am Strand liegen will. Von dieser Art Sonnenanbeter gibt es aber sowieso mehr als man glaubt. Und ich bin sehr überzeugt, dass die Hotels hier teilweise wirklich luxuriös sind. Nur halt für mich an der falschen Stelle. Auf der weiteren Fahrt dann immer wieder Bohrinseln im Meer, auch sehr interessant. Besser zwischendrin mal eine Bohrinsel als gar nichts! Vorbei an El Gouna, einer künstlichen Touristenstadt, geht es direkt Richtung Hurghada weiter. El Gouna muss aber auch märchenhaft sein, es gibt da halt nur nichts Ursprüngliches aber für einen schönen, luxuriösen Badeurlaub ist es wahrscheinlich gut geeignet. Wir sehen sehr viele Unfälle, es geht da teilweise endlos lange geradeaus und durch das viele Nichts außen herum ist es teilweise extrem langweilig. Dann kracht es in den Kurven, wahrscheinlich haben die Fahrer schon längere Zeit geschlafen aber immer noch das Steuerrad irgendwie gerade gehalten.

Spätnachmittags kommen wir dann in Hurghada an. Wir haben damals nach der Nilkreuzfahrt hier ein paar Tage in einem wunderschönen Hotel verbracht. Die ganze Anlage war wie aus „Tausend und einer Nacht". Eigentlich sind wir ja der Meinung, dass wir hier jede Menge leere Hotels vorfinden, wer außer uns würde sich bei diesen Temperaturen schon freiwillig hier aufhalten? Aber: Fehler, es ist alles ausgebucht, wir können es kaum glauben, dass es so viele Verrückte wie uns gibt! Auch viele Deutsche sind hier. Das Hotel, in dem wir seinerzeit ein paar Nächte verbracht haben, finden wir schnell! Tragischerweise ist auch hier nichts frei. Auch in weiteren Hotels sind alle Zimmer besetzt, das ist ja zum Verzweifeln! Ich bemerke in den Hotels, dass jetzt sehr viele Russen hier sind. Damals, in der guten alten Zeit, als wir hier waren, ist uns kein einziger Russe über den Weg gelaufen. Und irgendwie war das auch schön. Ich habe mittlerweile schon in sehr vielen Ländern beobachtet, dass die Touristen aus Russland, die sich das Reisen leisten können, verhältnismäßig viel Geld zur Verfügung haben und gleichzeitig der Meinung sind, dass dieses Geld auch die Welt regiert. Entsprechend ist dann auch das Verhalten: gern mal den Herren der Welt spielen und dann utopisch hohe Trinkgelder geben, ich habe selbst schon mehrfach erlebt, dass der Rechnungsbetrag für das Trinkgeld auf das Doppelte aufgerundet wurde. Für mich einfach nur plumpe Angeberei, die dazu führt, dass sich ein Kellner hier beim nächsten Gast darüber wundert, dass der ihm nicht auch 50 Euro Trinkgeld gibt. Aber wem es gefällt! Der russische Durchschnittstourist rangiert bei mir nicht ganz oben auf der Beliebtheitsskala, sicher sind jedoch nicht alle gleich. Aber was soll`s, jetzt müssen wir eine Unterkunft finden. Der Tag war anstrengend, der Magen meldet sich schon, jetzt wird es Zeit. Mit Mühe und Not finden wir ein gutes Stück außerhalb des Zentrums noch ein freies Zimmer. Die Motorräder stehen auf dem Hotelparkplatz vermutlich sicher, also hat sich doch noch alles zum Guten gewendet. Eigentlich wollen wir noch ins Internet aber das ist in Ägypten wie auch schon in Syrien und Jordanien sündhaft teuer, nicht schnell, nur teuer! Im Internet-Café kostet es ca. 6 Dollar pro Stunde, im Hotel ca. 10 Dollar pro Stunde oder ca. 18 Dollar für 24 Stunden. Wir schauen uns Hurghada noch an, ein typischer Touristenort, die Zahl der Gäste übersteigt die der Einwohner um ein Vielfaches.

Selbst hier in Hurghada gibt es kein bleifreies Benzin, die armen Mopeds, so eine unsachgemäße Verpflegung! Durch beeindruckende Landschaft, sehr bergig und kurvig, fahren wir durch die Stein- und Sandwüste Richtung Osten. Es gibt viele Polizeikontrollen, die Polizisten sind aber freundlich und wir kommen überall ohne jegliche Schwierigkeit durch. Alle schauen und fragen natürlich immer wegen der Motorräder aber das kennen wir ja schon. Es ist ja ein gutes Zeichen, wenn die Leute Interesse haben. Ab Quena geht es dann nach Süden, das heißt, direkt Richtung Luxor. Es ist eine traumhaft schöne Fahrt entlang einem Nil-Seitenarm, alles grün, alles glänzt in der Sonne, mittendrin immer wieder kleine Moscheen, toll! Man könnte noch viel öfters anhalten und fotografieren. Ägypten hat schon sehr viel zu bieten, sowohl kulturell als auch landschaftlich. Die Kontrollen nehmen nochmal zu, ca. alle 2 Kilometer muss man durch Gitter und über Speedbreaker an den Kontrollen vorbei, auch hier sind alle durchwegs freundlich!

Und dann kommen wir in Luxor an. Wir fahren fast durch eine Sperre, weil wir nicht erkennen können, dass die Straße direkt zum Karnaktempel führt. Sofort stoppen uns schwer bewaffnete Polizisten. Sie verstehen wegen der Anschläge, die es in Ägypten ja immer wieder gibt, keinen Spaß. Und genau genommen ist das ja auch richtig. Es wäre aber schön, wenn irgendwo angeschrieben wäre, dass man hier nicht durchfahren darf. Wir drehen natürlich sofort um und fahren exakt in die andere Richtung. In und um Luxor befinden sich einige der interessantesten archäologischen Stätten Ägyptens. Außerdem ist Luxor für die meisten Nilkreuzfahrten der Ausgangs- und/oder Endpunkt und so lebt auch Luxor hauptsächlich vom Tourismus. Sehr bekannt ist auch der Tempel von Luxor, der zu Ehren des Gottes Amun errichtet wurde. Sehenswert soll auch das Museum von Luxor sein, das schauen wir uns aber nicht an und so kann ich dazu auch nichts sagen. Direkt an der Nilpromenade liegt das berühmte Hotel „Winter Palace". Im Old Winter Palace hat Agatha Christy den berühmten Roman „Tod auf dem Nil" geschrieben. Es ist wunderschön hier, Ägypten, wie wir es mögen!

Abends gehen wir zum Luxor Tempel, der sehr interessant beleuchtet ist. Dann sitzen wir noch direkt auf Wasserhöhe des Nils und schauen uns den Sonnenuntergang an, herrlich, wir kommen richtig ins Schwärmen.

Eigentlich war geplant, heute nach Assuan weiterzufahren aber es gefällt uns hier so gut, dass wir beschließen, noch eine weitere Nacht zu bleiben. Um 9 Uhr sind wir dann auch schon wieder unterwegs zum Luxor Tempel und zum Markt. Wir fahren mit der Kutsche, das ist sehr gemütlich. Obwohl die Verhandlungen natürlich nerven, vor allem, wenn es um einen Gesamtendpreis von ca. 1,50 Euro geht. Jetzt kann natürlich jemand fragen, warum wir dann eigentlich handeln.

Kapitel 6 – Ägypten

Und die Antwort ist ganz einfach, nämlich dass der Ausgangspreis bei unverschämten 8 Euro liegt, darum handeln wir dann immer wieder! Ich bin schon der Meinung, dass man handeln kann aber nicht immer wegen jeder Flasche Mineralwasser für 20 Cent und wegen jedem Kleinkram. Da schauen sich die Händler dann mit diesem bauernschlauen Blick an und fragen sich, wie viel sie jetzt nehmen sollen. Und man weiß definitiv immer, dass man betrogen werden soll. Und wenn man das eben auch so unmittelbar vergleichen kann: in der Türkei war das Gegenteil der Fall, die Leute da waren durch die Bank absolut gastfreundlich, nicht mehr ganz so toll war`s in Syrien, in Jordanien wird man dann noch etwas mehr ausgenommen oder würde man, wir schauen aber schon, dass es möglichst wenig passiert, und in Ägypten ist es dann halt ganz schlimm.

Nachmittags ruhen wir uns aus, die Hitze ist schier unerträglich, es hat mittlerweile 44 Grad und das ist nur auszuhalten, wenn man regungslos mit einem Buch im Schatten liegt. Das glauben wir zumindest jetzt noch, aber wie schon beschrieben kann ja alles immer noch schlimmer werden! Selbst das Anheben der Flasche zum Trinken bringt einen schon zum Schwitzen. Christian schläft in seinem Liegestuhl und was mache ich? Ich schreibe wieder mal fürs Internet!

Spätnachmittags, es ist schon etwas kühler, ziehen wir dann nochmal los und machen eine Felukenfahrt. Auf einem dieser Segelschiff gleiten wir lautlos auf dem Nil dahin, um uns herum nur schöne Motive, eine Augenweide! Der Fotoapparat ist im Dauereinsatz. Und dann der Sonnenuntergang hinter Palmen, Moscheen und anderen Feluken, einfach traumhaft schön.

Sehr früh fahren wir am nächsten Morgen weiter direkt am Nil entlang Richtung Assuan, die Kontrollen nehmen nochmals zu. Die Temperatur morgens ist noch sehr angenehm. Die nubischen Dörfer am Straßenrand sind teilweise sehr schön. Allerdings wird man auch hier auf dem Land an jeder Ecke ausgenommen. Einmal kommt sogar die Polizei und halbiert den Preis.

Und jetzt einmal im Klartext: mir tut es wirklich leid, dass Ägypten bei meinen Erzählungen so schlecht abschneidet, weil wir hier ja auch wirklich Interessantes und auch Schönes erleben. Ich bin auch überzeugt, dass es Menschen gibt, die sich nicht daran stören, dass sie ständig übervorteilt werden, die der Meinung sind, das würde halt hier einfach dazugehören. Ich bin da leider anders, mich stört das ungemein. Ich vertrete die Meinung, dass man Gäste, die wir ja sind, nicht so behandeln darf. Ich habe mittlerweile mehr als 60 Länder in den verschiedensten Ecken der Welt bereist aber in keinem einzigen anderen Land bin ich jemals so „ungastfreundlich" behandelt worden wie hier. Dadurch, dass ich sehr viel fotografiere, gehe ich ja bei den Sehenswürdigkeiten und z.B. auf Märkten nochmal dahinter und dann nochmal ums Eck. Und spätestens da treffe ich auf die „richtigen" Bewohner, auf die normale Marktfrau, auf die Hausfrau und auf die ganz normalen Schulkinder, die es überall auf der Welt gibt. Auch hier in Ägypten habe ich gesucht und gesucht und bin sogar dreimal ums Eck gegangen aber ich bin nicht fündig geworden.

Ich mache einen Fotostopp in einem nubischen Dorf, Christian braust weiter, merkt dann aber wie üblich, dass ich nicht nachkomme und kehrt um. Dann macht er aber folgenden Fehler: er will nach links abbiegen und fährt auf die linke Straßenseite, damit der hinter ihm rechts gut vorbeikommt. Wie man es halt bei uns so macht. Das sollte man in Ägypten aber keinesfalls machen, da muss man zum Linksabbiegen auf die rechte Seite der Straße fahren und dann stehenbleiben, bis hinten keiner mehr kommt. Erst dann darf man abbiegen. So aber kann einer, der hinter Christian kommt, gerade noch ausweichen. Und dann wird er ausgehupt und die Leute aus dem Dorf schelten ihn auch und wahrscheinlich sagen sie: „Hast Du keine Augen im Kopf?" Das ist gerade nochmal gut gegangen!

In Assuan angekommen suchen wir als erstes das gestern per Internet vorausgebuchte Hotel auf Elephant Island. Beim Buchen habe ich allerdings über das Wort „Island" im Namen nicht weiter nachgedacht, ich habe nur gesehen, dass auch ein bewachten Parkplatz zum Hotel gehört. Der ist aber natürlich auf der einen Nilseite und wir müssen mit der Fähre auf die autofreie Insel übersetzen. Es gibt ein bisschen Streit, weil der Parkwächter auf der Parkplatzseite kein Englisch spricht und uns hier nicht parken lassen will. Dazu kommt dann noch der Ortspolizist und sagt, dass wir die Motorräder hier sowieso nicht abstellen dürfen, wir brauchen da eine Genehmigung für ausländische Fahrzeuge. Und was soll ich sagen: es ist heiß, wir sind genervt, endloses Diskutieren, es reicht! Ich sage den Männern, sie sollen das mal in aller Ruhe ausdiskutieren, wir fahren einstweilen mit der Fähre ins Hotel auf die Insel und wir kommen in ein paar Stunden zurück, Ende! Erstaunt und ratlos lassen wir sie dann da in der prallen Sonne stehen. Und bereits hier das Ergebnis vorweggenommen: es passiert gar nichts, alles passt auf einmal genau so wie es ist! Bis wir zurückkommen hat sich die ganze Aufregung komplett gelegt.

Angekommen in den außergewöhnlichen Zimmern sind wir dann aber schnell versöhnt. Alles ist im nubischen Stil eingerichtet, bunt und sehr heimelig, wenigstens ein bisschen Abwechslung von diesen immer gleichen Standardhotels. Wir fahren dann mit der Fähre wieder auf die andere Seite und schauen uns die Stadt noch genauer an.

In Assuan wohnen vor allem Nubier, die haben eine dunklere Hautfarbe als die arabischen Ägypter. Hoch oben am westlichen Nilufer liegt das Mausoleum des Aga Khan. Der hat sich da bis in alle Ewigkeit einen grandiosen Ausblick gesichert. Ob es ihm noch was bringt? Seit 1970 staut der High Dam den Nil und dadurch ist der Nasser See entstanden. Und wenn wir nicht schon in Luxor eine Felukenfahrt gemacht hätten, würde wir es hier machen. Auch da gleiten die schönen Boote lautlos auf dem glitzernden Nil dahin.

Abends versuchen wir dann noch, von der Touristenpolizei zu erfahren, wie und wo wir die Ausreisebescheinigung, in der steht, dass wir uns hier nichts zuschulden kommen haben lassen, bekommen. Die brauchen wir unbedingt. In verschiedenen Foren im Internet haben wir erfahren, dass auch die Ausreise wieder ein wahrer Graus sein soll. Da müssen wir dann an einer Stelle die Nummernschilder zurückgeben und bekommen dafür eine Bescheinigung. Mit der müssen wir dann zu einer anderen Polizeidienststelle fahren, die die Rückgabe dann wieder bestätigt und so weiter. Bei dieser Touristenpolizei geraten wir an einen absolut unfähigen und bestechlichen Deppen! Wir spazieren mit ihm durch Assuan, warum auch immer. Dann fragt er uns doch tatsächlich, ob wir ein Handy hätten, er müsste da irgendwo nachfragen, wie das denn jetzt genau ginge. Ich sage ihm, dass wir selbstverständlich kein Handy dabei haben. Wo kämen wir denn da hin? Irgendwann sage ich zu ihm, dass er jetzt endlich sagen soll, was wir hier eigentlich machen, ich gehe keinen Schritt mehr mit. Er telefoniert von seinem Handy aus mit dem Ergebnis, dass er nach dem Gespräch genau so schlau ist wie vorher. Jedenfalls will er dann natürlich noch Bakschisch für seine Tätigkeit als Touristenpolizist und für seine Telefongebühren. Ich sage zu Christian, er soll ihm nichts geben. Der gibt ihm aber dann, was ich noch viel besser finde, eine Münze im Gegenwert von ca. 6 Cent. Von seinem langen Gesicht sollte ich eigentlich ein Foto machen, das trau ich mich aber dann doch nicht und so sage ich ihm wieder mal im „Allerweltstonfall", dass er sich jetzt endlich schleichen soll! Und diese Geschichte ist nicht übertrieben, im Gegenteil, ich habe alles freundlich geschildert, ansonsten hätte ich den Kerl eher als Volldeppen geschildert!

Morgen müssen wir ganz frühzeitig den Polizeikrempel erledigen und um 10 Uhr dann an der Fähre sein.

Wir stehen dann auch um 8 Uhr schon vor der Traficpolice. Die wissen natürlich von gar nichts. Irgendwann lassen wir sie einfach stehen und fahren weiter zur nächsten größeren Polizei, die wir im GPS haben. Die wissen auch nichts und schreiben uns in arabischer Schrift auf, wohin wir angeblich fahren müssen. Auf der Straße fragen wir direkt vor der Polizeistation mehrere Leute, wo das denn sein könnte, was die Polizisten uns da aufgeschrieben haben, alle kommen zur übereinstimmenden Auskunft: das ist da, wo wir gerade stehen, sie haben also die eigene Adresse aufgeschrieben. Ein Grundproblem hier ist, dass praktisch niemand Englisch spricht, man könnte genauso gut gegen eine Wand reden. Und da es mittlerweile zu spät für weitere Polizeibesuche ist und wir absolut nicht wissen, wo die richtige Anlaufstelle wäre, beschließen wir, zur Fähre zu fahren. Wir müssen die erreichen, ansonsten ist unser Sudanvisum ungültig! Die Hitze und dazu diese ägyptischen Beamten, mir reicht es heute schon vormittags!

Der Hafen, von dem die Fähre in den Sudan abfährt, liegt ca. 15 miserable Straßenkilometer außerhalb von Assuan. Ziemlich entnervt kommen wir um 5 vor 10 an der Fähre an, da stehen schon zwei Engländer, Ian und Ryan, ebenfalls mit Motorrädern. Mr. Salah, der ägyptische Hafenmeister, bei dem ich die Fähre per Mail schon von München aus reserviert habe, kommt gleich her und erkennt uns auch sofort, ich musste ihm nämlich von uns beiden im Vorfeld jeweils ein Foto mit Motorrad mailen, damit da nichts schief geht! Die Idee ist schon gut. Ich habe die ganze Korrespondenz ja in Christians Namen geführt, ich war mir nicht sicher, ob so ein ägyptischer Hafenmeister eine Frau mit Motorrad ernst nimmt! Mr. Salahs letzte Mail und damit die Bestätigung war dann im Original:

„Good morning Christian, Ok, The tottal is (2 beds) 489x2=978 (2 bikes)252x2=504, tottal 1482.00 EGY.pounds, Would you send to me your photos with motorbikes in e.mail SALAH"

Und jetzt sagt er uns, dass wir eigentlich schon gestern früh hätten hier sein sollen, was wir natürlich nicht wussten und was auch nicht in seinen Mails stand. Im Anschluss daran die Horrormeldung, dass wir in jedem Fall zurück nach Assuan müssen, um die nötigen Papiere zu besorgen. Welch Albtraum, das darf ja wohl nicht wahr sein. Ian und Ryan bestätigen das aber, wir müssen sofort noch zu diesen verschiedenen Polizeistationen in Assuan. Und wie gesagt, wir wissen nicht, zu welchen. Jetzt kommt aber wirklich Panik auf, das schaffen wir zeitlich keinesfalls mehr! Ryan sagt uns, dass sie beide gestern trotz Bakschisch insgesamt mindestens 5 Stunden gebraucht haben, um das alles zu erledigen. Bei uns kommen dazu noch zwei Fahrten miese Strecke nach Assuan und zurück, einfach haben wir hierher eine halbe Stunde gebraucht.

Jetzt scheint der Traum von Afrika zu platzen! Wie schrecklich, mir wird ganz schlecht. Und alles nur wegen dieser verdammten Bürokratie hier in Ägypten! Ryan mit seiner KTM ist äußerst freundlich, er setzt seinen Helm auf und fährt mit uns zurück in die Stadt, im Vorbeifahren zeigt er auf eine Polizeistation, in der wir eh schon waren. Da müssen wir auch nachher wieder hin und die Nummernschilder zurückgeben. Und dann fährt er mit uns weiter zu einer Polizeistation, die hätten wir nie gefunden, die beiden haben diese Dienststelle auch nur gefunden, weil sie seit 5 Tagen in Assuan sind. Trotz Zeitnot merkt Christian noch an, dass er bis jetzt nicht gewusst hat, dass ich so gut Motorrad fahren kann. Ehrlich gesagt bin ich in ziemlichem Tempo hinter Ryan wieder nach Assuan „reingeflogen", da ist mir das erste Mal in meiner Motorradkarriere aufgefallen, dass es wirklich stimmt, dass man Schlaglöcher und Wellblech nicht so stark merkt, wenn man nur schnell genug dran ist. Und jetzt sind wir also an der ersten Stelle, an der gestern für die beiden Engländer alles schon 4 Stunden gedauert hat. Ryan gibt uns noch den Tipp, dass wir die Beamten mit Schmiergeld zum schnellen Arbeiten anheizen sollen. Das hätten wir sowieso gemacht, welch widerliches Theater! Christian sagt ihnen, dass sie 40 Ägyptische Pfund (ca. 7,5 Dollar) bekommen, wenn alles in 30 Minuten erledigt ist. Das Ganze geht dann ungelogen über fünf verschiedene Stellen, und nach ca. 35 Minuten ist dann tatsächlich alles fertig.

Ich wechsle derweil in der prallen Sonne bei knapp 40 Grad die ägyptischen Nummernschilder wieder gegen unsere eigenen aus, auch ein Traumjob bei diesen Temperaturen! Vor allem sind unsere Schilder natürlich im Koffer ganz unten. Dann fahren wir volle Kanne zur nächsten Polizeistelle und geben diesen Schrieb von eben und die Nummernschilder wieder ab, das funktioniert mit „Unterstützung" auch in 5 Minuten. In dem Moment wünsche ich mir für die Zukunft,

Kapitel 6 – Ägypten

dass in München auch einmal ein Ägypter etwas von mir will. Dem würde ich als erstes einmal die leere Handfläche entgegenstrecken und dazu „Bakschisch" murmeln. Das wäre bestimmt ein Riesenspaß, zumindest für mich.

So, und jetzt gilt es aber, sehr schnell zur Fähre zurückzufahren, immer in der Hoffnung, dass unsere 1.Klasse-Kabine noch frei ist. Normalerweise sind sie laut Mr. Salah ganz schnell weg, und da natürlich alles sowieso komplett überbucht ist, konnte er uns vorher am Hafen nicht versprechen, dass er die Kabinen halten kann, bis wir wieder zurück sind. Aber der grundgütige Mr. Salah hat gewartet, laut ihm sind wir „2 luckyones". Und damit hat er nicht ganz unrecht, wie sich gleich herausstellen wird. Nach wieder unfassbarem Papierkrieg kommen wir dann um ca. 14Uhr endlich auf die Fähre, natürlich ohne Motorräder, die kommen zum Schluss auf den Lastenkahn, der separat fährt und dann einen Tag später im Sudan ankommt. Mr. Salah kommt auch noch mit zum Schiff und stellt mir den Kapitän vor. Ich muss aber gestehen, dass ich von diesem ganzen Vorstellen erst von Christian, Ryan und Ian erfahre, ich verstehe nämlich vor lauter Aufregung kein Wort und grinse nur so ein bisschen vor mich hin. Wie peinlich! Und dann gehen wir zu den Kabinen, Ian kommt uns schon entgegen und sagt: „very basic but ok". Was ist in dem Fall „very basic"? Ja praktisch nichts eben, nur das Allernötigste, eine Liegefläche oben, eine Liegefläche unten, ein Stuhl, ein kleiner Tisch und das alles auf 4 qm. Was ist ok? Es gibt tatsächlich eine Klimaanlage, die nimmt zwar ca. 25 Prozent der Kabinenfläche ein, aber: super! Damit hatten wir ja überhaupt nicht gerechnet. Die Toiletten: Gemeinschaftssache, entsprechend sauber ist alles. Aber für die eine Nacht passt das schon. Die Anspannung fällt ab, die Schauergeschichten über die Fähre sind vergessen und wir sind elendig müde. Christian liegt schon im Bett unten, ich sitze noch auf dem Stuhl. Ich habe Angst, dass wir die Motorradverladung verschlafen, weil ich eigentlich fix und fertig bin. Ich spiele jetzt noch ein bisschen an dem dick verschraubten Fenster herum, das muss doch irgendwie zu öffnen sein. Ich zerlege alles in Ein-

Kapitel 6 – Ägypten

zelteile und dann geht das Fenster plötzlich auf. Das ist auch gut so, denn allmählich wird es ernsthaft kalt in dieser Kabine! Diese Klimaanlage ist ziemlich überdimensioniert. Und abschalten kann man sie auch nicht.

Man glaubt es kaum aber wir sind wirklich zufrieden mit unserer Kabine. Es ist zwar ein unfassbarer Sprung vom luxoriösen Mövenpick-Hotel letzte Nacht praktisch ins Nichts auf der Fähre, aber alles ist eine Sache der Einstellung! Und irgendwie ist das jetzt auch endlich so richtig abenteuerlich, eigentlich genau das, was wir ja wollen, Abenteuer, Erlebnisse, andere Länder, andere Sitten, prima! Wir schauen dann noch eine Stunde beim Beladen des Frachtschiffes zu, auch ein Erlebnis für sich, so was haben wir noch nie gesehen. Immer wieder kommen neue LKWs oder Handkarren, bepackt bis zum Umfallen und alles wird verladen, alles per Hand, ein Kran oder eine Rampe sind hier nirgends zu sehen. Und genau die Tatsache, dass eben kein Kran und keine Rampe zu sehen sind, gibt mir allmählich zu denken. Sache ist nämlich, dass der Lastenkahn vor den Verladearbeiten noch leicht zu befahren gewesen wäre, da war das Land noch auf gleicher Höhe mit dem Kahn, Stunden später aber, nachdem jetzt unfassbar viele Waren zugeladen sind, liegt der Kahn ca. einen halben Meter tiefer. Ich bin schon gespannt, wie das gelöst wird. Gegen 17 Uhr wird meine Frage dann beantwortet, jetzt sind die Motorräder dran: es wird gar nicht gelöst. Ich war ja überzeugt, dass da zumindest noch eine Rampe aufgestellt wird, Irrtum, die Motorräder müssen schräg aufgefahren werden, und zwar mit Schwung! Ein einziger Graus, Christian fährt mein Motorrad rauf, ich würde so niemals fahren. Eine Zumutung, ich kann es gar nicht glauben. Für mich allein wäre die Afrikareise hier zu Ende, wenn mir niemand geholfen hätte. Aber alles klappt, für die Motorräder ist es aber sicher nicht so gut! Auch Ian und Ryan kommen aus dem Kopfschütteln nicht mehr raus.

Wir gehen zurück auf das Schiff und werfen von oben einen letzten Blick auf die Motorräder. Da stehen sie ziemlich klein zwischen den hoch aufgetürmten Tonnen von Lebensmitteln, Badewannen, Fernsehern und vielem mehr. Um 18 Uhr 15 hören wir dann die Schiffssire-

Kapitel 6 – Ägypten

ne, es geht los. Auf Wiedersehen, liebe Mopeds und bis hoffentlich übermorgen im Sudan! Man gewöhnt sich auf so einer Reise ja an das Motorrad und so tut es mir wirklich leid, dass es jetzt da auf dem Lastenkahn zurückbleibt! Abends ein wunderbarer Sonnenuntergang auf dem Nassersee, dann beten die moslemischen Männer auf dem Oberdeck noch, alle verneigen sich Richtung Mekka, ein beeindruckendes Schauspiel! Ich unterhalte mich noch mit ein paar Sudanesen, alle ausgesprochen nett, ich darf sie dann auch noch beim Dominospielen fotografieren, es ist wirklich schön auf dem Schiff! Dann gehen wir noch zum Abendessen, alles reine Geschmackssache, das heißt, dass es uns überhaupt nicht schmeckt. Und nach dem Essen müssen alle Passagiere noch die Pässe abgeben, die gibt es erst morgen früh wieder. Und endlich ist es Zeit fürs Stockbett.

Fazit Ägypten: Das Land hat eine Bürokratie aufgebaut, die Ihresgleichen auf der Welt sucht, zermürbend und nervig! Auch die speziell hier anzutreffende Händlermentalität ist nicht mein Ding und wird es auch nie werden. Ansonsten ist Ägypten ein ganz tolles Land, das kulturell jede Menge zu bieten hat. Die Landschaften am Nil sind eine Augenweide, die Pyramiden ein Weltwunder...

Kapitel 7
Der Sudan
verlangt einem alles ab!

Ganz früh morgens stehe ich auf, Christian schläft noch selig weiter. Ich weiß aber, dass man auf dieser Fahrt über den Nassersee kurz vor dem Sudan in Fahrtrichtung rechts Abu Simbel sieht, das Schiff fährt daran vorbei. Die Tempel von Abu Simbel sind Weltkulturerbe der UNESCO. Normalerweise wäre Abu Simbel wegen der Flutung des Niltals beim Bau des Stausees auf dem Grund des Nassersees verschwunden, die Tempel wurden aber an ihrem ursprünglichen Standort abgetragen und auf einer Insel im Nassersee wiederaufgebaut.

Es ist schon einiges los an Deck, viele Passagiere haben hier oben geschlafen. Das ist allemal besser als unten im großen Passagierraum. Da mag man sich ja keine einzige Minute aufhalten. Es ist furchtbar heiß und die ganzen Ausdünstungen haben es auch in sich! Es sind ja nicht nur alle Sitzplätze belegt, auch in den Gängen liegen überall Menschen, alles komplett überbucht. Hier wird einfach jeder mitgenommen, der halt an diesem Tag gerade mitfahren möchte, ansonsten müsste man ja eine Woche warten. Allerdings ist jetzt hier auf dem Oberdeck durch die vielen Menschen, die auf dem Boden schlafen, praktisch kein Platz mehr zum Gehen. Der Kapitän sieht mich und ich darf durch seine Kabine zu einem kleinen Privatbereich im Freien zum Fotografieren. Hier beobachte ich dann auch den Sonnenaufgang und irgendwann taucht Abu Simbel auf, sehr beeindruckend! Ich sehe schon Besucher vor dem Tempel Ramses II. Und an denen kann man auch die wahre Größe dieses Bauwerks erkennen und damit die Leistung, welche erstens beim Bau des Tempels und zweitens dann nochmal beim Versetzen vollbracht wurde.

Es ist sehr windig und angenehm kühl auf dem Schiff. Jetzt muss ich aber doch wieder in unsere Kabine und schauen, was Christian so macht. Wir haben zwar unser Gepäck an einem Riesenrohr festgebunden und abgesperrt, verlassen aber doch ungern die Kabine zu zweit, weil wir keinen Schlüssel haben und folglich nicht absperren können.

Kaum bin ich zurück in der Kabine, klopft es auch schon und unser ägyptischer Ober, der uns gestern schon das Abendessen im Schiffsrestaurant serviert hat, kommt und bringt uns Frühstück. Er spricht einige Worte deutsch, weil er ein paar Jahre in Hurghada gearbeitet hat und da bleibt das ja nicht aus. Er bietet uns an, noch ein bisschen mehr Brot mit Marmelade und nochmal Tee zu bringen. Wir nehmen das gern an, weil wir nicht wissen, wann wir wieder etwas zu essen bekommen. Er bringt die Sachen und wir möchten ihm Trinkgeld geben, weil er wirklich sehr entgegenkommend ist. Aber: er nimmt es nicht an, er sagt, das wäre sein Job, dafür wird er schon bezahlt! Na toll, da lernen wir jetzt noch einen ausgesprochen sympathischen Ägypter kurz vor der Grenze zum Sudan kennen und der nimmt dann kein Trinkgeld an. Jetzt wird aber die Meinung über seine Landsleute nicht mehr revidiert, die bleibt jetzt erst mal! Vielleicht später.

Und dann ist Land in Sicht und zwar nicht irgendein Land, sondern der Sudan, für mich auf dieser Reise der Inbegriff für Abenteuer, Sand, extreme Hitze, Ungewissheit und Offroadfahren!

Die islamische Republik Sudan ist ungefähr siebenmal so groß wie Deutschland und das größte Land Afrikas. Mit nur ca. 36 Millionen Einwohnern hat es aber eine sehr geringe Besiedlungsdichte. Die Bevölkerung, die zu mehr als einem Drittel in den Städten lebt, setzt sich aus vielen unterschiedlichen ethnischen Gruppen zusammen. Von den Unruhen bei Dafur bemerken wir seltsamerweise während unseres gesamten Aufenthalts im Sudan absolut nichts. Wir halten uns aber selbstverständlich auch nicht in diesem Gebiet auf.

Bei der Reiseplanung hat mir die Tatsache, dass es in diesem riesengroßen Land nur 4.500 Kilometer Teerstraßen geben soll, sehr zu denken gegeben.

Das Land kommt immer näher, und um ca. 12 Uhr 30 legt die Fähre an. Dann wie immer in Afrika langes Warten. Die Temperaturen im Innenraum des Schiffes sind unerträglich, weit über 40 Grad. Alle drängeln im Ausgangsbereich, Körper an Körper, angenehm ist das nicht. Es dauert, bis wir vom Schiff herunterkommen. Aber auch die Hitze und die enorme Bürokratie an der Grenze können unsere gute Laune nicht trüben. Wir freuen uns sehr, dass wir jetzt tatsächlich im Sudan sind. Allein der Klang: „Sudan", wie geheimnisvoll, wie wenig weiß man doch davon, wie schön, dass wir hier sind!

Die Motorräder kommen ja erst morgen mit dem Schlepper an und so fahren wir zusammen mit Ian und Ryan in einem vollkommen überfüllten Minitaxi ins ca. 2 Kilometer entfernte Wadi Halfa.

Beim Taxistopp springe ich gleich hinaus zum nächstgelegenen Hotel und frage für Ryan, Ian und uns nach Zimmern. Die haben hier im Nile Hotel nur noch ein 4-Bett-Zimmer, das ist mir heute aber egal! Ich lasse mir das Zimmer zeigen und kann kaum glauben, was ich da sehe. Aber wir haben sowieso keine Wahl. Es gibt nur 3 oder 4 Hotels hier, die sind laut Lonely Planet alle gleich mies und alle schnell ausgebucht, weil viele, die mit der einmal wöchentlich verkehrenden Fähre aus Ägypten kommen, hier übernachten.

Die Zimmer sind unsäglich, Sandboden, 4 Eisen-Bettgestelle mit lebenden Auflagen, man sieht die kleinen Viecher direkt, ein kleiner wackliger Tisch, Schluss! Ich lasse mir noch die Duschen und die Toiletten zeigen und bin froh, dass man wenigstens duschen kann. Wir laden Ryan und Ian für Ihre großzügige Hilfe in Assuan dazu ein, dass Sie mit uns im Zimmer schlafen können. Es ist ziemlich schnell klar, dass wir die Bettgestelle sowieso nach draußen stellen müssen, für innen ist es viel zu heiß, es hat mittlerweile 46 Grad im

Kapitel 7 – Der Sudan

Schatten! Und man höre und staune: diese Zimmer kosten 28 Dollar pro Nacht!

Und dann gehe ich gleich duschen und da kommt das richtige „basic" des Hotels zum Vorschein: ich stehe schon unter dem Duschkopf, erst da sehe ich, dass da bestimmt schon seit Jahren kein Tropfen Wasser mehr herausgekommen ist! Ich wechsle in die zweite der insgesamt zwei Duschkabinen und stelle fest, dass es hier genauso aussieht. Ja und jetzt? Die äußerst freundlichen Sudanesinnen zeigen mir draußen einen Tank, da kommt von der Luft erhitztes Wasser heraus. Das muss man sich in einen der bereitstehenden Tröge füllen, mit einer abgeschnittenen Wasserflasche aus dem Trog nehmen und dann halt über den Kopf kippen! Aber irgendwie ist selbst das dann erfrischend und es geht auch! Und wenn man das Wasser selbst in die Dusche hineinschleppen muss, geht man ja auch gleich viel vorsichtiger damit um! Leider gelingt es mir auf diese Weise nicht ganz, das Shampoo aus den Haaren zu entfernen und so trocknen diese doch relativ starr zu einer ungewöhnlichen Frisur. Ich wasche noch die einzige Hose, die ich dabei habe, derweil trage ich das große Indientuch. Die Hose trocknet in Rekordzeit an der prallen Sonne auf, ebenso die T-Shirts. Ganz hart getrocknet ziehen wir abends die frischen Sachen dann gleich wieder an.

Wir gehen noch mit den Engländern zum Essen, ein Deutscher, der Willi von den Overlandern, die auch hier im Hotel übernachten, schließt sich an. Er erzählt uns, dass die Gruppe mit 2 LKWs seit 10 Wochen unterwegs ist, sie kommt aus dem südlichen Afrika. Willi ist mit zwölf anderen Reisenden einem LKW zugeteilt. Genau dieser LKW hat keinen Allradantrieb, dafür aber einen vollkommen verrückten Fahrer. Der brettert scheinbar etwas hirnlos durch das Gelände, die Fahrgäste werden durchgeschüttelt, dass ihnen Hören und Sehen vergeht. Außerdem sind praktisch alle im LKW untereinander zerstritten, im günstigsten Fall sprechen sie nur nicht miteinander. Der Fahrer versenkt den LKW immer wieder mal im Sand und die Mitfahrer dürfen ihn dann bei dieser Wahnsinnshitze wieder ausgraben. Manchmal funktioniert das nicht mehr, dann müssen sie alle irgendwo im Nirgendwo warten, bis der zweite LKW mit Allradantrieb kommt und sie herauszieht. Ich würde dem Fahrer vermutlich nach dem zweiten Ausgraben die Gurgel umdrehen, damit er dann endlich mit diesem Unsinn aufhört. Auch die weiteren Geschichten, die uns Willi noch so auftischt, sind nicht besonders erfreulich, die Atmosphäre scheint wirklich schlecht zu sein. Und das alles dann wochenlang auf engstem Raum mit den anderen, nein danke! Da ziehe ich unsere Art des Reisens schon vor! Wir haben vor ca. 10 Jahren selbst einmal so eine Reise mit dem LKW durch Kenia, Uganda und Tansania gemacht, wir waren aber nur zu siebt und es waren inklusiv dem Fahrer und uns nur schräge Vögel an Bord, das war total lustig. Es gab da auch die eine oder andere Meinungsverschiedenheit aber wir haben alles gleich geklärt und so ging das recht gut. Bei Willis Geschichten wird uns fast das Essen kalt, das wäre schade, es ist nämlich wirklich gut, es gibt Ziege mit Gemüse und hinterher noch Süßes. Ein lustiger Abend! Die Nacht unter dem wunderbaren afrikanischen Sternenhimmel im Hof des Hotels schlafe ich dann sehr gut, es wird später sogar noch so kühl, dass ich den Schlafsack zumachen muss! Morgens liegen noch ein paar Gäste mehr auf diesen Gestellen um uns herum, ich habe in der Nacht gar nicht bemerkt, dass da noch Leute gekommen sind. Das ganze hier ist abenteuerlich und trotz der bedenklichen Zustände der Sanitäranlagen gefällt es uns ausgesprochen gut.

Und am nächsten Tag: Guten Morgen Afrika! Schön ist es hier, alles anders wie gewohnt, einfach abenteuerlich!

Gleich nach dem Aufstehen und einer Katzenwäsche gehen wir alle zum „Stadtplatz" frühstücken, es herrscht eine Superstimmung. Man kann zwischen Tee oder Kaffee mit Aroma wählen, dazu eine Art „ausgezogene Krapfen", sehr lecker! Danach trinke ich vorsichtshalber wie immer eine Cola für den Magen und los geht`s zusammen mit den beiden Engländern per pedes an den Hafen. Man kann ja auch mal ein paar Schritte gehen. Freundlicherweise werden Christian und ich dann aber doch von einem Eselskarren-Taxi mitgenommen. Wir sind darüber sehr froh, wir haben nämlich jetzt schon festgestellt, dass bei diesen mörderischen Temperaturen eigentlich doch jeder Schritt zu viel ist! Und dann stehen wir da und möchten die Motorräder vom Schlepper, der heute ankommen soll, abholen und die Zollformalitäten erledigen. Gerade als wir am Hafen ankommen, sehen wir auch schon, wie der Schlepper anlegt.

Wir haben bereits gestern Abend irgendeinem vermutlich selbst ernannten „Einreisehelfer", der vertretungsweise für Touristen mit Fahrzeugen zuständig ist, einen Abschnitt aus dem Carnet und unsere Passdaten gegeben. Der hat damit schon alles ins Rollen gebracht, ansonsten, sagte er uns gestern, würde es heute vermutlich 5 Stunden und mehr dauern…. Mit dem Abladen der Motorräder und den ganzen Formalitäten dauert es dann aber eh so lange. Ich überlege mir im Nachhinein, dass ich so etwas zuhause niemals machen würde, einem Fremden, der nicht mal einen Ausweis hat und dessen schwierigen Namen ich schnell wieder vergessen habe, etwas so wichtiges wie einen Abschnitt aus dem Carnet und dazu noch die Passdaten zu geben. Wenn der Abschnitt weg wäre, würde das bedeuten, dass wir die Kaution für die Motorräder von jeweils 3000 Euro, die wir beim ADAC hinterlegen mussten, abschreiben können! Aber: auf Reisen ist halt alles anders, da muss man auch mal jemandem einfach vertrauen, anders geht es nicht.
Das Herunterfahren der Mopeds vom Schlepper ist wieder ein Abenteuer für sich, es gibt nur eine steile Rampe, die aus einem aufgelegten etwa 15 cm starken quadratischen Balken besteht, grauenhaft! Christian fährt mir das Motorrad herunter, ich würde es glatt stehen lassen! Es ist aber auch für die 3 Männer nicht einfach, ohne gegenseitige Hilfe wäre es unmöglich! Dazu absolutes Fotoverbot, andere Sorgen haben sie hier scheinbar nicht!

Unsägliche Formalitäten und dann geht es auf zur ersten Sandfahrt, mir graut es davor schon seit dem Frühstück. Es ist aber alles machbar, besonders tief ist der Sand wirklich nicht, genau genommen ist gar nicht so viel da…. Also auf nach Wadi Halfa, es sind nur ca. 2 Kilometer. Stolz, dass ich die Fahrt ohne Sturz geschafft habe stelle ich das Motorrad vor dem Nile-Hotel ab. Und da kommt das erste Mal der mitgebrachte Gurkenglasdeckel für den Seitenständer zum Einsatz, gut dass ich den dabei habe! Christian hat diese Vergrößerung der Auflagefläche auch, er hat sie aber beim Zubehörhändler für teures Geld gekauft und natürlich ist sie mit dem Seitenständer fest verbunden. Da ist mir meine günstige Lösung schon lieber. Hoffentlich wird mir der Deckel nicht geklaut!

Da es mittlerweile ca. 14 Uhr nachmittags und damit viel zu heiß zum Fahren ist, beschließen wir, noch eine Nacht im Nile-Hotel zu verbringen. Auch die Polizei, bei der wir uns registrieren sollten, macht erst morgen Früh um 8 Uhr auf. Ich lasse mir aber jetzt ein anderes Zimmer zeigen, da ist wenigstens der Boden betoniert. Diese „Luxuskategorie" war gestern schon ausgebucht. Wie gelähmt liegen wir alle vier den Rest des Tages auf unseren Betten, die wir auf die „Veranda" hinausgestellt haben.

Abends beim Essen auf dem Stadtplatz treffen wir noch eine UN-Truppe, sehr aufgeschlossene Leute, die uns ein paar Infos und Ihre Telefonnummern für ein Treffen in Khartum geben. Oft findet man UN-Mitarbeiter in den besten Hotels in Afrika, was sehr verständlich ist, die Lebensbedingungen sind teilweise schon ungewöhnlich genug. Aber in Wadi Halfa gibt es einfach keine gute Unterkunft, das gilt dann auch für die UN. Die Leute nehmen das aber mit Humor, wirklich ein angenehmes Völkchen! Ich glaube aber, dass es anders nicht geht. In Afrika können nur Mitarbeiter dabei sein, die auch etwas einstecken können. Aber dafür dürfen sie dann halt auch in Afrika sein, eine Erfahrung fürs Leben!

Zurück im Hotel stelle ich fest, dass das gesamte Wasser für die Duschen und Toiletten auf der Frauenseite aus ist, ich hole noch ein bisschen was von den Resten auf der Männerseite, zum Duschen reicht es aber einfach nicht mehr. Was soll man da machen? Was man machen soll ist aber sowieso nebensächlich, interessanter ist, was man machen kann, in dem Fall nämlich nichts! Aber Hauptsache, wir haben genügend Mineralwasser zum Zähneputzen. Noch abends beschließen wir, am nächsten Morgen direkt zu Sonnenaufgang Richtung Süden loszufahren, ansonsten wird es viel zu heiß. Wir werden uns nicht bei der Polizei registrieren lassen, auch die Fotoerlaubnis werden wir nicht einholen und unser bereits heute abgelaufenes Visum können wir dann halt auch nicht verlängern lassen. Das muss dann bis Karthum warten. Die Bürokratie würde ansonsten einfach zu viel Zeit in Anspruch nehmen und noch eine weitere Nacht im Nile Hotel muss auch nicht unbedingt sein.

Um 5 Uhr stehen wir auf und wecken mit unserer Packerei den halben „Hotel-Schlafsaal". Auch letzte Nacht haben alle Gäste im Freien geschlafen, in den Zimmern ohne Klimaanlage und Ventilator ist es ausgeschlossen, dass man ein Auge zugedrückt. Auch letzte Nacht ist mir wieder aufgefallen, dass die Zimmer zwar gemischt verteilt sind, also auch an Ehepaare, es aber Zwischenhöfe gibt, da schlafen die Frauen, in den anderen halt die Männer. Da ich aber in jedem Fall in Christians Nähe bleiben will, bin ich beide Nächte im Männerhof gelandet. Morgens beim Aufwachen denke ich als erstes, dass ich in einem riesigen Sägewerk liege, alle schnarchen, was das Zeug hält.

Da es auch heute Morgen kein Wasser gibt, fällt uns der Abschied sehr leicht. Exakt zu Sonnenaufgang brechen wir auf. Noch ein paar hundert Meter Sandstraße, dann kommt eine ganz neue Teerstraße, tolle Landschaft, dazu der Sonnenaufgang: ein unvergesslicher Morgen im Sudan! Christian will eigentlich bis nach Dongola, das ca. 450 Kilometer entfernt ist. Ich finde aber, dass das unmöglich ist. Das ist jetzt die Strecke, vor der ich mich seit Deutschland am meisten fürchte. Danach sollen noch ca. 500 extrem schlechte Pistenkilometer in Nordkenia kommen, dazwischen drin natürlich auch miese Straßen und Pisten aber nicht so lange Strecken am Stück und nicht so berüchtigt!

Kapitel 7 – Der Sudan

Ich wollte für diese Strecke ursprünglich die Motorräder auf den Zug von hier nach Karthum verladen, damit wir nur ja nicht mit unseren schweren Motorrädern diese Sandstrecken fahren müssen. Auch auf hundert Nachfragen konnte ich keine eindeutigen Auskünfte über diese Strecke bekommen. Es hieß, sie sei „praktisch" durchgehend geteert, eine UN-Mitarbeiterin, die gestern abends aus Karthum kam, hat mir aber gesagt, dass höchstens 70 Prozent geteert sind, wahrscheinlich weniger. Jedenfalls haben wir jetzt beschlossen, doch die landschaftlich reizvolle Nilstrecke zu fahren. Bei 70 Prozent Teeranteil müsste das doch machbar sein!

Es ist angenehm kühl, ich habe die Jacke nur geknöpft, nach ein paar Kilometern friert es mich fast ein bisschen. Das passt aber schon, die Kälte muss ich dann halt irgendwie speichern und in die Hitze hinüberretten. Man kann sowieso nur bis ca. 11 Uhr fahren, dann wird es viel zu heiß! Also geht es los, ich kann den frischen Teer fast noch riechen. Überglücklich, dass meine schlimmsten Befürchtungen bezüglich Versinken im Sand scheinbar doch umsonst waren, brause ich singend durch diesen wunderschönen afrikanischen Morgen. Es ist ein Gefühl, man möchte es in die Ewigkeit hinüberretten! Die Landschaft wirkt so früh am Morgen goldfarben, die schrägstehende Sonne taucht alles in unwirkliches Licht. Die einzigen Begleiter sind unsere endlos langen Schatten im Sand.

Und plötzlich sehe ich ein Bild vor mir, im ersten Moment denke ich noch, dass das irgendwie nicht sein kann: schon von weitem türmen sich riesengroße Sand- und Steinberge mitten auf der Straße auf. Da geht es jedenfalls nicht vorbei. Und eine direkte Umleitungsanzeige gibt es auch nicht. Auf beiden Seiten der Straße führt jeweils ein sehr steiler Sandweg ins Nichts! Oh je, oh je! Das Ganze ist wie ein Rätsel aufgebaut, links, rechts? Wir entscheiden uns für rechts und ich muss mich schon überwinden, dass ich ins Nichts hinunter auch noch Gas gebe. Mein wirklicher persönlicher Albtraum stellt sich dann auch rasch ein: wir stehen vor einer längeren Softsand-Strecke, keine Möglichkeit zum Ausweichen! Eine mittelschwere Krise zieht auf, ich überlege, ob ich das Motorrad kurzerhand einfach wegschmeißen soll…

Ryan, der semiprofessionelle Offroadfahrer von den zwei Engländern, die wir an der Fähre getroffen haben, hat mir gestern noch folgende Tipps zum Offroadfahren gegeben: „erstens: absolut entspannen, zweitens: nicht auf eventuelle Hindernisse starren sondern dahin schauen, wohin man ausweichen will und drittens: wenn das Motorrad hinten weggeht: Gas geben, damit alles wieder in die Richtung kommt". Wir haben ja beide praktisch nullkommanull Offroaderfahrung, müssen hier jetzt aber irgendwie durch. Ich möchte gern noch alles ausdiskutieren, Christian fährt aber schon los. Sein Motorrad geht hierhin, dahin, es schwänzelt wie verrückt, er wird schneller und irgendwann, mein Zeitgefühl ist mir vor lauter Aufregung vorübergehend abhanden gekommen, bleibt er stehen. Ich weiß jetzt nicht, ob er durchgekommen oder steckengeblieben ist. Wie auch immer, jetzt bin also ich dran, ich muss ja irgendwie hinterherkommen. Entgegen allen Gewohnheiten entspanne ich und fahre langsam los. Nach nur wenigen Metern geht die ganze Fuhre natürlich hinten weg. Normalerweise bin ich ja der Typ, der jetzt voll abbremst, aber – oh Wunder! – ich gebe Gas, es geht wieder kurz geradeaus. Das wiederholt sich immer wieder aber irgendwann erreiche auch ich das Ziel und bin schon sehr stolz, dass das gleich so gut geklappt hat. Wir feiern das auch sofort mit einem kräftigen Schluck Mineralwasser.

Zum Thema Mineralwasser ist noch folgendes anzumerken: seit Ägypten trinken wir im Schnitt zwischen 6 und 8 Liter pro Tag!

Es wird immer heißer und weiter geht es auf heruntergekommener Piste. Bei dem Gerumpel kann ich mich jetzt auf das nächste Sandfeld vorbereiten. Und so wechselt das dann: Sand, Teer, Wellblech, Sand. Da kommt keine Langeweile auf. Natürlich kommen wir auf diese Weise nicht besonders gut vorwärts und dann biegen wir zu allem Überfluss einmal auf die falsche Piste ab, fahren dann irgendwann einen Hügel hoch und auf der anderen Seite lauert schon ein riesiges, elendig langes Sandfeld, dazu noch Schuss bergab! Zeit für lange Diskussionen? Nicht bei uns! Ich möchte noch etwas sagen, Christian fährt aber schon los, nach ca. 100 Metern sehe ich, wie er seitlich vom Motorrad wegfliegt, eine riesige Sandwolke! Vor lauter Schreck lasse ich mein Moped auch gleich fallen. Ich kann aber nicht zu Christian hinunter und ihm helfen denn wenn noch irgendjemand hier den Hügel hochkommt, fährt der geradewegs über mein Moped drüber. Christian hat schon einen LKW aufgehalten, der Fahrer hilft ihm, das Motorrad aufzustellen. Bin ich froh! Dass hier gerade jetzt ein LKW vorbeigekommen ist, grenzt an ein Wunder, wir haben nämlich seit Wadi Halfa kein einziges anderes Fahrzeug gesehen.

Dann brülle ich hinunter, dass ich auch umgefallen bin, Christian kommt herauf. Er ist genervt, angeblich fehlt ihm nichts. Wir stellen mein Moped auf, ich fahre aber zurück und suche eine Alternativstrecke, Christian ist nämlich nicht wegen dem Sand umgefallen sondern wegen der großen Steine, die im Sand versteckt waren. Wir treffen uns am Ende der Sandstrecke wieder. Mittlerweile, der Adrenalinschub hat sich verflüchtigt und die Schmerzen kommen schnell, sieht es so aus, dass sich Christian wahrscheinlich eine Rippe gebrochen oder im günstigsten Fall geprellt hat. Abends sehen wir dann auch die ganzen blauen Flecken und Abschürfungen am Fuß! Es sieht danach aus, dass er bis auf weiteres nicht mehr husten, nießen oder lachen sollte! Wenn ich mir jetzt überlege, dass einer von uns so schwer verletzt wäre, dass er nicht mehr weiterfahren könnte, dann läuft es mir ganz kalt den Rücken runter. Der Verkehr ist hier ja praktisch null und bis da normalerweise einer zu Hilfe kommt, dauert es endlos und selbst wenn irgendwann jemand käme: was soll man dann eigentlich tun? Ärzte gibt es hier nur in größeren Orten, also vielleicht in Wadi Halfa oder in Dongola. Aber bis dahin über diese miesen Pisten mit einer ernsthaften Verletzung transportiert werden? Der Gedanke ist schrecklich. Man darf sich mit solchen Überlegungen aber gar nicht länger beschäftigen, es gibt für diese Fälle keine Standardlösung. Da muss man dann halt im Einzelfall schauen. In München habe ich das gar nicht überlegt, mir fällt das erst jetzt so richtig auf. Ich schaue Christian,

Kapitel 7 – Der Sudan

dem sichtlich jedes Schnaufen weh tut, an und bin schon sehr froh, dass er noch weiterfahren kann.

Mittlerweile ist es ist schon 12 Uhr, viel zu spät zum Fahren, es ist wirklich zu heiß! Wir müssen aber trotzdem weiter weil es hier einfach gar nichts gibt. Und die Wassersäcke haben wir auch nicht gefüllt. Die Aussicht auf 70% geteerte Straße hat uns sehr unvorsichtig werden lassen, wir hatten zwar ca. 12 Liter Wasser dabei aber ca. 8 Liter haben wir schon getrunken. Welch Leichtsinn, wie kann man nur so blöd sein, wir haben doch für genau diesen Fall extra die teuren Wassersäcke gekauft? Dreißig Liter könnten wir allein in Wassersäcken dabei haben! Ich habe schon die Meldung in Deutschland vor Augen: „Zwei blöde Münchner sind in der Wüste im Sudan neben ihren neuen, unbenutzten Wassersäcken verdurstet!"

Endlich kommen wir in eine Ortschaft, die ist auf den ersten Blick vollkommen menschenleer. Natürlich, wer ist denn auch mittags, wenn es am heißesten ist, freiwillig unterwegs? Wir halten an einem Unterstand und da finden wir neben einer Liege auch die im Sudan üblichen tönernen Amphoren, die immer wieder mit Nilwasser angefüllt werden. Das Wasser ist für alle gedacht, die hier vorbeikommen und Durst haben. Ein toller Service. Das Wasser schaut nicht besonders klar aus, ist aber wegen der Eigenverdunstung schön kühl und angeblich auch trinkbar. Ich trinke nichts davon, Christian, der einem Kreislaufkollaps sehr nahe ist, nimmt aber einen kräftigen Schluck. Also, eine Liege, kühles Wasser und Schatten, das ist schon mehr als wir erwartet haben.

Kaum zwei Minuten sind wir hier, da kommt ein Sudanese und lädt uns in das Haus seines Bruders, das direkt gegenüber dem Unterstand ist, ein. Wir gehen gern mit, alle begrüßen uns mit Handschlag, sofort werden wir zu zwei Liegen geführt. Die Gastgeber machen das internationale Zeichen für Schlafen, wir sollen uns erst einmal ausruhen. Kaltes Nilwasser wird gebracht und dann noch die Frage, ob wir ein

„Breakfast" wollen. Wir sagen sofort ja, wir hatten ja heute noch gar nichts außer Wasser. Von dem Wasser trinke ich natürlich wieder keinen Schluck, weil es nicht gereinigt ist. Wenn dann was wäre, höre ich direkt schon die Stimmen von daheim: „Ja das gibt es doch nicht, dass die so blöd war und das Wasser da getrunken hat?" Wir legen uns dann tatsächlich hin und ich schlafe gerade ein, da kommt die Frau des Hauses mit einem riesigen Tablett. Darauf irgendeine Vorspeise mit Milch, dann Ful, das ist ein einfaches, im arabischen Raum weit verbreitetes Gericht, das aus Saubohnen gekocht wird, dazu ewig viel Fladenbrot und dann noch eine Nachspeise. Gegessen wird hier auf dem Boden bzw. auf dem großen Teppich vor unseren Liegen.

Und jetzt ist es nicht etwa so, dass die Sudanesen uns beim Essen volllabern, die gehen wieder und lassen uns einfach unsere Ruhe! Eigentlich schade, gern hätten wir von diesen sympathischen Leuten mehr erfahren. Nach etwa einer Stunde wollen wir dann gehen, unsere Gastgeberin macht aber nochmal das „Schlafen-Zeichen" und deutet auf den hohen Sonnenstand. Wie recht die gute Frau doch hat. Wir legen uns also wieder hin und schlafen kurz. Ich würde ja ehrlich gesagt am liebsten hier liegen bleiben und bis morgen früh nicht mehr aufstehen, ich bin so was von kaputt! Bevor wir gehen, möchten wir diesen unglaublich gastfreundlichen Leuten natürlich noch etwas Gutes tun. Unglücklicherweise nehmen sie aber kein Geld an und irgendwelche Waren oder Geschenke haben wir auf unseren Motorrädern aus Platzmangel natürlich nicht dabei. Wie gern hätten wir etwas gegeben!

Dann brechen wir auf, Christian will ja unbedingt noch nach Dongola! Jedem anderen wäre bereits zu diesem Zeitpunkt klar, dass das nicht klappen kann, 48 Grad im Schatten, Sandstrecke, mehr sage ich da gar nicht!

Nach weiteren vier Kilometern Sandpiste stellen wir endlich fest, dass das eine totale Schnapsidee war, wir müssen dringend zurück zur letzten Ortschaft und da irgendwo campen, ein Hotel oder ähnliches gibt es nicht. Wir drehen bei einer Baustelle um, die Arbeiter bieten

Kapitel 7 – Der Sudan

uns an, dass wir uns in ihren Quartieren ausrasten und schlafen können, wie freundlich! Wir nehmen es nicht an, wir wollen nur noch möglichst schnell in diese Ortschaft zurück und dann dringend schlafen. Dass Christian sehr starke Schmerzen hat, ist mittlerweile auch unübersehbar, er verzieht das Gesicht, sagt aber nichts dazu und das ist immer ein schlechtes Zeichen! Die Amphoren hier an der Baustelle sind leider leer, wir hätten uns jetzt gern kaltes Wasser über den Kopf geschüttet, damit wir uns ein bisschen abkühlen können. Gleich kommen aber ein paar Arbeiter und geben uns von Ihren Wasservorräten etwas ab. Also, die Leute hier, so was von großzügig!

Auf jeden Fall kommen wir nach ca. einer Stunde wieder zum „Amphorenunterstand", gleich ist der Sudanese von vorher, sein Name ist Mohammed, wieder da. Er führt uns zu einem Platz weiter hinten im Dorf, da steht in den Sanddünen ein Rohbau, komplett mit Mauern umgeben. Im Innenbereich sehen wir, dass auf der Veranda 2 Bettgestelle stehen, hier können wir für die Nacht einziehen. Wasser, Klo und Dusche gibt es nicht, wir sind aber ganz ehrlich absolut zufrieden mit den zwei Bettgestellen. Einzig und allein Wasser müssen wir dringendst noch auftreiben, ansonsten verdursten wir auf jeden Fall!

Christian liegt mit brutalen Rippenschmerzen flach und tut sich beim Schnaufen schwer. Ich gehe bei besagten 48 Grad durch den Tiefsand wieder zurück zu den Motorrädern, die noch neben dem Unterstand stehen und packe das Gepäck, das wir von Christians Motorrad brauchen, auf meines um und fahre dann mit dieser Fuhre, die ca. 2 Meter hoch beladen ist, durch den Tiefsand zu „unserem Haus". Allein das Gehen durch diesen wirklich tiefen Sand ist bei diesen Temperaturen unbeschreiblich anstrengend, ganz zu schweigen vom Umpacken. Gut, dass Christian mir jetzt doch entgegenkommt, die ganze Aktion ist bei dieser Hitze ja vollkommen unerträglich. Mit letzter Kraft fährt er dann auch noch sein eigenes Motorrad zum Haus. Ich kann mich nicht erinnern, dass irgendetwas jemals in meinem Leben so anstrengend gewesen wäre wie die ganzen Aktionen an diesem Tag, das ist einfach unbeschreiblich!

Kurze Zeit später kommt Mohammed mit einer Kanne Tee und Gläsern, er trinkt eine Tasse mit uns und fragt nach, ob wir abends Fisch oder Fleisch möchten, wir entscheiden uns für Fisch.

Wenn ich nur daran denke, wie Ausländer in Deutschland manchmal behandelt werden, dann kommt mir gleich das kalte Grausen. Ich tue mich teilweise sehr schwer, mit dieser Gastfreundschaft umzugehen. Es ist mir von Deutschland her fremd, dass jemand einen Gast, egal, woher er auch kommt und ob er ihn kennt oder nicht, so außerordentlich gut und freundlich behandelt. So etwas erlebt man bei uns keinesfalls. In etwas abgeschwächter Form kenne ich das bisher nur aus der Türkei, aus dem Iran und jetzt eben aus dem Sudan. Mohammed kommt später noch einmal und hat wegen Christians Rippenbruch jemanden mitgebracht. Wir denken ja, dass das jetzt ein Arzt ist. Fehler, es ist der ausländische Bauingenieur von der nächsten Baustelle. Er ist der einzige, der ein einigermaßen verständliches Englisch spricht. Es ist zwar auch hier so wie bei uns, dass ein Bauingenieur nicht heilen kann aber es ist eine sehr freundliche Geste. Sache ist, dass es hier im Ort einfach keinen Arzt gibt.

Wir liegen wieder wie gelähmt auf den Liegen! Abends klopft es und da steht Mohammed vor der Tür und bringt tatsächlich panierten Fisch mit Reis und Milchpulver und eisgekühltes Nilwasser. In diese Wasserflaschen geben wir Micropur-Tabletten, wir müssen das jetzt trinken, der nächste Shop wäre ca. 20 Kilometer Sandstrecke entfernt! Unser Wasser geht zur Neige, das Nilwasser ist aber erst in ca. 2 Stunden trinkbereit. Ich steigere mich dann auch allmählich rein in diese Durstsache während Christian einfach nur sagt, dass wir das Wasser dann eben ohne die volle Wirkung von Micropur trinken müssen. Das ist zumindest eine Alternative zum Verdursten, auf die ich bisher noch nicht gekommen bin. Das mit dem Milchpulver, das Mohammed auch noch mitgebracht hat, muss irgendwie ein Verständigungsproblem sein, Mohammed preist es noch als absolutes Special an, ich weiß aber beim besten Willen nicht, was ich damit machen soll, etwa Milch aus Milchpulver und Nilwasser?

Kapitel 7 – Der Sudan

Auf unseren Liegen führen wir sinnvolle Gespräche in der Art: „wie viel würdest Du jetzt für eine kalte Radlerhalbe ausgeben? – Und Du für eine Radlermaß? Also ich würde für eine Maß 50 Euro zahlen…..". Ich bin ja der Meinung, dass es wirklich sehr wichtig ist, in solch schwierigen Situationen unbedingt die gute Laune zu behalten und sich gegenseitig aufzubauen. Und so beschließen wir in unserem Sanddünenhaus im Sudan, dass mindestens für den Rest der Reise, besser noch für das ganze restliche Leben, nun die Devise eins gilt: „bloß nicht die gute Laune verlieren!" Ein guter Beschluss!

Nach Sonnenuntergang stellen wir die Liegen noch direkt in den Hof, damit nichts den phantastischen Sternenhimmel verstellt. Dann klopft noch ein weiterer Nachbar und fragt, ob wir „kristallklares Wasser" wollen, wir sagen gleich ja und so bringt auch er kurze Zeit später noch 3 Liter vorbei. Schnell die Tabletten rein und warten. Mit dem Hinweis, wir sollen auf die sehr giftigen Skorpione, die es hier überall gibt, achten, lässt uns der gute Mann dann allein. Ich suche natürlich gleich noch unter unseren Liegen nach Skorpionen…
Kurz vor dem Einschlafen stellen wir übereinstimmend fest, dass heute für uns beide der anstrengendste Tag unseres bisherigen Lebens war!

Um 5 Uhr 30 wieder den ganzen Krempel einpacken, bei Sonnenaufgang geht es los. Mohammed lädt uns noch zum Frühstück ein, wir würden gern mitkommen aber wir müssen los. Ich habe das Teegeschirr auf das Tablett gestellt und habe ganz unten jetzt doch Geld reingelegt und einen Zettel mit Smiley und solchen Sachen dazugetan. Dass wir diesen ganzen Service beanspruchen, käme mir ja ansonsten schon fast wie ausnutzen vor, das gibt es doch gar nicht. Ich hoffe, dass unsere Gastgeber die Geste von zwei Ausländern, die mit so viel Gastfreundschaft nicht umgehen können, verstehen. Auf jeden Fall wird uns das alles ewig in Erinnerung bleiben. Es wäre schon gut, wenn wir am Ende der Reise ein bisschen was von diesen ganzen Freundlichkeiten in den deutschen Alltag retten könnten!

Kapitel 7 – Der Sudan

Mir graut es, jetzt kommen 35 Kilometer Piste am Stück, davon viel Sand. Pfui Teufel! Wir schlingern schon einigermaßen geübt durch die Gegend, trotzdem kommen wieder Sandfelder, vor denen ich am liebsten das Motorrad abstellen und allein weitergehen würde. Bis auf einen kleinen Umfaller von mir läuft seltsamerweise alles prima. Aber mal so unter uns gesagt: Spaß machen ist für mich etwas ganz anderes, Sandfahren jedenfalls nicht! Und es wird auch niemals mein Hobby werden. Bei einer Ortsdurchfahrt sehen wir ein Geschäft mit zig Kisten Cola, Fanta und so weiter im Schaufenster: ein Getränkemarkt! Ich wünsche mir kaltes Cola und Wasser, Christian bringt warmes Pepsi, wir trinken es, möchten noch eines, das gerade eben war aber das letzte. Jetzt gibt`s nur noch ein Fanta, also dann halt warmes Fanta! In der nächsten Ortschaft werden wir vom örtlichen Lebensmittelhändler zu Tee und Keksen eingeladen. Wir sitzen auf einer Matte vor dem Laden, gleich gesellt sich der Dorflehrer dazu, zur Zeit sind hier Ferien, da hat er natürlich genügend Zeit. Wir unterhalten uns länger, es ist wirklich sehr interessant. Er erzählt uns, dass in den einzelnen Dörfern am Nil entlang praktisch jeder mit jedem verwandt ist. Das sind riesengroße Familien. Und dann fragen wir noch nach, wie das denn mit der sudanesischen Gastfreundschaft jetzt so funktioniert und bekommen Erstaunliches zu hören: hier kann jeder zu Besuch beim anderen kommen, egal, wie gut er den kennt, egal wann, egal wie oft. Jedes Haus ist für jeden offen. Und das Interessanteste: jeder Gast kann bleiben, solange er will, 5 Stunden, 3 Wochen oder auch 2 Jahre! Das wäre bei uns ja komplett ausgeschlossen. Ich finde das ja einerseits toll aber andererseits kann so ein Gast ja schnell einmal ein Leben zerstören. Wenn ich mir nur vorstelle, dass sich bei uns da eventuell jemand, der uns nicht ganz so sympathisch ist, für ein Jahr festbeißt und sich durchfüttern lässt, welch Albtraum! Da ist mir dann doch unser System lieber, auch wenn es nicht ganz so gastfreundlich ist.

Weiter geht es Richtung Süden, der Straßenzustand bleibt sehr durchwachsen. In den Ortschaften selbst gibt es ausschließlich Sandstraßen. Auf meine Nachfragen sagen die Bewohner aber immer, dass

Kapitel 7 – Der Sudan

sie möchten, dass das so bleibt, sie wollen nicht, dass man einfach durchrasen kann. Das ist ja auch irgendwie richtig, aber wenn man sich den Staub anschaut, der ständig aufgewirbelt wird und bedenkt, dass einmal jemand schnell einen Arzt brauchen könnte...

Kurz vor Dongola treffen wir dann Ian und Ryan wieder, wir freuen uns sehr. Die zwei haben schon jeweils ein paar Stürze hinter sich, Ian einen sehr schweren. Wir wundern uns schon etwas, da die beiden ja unter anderem wegen der Pisten und Tiefsandstrecken hier in Afrika sind. Sie fahren ja daheim in England des Öfteren zum Offroadtraining, das ist von beiden ein großes Hobby. Ich finde, dass wir uns mit je einem Sturz sehr gut gehalten haben! Die beiden können gar nicht glauben, dass ich bisher nur einmal gestürzt bin, die hatten nach meinen eigenen Erzählungen vermutlich gar nicht damit gerechnet, dass ich überhaupt bis nach Dongola komme. Ryan hat mich in Wadi Halfa noch gefragt, ob wir ein Stück mit ihnen zusammen reisen möchten, er meinte, das wäre sicher sehr lustig und in dem Fall vielleicht auch sinnvoll. Aber ich mit meinem etwas übertriebenen Freiheitsdrang habe es abgelehnt und dazu habe ich noch befürchtet, dass speziell ich mit deren Fahrweise nicht Schritt halten kann. Vielleicht wäre es aber doch gegangen?

Was uns noch sehr zu denken gibt und hundertprozentig im Gegensatz zu unseren Erfahrungen steht: die zwei beklagen sich doch tatschlich über zu wenig Hilfsbereitschaft hier im Sudan! Ich glaube, das liegt auch ein bisschen daran, dass die Sudanesen unter den britischen Besatzern stark zu leiden hatten und sie deswegen die Engländer bis heute nicht mögen. Das zumindest haben wir von den Sudanesen selbst gehört.

An der Fähre, mit der wir über den Nil nach Dongola übersetzen, sind wir dann um ca. 12 Uhr. Die Fahrt ist nur kurz aber sehr schön, direkt beim Motorrad steht ein Esel, ansonsten sind auf der Fähre nur ein paar weiß gekleidete Sudanesen mit ihren schönen, zu Turbanen gebundenen Tüchern und kein einziger Tourist, sehr gut! In Dongola

Kapitel 7 – Der Sudan

bräuchten wir jetzt eigentlich sudanesisches Geld, es gibt aber keinerlei Möglichkeit, welches aufzutreiben. Im Sudan kann man ja wegen des Wirtschaftsboykotts der USA keine Kreditkarten einsetzen, weder zum Geldabheben noch zum Bezahlen im Hotel oder anderswo. Und seltsamerweise haben auch die Sudanesen keinerlei Interesse am Geldwechseln, weder Dollar noch Euro, sie wissen nicht einmal im Ansatz, wie der Wechselkurs denn so wäre. Dann kümmern wir uns darum später, vorher suchen wir erst mal ein Hotel. Wir müssen jetzt dringend aus den Motorradklamotten raus, man zerfließt ja direkt.

Wir sehen 2 Hotels, beide kommen aber wegen des extrem lausigen Aussehens nicht in Frage. Und dann finden wir endlich das vom Reiseführer empfohlene Hotel, das sieht zwar von außen äußerst schäbig aus aber vielleicht ist ja innen alles anders? Zumindest soll es laut Reiseführer das einzige Hotel in Dongola mit Klimaanlage sein. Das wäre bei knapp 45 Grad ja auch schon was. Heute schaut Christian das Zimmer an, er kommt wieder raus und sagt, ich soll es mir lieber selbst auch nochmal anschauen, es wäre schon sehr grätzig! Na toll, das beste Haus am Platz eine elendige Absteige? Ich gehe rein und kann es eigentlich nicht glauben, so ein Zimmer habe ich im Leben noch nicht gesehen, eine unfassbare, widerwärtige, verwahrloste und dunkle Drecksbude. Ich frage die Besitzerin, ob die da nicht noch ein anderes Zimmer haben, vielleicht irgendwo oben? Sie schaut mich missmutig an und fragt, was mir an diesem Zimmer nicht gefällt. Ich schaue sie ebenfalls missmutig an und sage ihr, was ich mir eben gedacht habe, nämlich dass es eine ganz widerliche, verwahrloste und dunkle Drecksbude ist. Ganz seltsam schaut sie mich wieder an und sagt, dass sie kein anderes Zimmer haben, sie wären ausgebucht. Das glaube ich ihr ja nun wirklich nicht, ich stelle aber später fest, dass es tatsächlich so ist! Ich handle noch ein bisschen und dann nehmen wir dieses Etwas von Übernachtungsmöglichkeit, Zimmer möchte ich dazu ja gar nicht sagen. Wir bezahlen ca. 10 Euro und davon ist jeder Cent zu viel.

Ein Zimmer bekommt man hier aber nur nach vorheriger Registrierung bei der Polizei, also wieder alles anziehen und dann lassen wir einen Taxifahrer vorausfahren, der uns zur nächsten Polizeistation bringt. Der Beamte ist freundlich und ein riesiger Deckenventilator macht das Warten auf die nötigen Unterlagen etwas angenehmer. Das ganze kostet nichts außer Zeit. Zurück im Hotel: nachdem wir uns jetzt 2 Tage nicht duschen konnten, ist Haarewaschen und einfach nur unter fließendem Wasser stehen, selbst in dieser abgewrackten Hütte fantastisch! Wir schauen uns dieses Dongola noch etwas näher an, stellen aber abschließend nur fest, dass es eine bewohnte Müllhalde ist, soviel Dreck!

Durch die brutale Anstrengung der ganzen Reise haben wir beide schon mehrere Kilo verloren, mein Ziel, in den Schatten eines Verkehrszeichens in der Wüste zu passen, habe ich aber noch nicht erreicht!

Abends sitzen wir dann noch im Innenhof des Hotels, erstens damit wir diesem miefigen Raum entkommen und zweitens, weil zu allem Überfluss auch noch der Strom und damit die Klimaanlage ausgefallen ist. Wie schrecklich, damit hat sich das einzige Plus dieser Absteige erledigt.

Irgendwann kommt der Strom wieder und wir gehen ins Zimmer, weil wir eigentlich schlafen möchten. Da es aber zwischenzeitlich hier ja sehr warm geworden ist, lebt jetzt praktisch der ganze Raum. Überall krabbeln die Kakerlaken herum, selbst zwischen den drei bis vier Schichten PVC-Boden kommen sie heraus. Am liebsten würde ich die Nacht im Hof im Sitzen verbringen aber da haben uns in der letzten Stunde schon unendlich viele Moskitos gestochen und darum bleibe ich im Zimmer. Heute bedauere ich zum ersten Mal im Leben wirklich, dass es keinen Alkohol zu trinken gibt, gern hätte ich jetzt das eine und andere Bier getrunken. Mir graut es so sehr, ich kann das gar nicht beschreiben. Selbst an den Wänden laufen die Viecher hoch. Morgen muss ein ordentliches Hotel her. Mit dem Gedanken schlafe ich dann irgendwann doch ein.

Gott sei Dank können wir dieses unsägliche Hotel um 6 Uhr morgens verlassen. Ich bin ja überzeugt, dass sich einige Tiere in unserem

Gepäck befinden, obwohl wir alles extra nochmal ausgeschüttelt haben. Und ich kann mich dann ja endlos hineinsteigern in solche oder ähnliche Gedanken: wenn aus dem eigentlich wasserdicht verschlossenen Packsack während der Fahrt doch ganz überraschend eine Kakerlake herauskommt, mir unter die Motorradkleidung krabbelt, sich über den Rücken hinaufarbeitet und von hinten dann in den Helm hineinkommt. Da kann ich mir hundertmal sagen, dass das ausgeschlossen und vollkommen unmöglich ist, es hilft nichts! Das Unbehagen bleibt.

Die ca. 550 Kilometer lange Fahrt nach Khartum führt uns mitten durch die Wüste, meistens auf guter Teerstraße. Nach ca. 50 Kilometer begegnet uns die erste Kamelkarawane mit vielen Tieren, sehr beeindruckend! Es tauchen immer wieder Karawanen auf, irgendwann habe ich den Eindruck, dass es hier im Sudan fast schon eine „Kamelseuche" gibt.

Wir haben nachgefragt und die Karte studiert: angeblich gibt es in Gabriya die einzige Tankstelle auf dem Weg nach Karthum. Die wollen wir natürlich finden, sonst könnte es eng werden. Gabriya kann man sich jetzt so vorstellen wie die anderen Orte vorher und nachher auch: ca. 100 Häuser, jeweils sehr weit auseinander gebaut, Platz gibt es hier ja genug. Alle Häuser mit hohen Mauern eingezäunt, man sieht absolut nicht, was sich dahinter verbirgt. Niemand hier spricht englisch, wir fragen an ca. zwanzig verschiedenen Stellen, bis uns schließlich ein Sudanese, der scheinbar das Wort Petrol verstanden hat, zu einem Haus bringt, das so aussieht wie alle anderen auch. Wir hätten das niemals gefunden, es ist absolut nichts angeschrieben, weder in Arabisch noch sonst wie, kein Hinweis, einfach nichts! Wer jetzt glaubt, wir müssten ja die Zapfsäulen sehen: weit gefehlt! Es gibt keine Zapfsäulen. Der Sudanese, der uns hergebracht hat, klopft mehrmals an das große Tor, schließlich kommt jemand heraus. Wir deuten ihm an, dass wir gern Benzin hätten, er geht wieder in seinen Hof und kommt mit einem Kanister Benzin zurück. Darin befindet sich ein

Kapitel 7 – Der Sudan

Schlauch, den Kanister hält er hoch und das Benzin läuft in Christians Tank! Dann der nächste Kanister, bei meinem Motorrad funktioniert es nicht, also nimmt der Tankwart einen kräftigen Schluck aus dem Schlauch und dann läuft es auch in meinen Tank hinein. Pfui Teufel! Wie oft kann man das eigentlich machen bevor man endgültig vergiftet ist?

Mittlerweile hat es 42 Grad, ab und zu sehen wir, dass da in der Wüste auch Leute leben. Wie kann man es hier nur aushalten? Einmal mehr bin ich heilfroh, dass wir so privilegiert sind und in Deutschland leben dürfen! Welch Segen. Nach ca. 170 Kilometern kommt noch eine Tankstelle, wir tanken natürlich auch hier nochmal auf. 2 Sudanesinnen erzählen mir, dass es in Khartum „cool and rainy" sein soll. Sehr gut, wir freuen uns richtig darauf. Selbst Regen ziehen wir dieser Affenhitze jetzt vor. Ab ca. 42 Grad bemerkt man jedes weitere Grad sehr stark, das wird dann unverhältnismäßig schnell sehr heiß. 23 oder 27 Grad, wo ist der Unterschied? – beides angenehme Temperaturen aber zwischen 44 und 46 Grad liegt eine halbe Welt, und zwar eine recht unangenehme! Das wäre auch noch nicht das Problem, wenn man irgendwo im Badeanzug liegt und sich nicht vom Fleck rührt aber in voller Motorradkluft irgendwo auch nur anhalten, absteigen und fotografieren, das ist schon extrem anstrengend! Etwa 20 Kilometer vor Khartum gibt es dann tatsächlich ein paar Wasserlöcher in der Wüste, wohl auch hier eine Rarität. Und dann ist da auf einmal der Beschriftungsstein „0 km Khartum", obwohl wir erst in Omdurman sind. Die Temperatur ist leider überhaupt nicht zurückgegangen und von Regen ist auch weit und breit keine Spur.

Verkehrsmäßig sind wir angenehm überrascht von Khartum, die Sudanesen fahren in der Großstadt zwar auch unkonventionell aber weit nicht so aggressiv wie die Ägypter. Omdurman ist ein einziger Riesenbasar. Und absolut Afrika! Es liegt im sudanesischen Bundesstaat al-Chartum und ist die größte Stadt des Landes. Wir dachten ja, dass die Hauptstadt Khartum die größte Stadt ist. Omdurman, Kart-

WELKOM AFRIKA

Eine Reise in Bildern

Türkei

Auf der Fähre über die Dardanellen.

Sabancı-Merkez-Moschee in Adana, die größte Moschee in der Türkei.

Kebab-Stand mit kleinem Imbiss in Adana.

stliches Essen direkt am Meer.

„Bitte lächeln", immer freundliche Fotomotive.

illkommen in der Türkei", an der Grenze zu einem sehr gastfreundlichen Land.

ient bei Nacht: Sabancı-Merkez-Moschee in Adana, ein Meisterwerk islamischer Baukunst.

Syrien

Kurze Orientierung in Syrien.

Aleppo, Altstadt.

Aleppo, Altstadt, junge Syrer flanieren abends gern auf dem Marktplatz vor der Zitadelle.

der Tankstelle: Einladung zum Tee gefällig?

Damaskus, Imbiss-Stand: das Auge isst mit.

iterwegs von Aleppo nach Damascus.

eppo, mobiler Teeverkäufer vor der Zitadelle.

Jordanien

Lange Schatten abends auf dem Kings Highway.

Petra, Weltkulturerbe, das Schatzhaus „Khazne al-Firaun", aus dem Fels gehauen, sehr beeindruckend.

Petra, Weltkulturerbe, das Schatzhaus „Khazne al-Firaun".

qaba, Warten auf die Fähre.

Auf der Fähre von Aqaba nach Nuweiba.

Wächter in Petra, Handys sind hier allgegenwärtig.

Licht- und Schattenspiele: abends auf dem Kings Highway.

Ägypten

Unterwegs auf dem Sinai, Stopp in der Hitze.

Von der Fähre Assuan nach Wadi Halfa hat man morgens einen schönen Blick auf Abu Simbel.

Extrem trockene Landschaft: Berge und Wüste auf dem Sinai.

xor: eine Wasserpfeife schmeckt immer.

Kairo: Alabastermoschee.

uan: Langes Warten an der Fähre, bis wir die Motorräder auf den Lastenkahn verladen können.

ro: die Kunden für einen Kamelritt an den Pyramiden von Gizeh sind spärlich gesät.

Pizzaessen bei 40 Grad auf dem Sinai.

An der Grenze zu Ägypten: gleich ist alles fertig!

Kairo: Blick von der Zitadelle auf die größte Stadt in der arabischen Welt.

Zwei Frauen gehen mit dem vollbeladenen Kamel kilometerweit durch die heiße Wüste.

Cheops-Pyramide ist die höchste der Welt.

Auf der Fähre in den Sudan: gut, dass wir da sind.

...cht viel heißer sollte es ja nicht mehr werden: 44 Grad in Luxor.

...xor: Fahrt mit der Feluke zu Sonnenuntergang auf dem Nil, ein wirklich schönes Erlebnis.

Sudan

Das musste ja mal kommen: Sturz in der Wüste.

Unterwegs zwischen Dongola und Khartum: verlassene Häuser in der Wüste.

Endlich im Sudan, die Motorräder vor dem Nile Hotel in Wadi Halfa.

ges Treiben: die Fähre über den Nil bei Dongola.

46 Grad in Wadi Halfa: kann man da schlafen?

dem Stadtplatz in Wadi Halfa.

anese mit typisch weißem Turban.

Äthiopien

Akazien, Ziegen und ein Motorradfahrer...

Manchmal sind die Kinder auch extrem freundlich und suchen direkten Kontakt zu uns...

Eine Wäscherei in Addis Abeba, das Wasser wird mehrmals verwendet, nichts wird verschüttet.

der auf dem Motorrad, immer wieder nett... Abendstimmung im äthiopischen Hochland.

Möbelgeschäft in Addis Abeba, die Möbel sind neuwertig und werden pfleglich behandelt.

vom Volk der Borano, das viele Holz trägt sie mit dem um den Kopf gebundenen Tuch.

Nette und hübsche Mädchen aus Yabello.

Typische Rundhütte im Hochland.

Vater und Tochter vor Rundhütte im Bananenhain.

Irgendwo in Äthiopien: Kinder mit zerfetzten Kleidern, sie kommen bei jedem Stopp aus allen Ecken.

sind mehr Eselskarren als Autos unterwegs.

Spiegel kennen viele Kinder hier nicht...

üne Landschaften in Äthiopien, kleine Kinder hüten die Tiere, für Schulbesuche bleibt da keine Zeit.

erst kürzlich eröffnete Lodge in Bahir Dar am Südende des Tanasee: so kann man es aushalten!

Kenia

Abladen der Motorräder vom LKW: endlich!

Bei den Samburu im Norden Kenias, die Hütten sind sehr ärmlich.

William der Massai dreht Christian eine „Löwenzahnkette" an, alles natürlich echt, oder?

mer gibt es einen großen Auflauf, sehr nett! | Kamelfleischessen bei den Samburu, unvergesslich!

der Massai Mara gibt es jetzt viele junge Tiere.

ras und Gnus in der Massai Mara.

Tansania

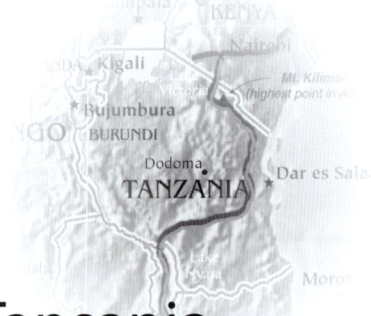

Mikumi Nationalpark: Elefanten, Flucht oder Fot

Unterwegs auf schöner Piste von Morogoro Richtung Mbeya.

Sisalfelder und rote Erde: allerschönstes Afrika.

ikumi Nationalpark: Elefanten im Anmarsch.

Egal, wo man stehenbleibt: es gibt immer Helfer.

i 32 Grad im Schatten ist jede Pause zum Trinken willkommen.

op im Baobab-Valley vor einem riesengroßen umgestürzten Baobab.

Malawi

Eine kleine Unregelmäßigkeit beim Reifendruck..

Der Malawisee, der neuntgrößte See der Erde, an den Ufern werden Bananen angepflanzt.

„Tankstelle" in Malawi.

andgemaltes Werbeplakat in Nkata Bay.

Eines der vielen lachenden Kinder Malawis.

Schneiderei in Nkata Bay, verwendet wird eine uralte fußbetriebene Nähmaschine.

Auch in Malawi, Kinder ohne Ende, alle sind ausgesprochen nett und interessiert.

Zambia

Campen in Pelauke, sehr idyllisch.

Baobab und Plantage am Kafue.

Kleine Plantage und Wohnhaus im Baobab Valley.

...arten auf die Fähre nach Botswana.

Hübsches Mädchen am Lake Kariba.

...ne der schönsten Strecken der gesamten Reise: große Baobabs auf dem Weg zum Lake Kariba.

...e Victoriafälle haben jetzt leider wenig Wasser.

Zulus als Empfangskomitee vor dem Zambesi Sun.

Botswana

Es wird Zeit: Reifen wechseln in Nata.

Unser schönes Chalet in der Nata-Lodge, die ein Jahr vorher komplett abgebrannt ist.

Reifen wechseln in Nata: wie lange dauert das denn noch?

...ppos aus nächster Nähe im Chobe-Fluss.

Chobe-Fluss-Safari: ein Krokodil am Ufer.

...er Chobe Nationalpark ist bekannt für große Elefantenherden. Wir haben auch viele Jungtiere gesehen.

...Kasane beobachten wir direkt von der Bar am Fluss den Sonnenuntergang am Chobe, wunderschön!

Südafrika

Kapstadt: Blick auf den Tafelberg.

Oje, wir sind am Ziel oder: ein Traum geht zu Ende!

Ewig lange Traumstrände an der Gardenroute.

Das Beacon Island Resort in Plettenberg Bay, toll!

ttenberg Bay: 3 Mädchen beobachten das Meer.

Direkt aus dem Meer in die Pfanne: frischer Fisch.

Zulu versucht sich auf Christians Motorrad.

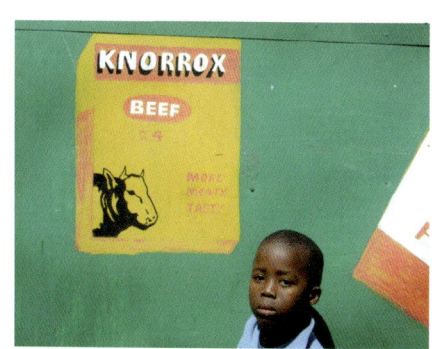

Netter Junge in den Slums von Kapstadt.

mische See am Kap der guten Hoffnung.

Bunte Häuser im Malaienviertel in Kapstadt.

dschiefe Hütte in den Slums von Kapstadt.

An der Victoria & Alfred Waterfront, Kapstadt.

Lesotho

An der Grenze zu Lesotho, kurz vor Maseru.

Unterwegs in schöner Landschaft im Königreich in den Bergen.

Frauen tragen in vielen Teilen Afrikas die Lasten hauptsächlich auf dem Kopf.

sere Motorräder gut bewacht vor dem Hotel.

Afrika pur in den Bergen von Lesotho.

hling in Lesotho, alles blüht sehr schön und die Landschaft ist eine Augenweide.

ische Hütten in den Bergen Lesothos.

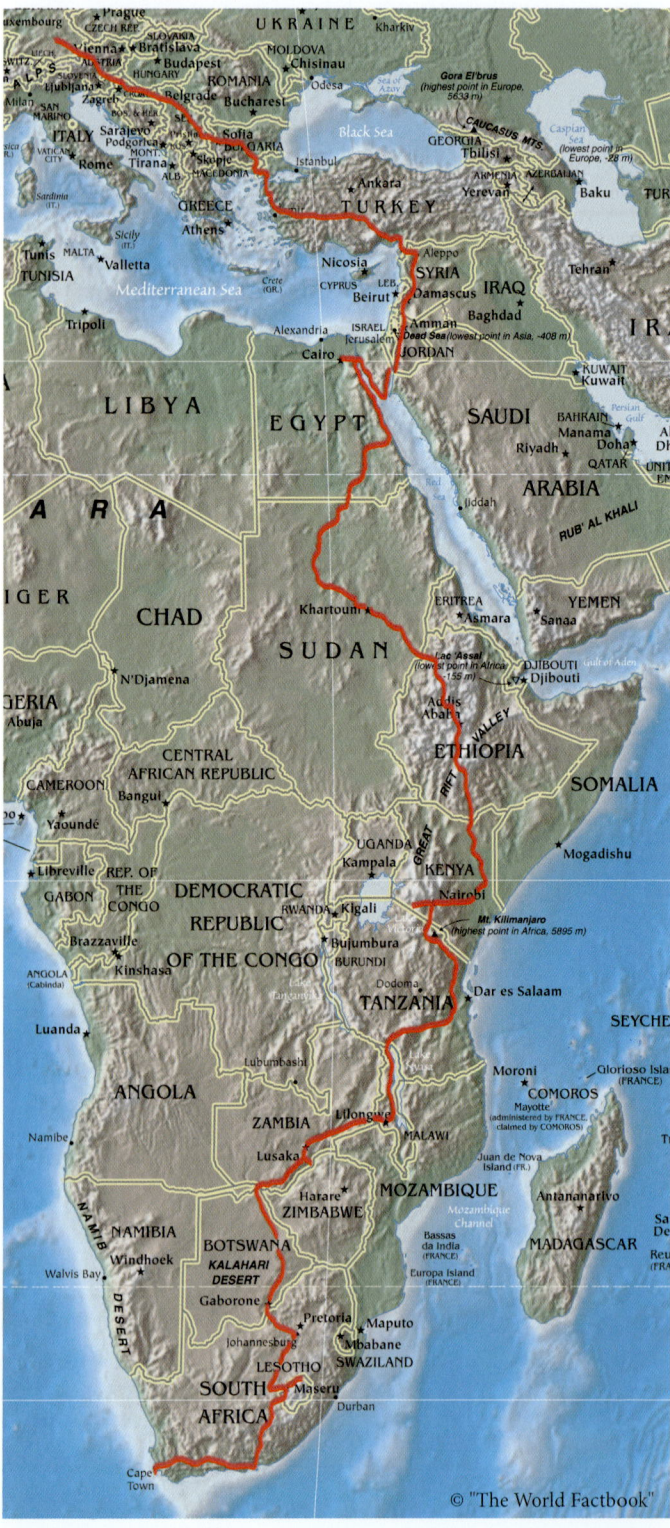

hum und Al-Chartum-Bahri bilden eine Dreistadt. Omdurman ist das religiöse Zentrum des Sudan, außerdem ist es bekannt für die Tänze der Sufis, die jeden Freitag spätnachmittags stattfinden. Ich fürchte, dass wir dieses Schauspiel nicht sehen werden, da heute Samstag ist und wir wahrscheinlich nicht bis nächsten Freitag hier bleiben werden.

Speziell für Khartum habe ich schon in Deutschland ein Hotel herausgesucht. Irgendwie dachte ich daheim schon, dass wir nach der Strecke Wadi Halfa-Khartum, wenn wir sie denn fahren, was Gescheites zum Übernachten brauchen. Das Hotel heißt „Al Salam Rotana", ich hoffe, es hält, was es in der Vorschau im Internet versprochen hat. Und der Name gefällt mir auch gut, das muss ja passen! Mein Bruder hat uns freundlicherweise mit Hilfe eines Bekannten, der arabisch spricht, das Hotel telefonisch reserviert. Über das Internet funktioniert das nicht, weil man keine Kreditkarten einsetzen kann. Von Omdurman aus wollen wir Erich noch kurz befragen, ob das mit der Reservierung geklappt hat. Wir steigen von den Motorrädern ab und da stellt uns sofort ein freundlicher Sudanese 2 Stühle unter einen Baum in den Schatten! Erich erreichen wir aber nicht.

Wir eiern dann aber wieder ewig lange durch die Gegend und finden das Hotel einfach nicht, wie nervig! Wir stehen ratlos am Straßenrand, da hält ein Sudanese und fährt uns zum Hotel voraus, mindestens ein halbe Stunde lang und endlich sehen wir es dann auch. Davor schon wieder die weißen UN-Wagen, na, dann passt es hier bestimmt. Der Sudanese, der uns hergebracht hat, gibt uns noch seine Visitenkarte, er ist Cargomanager! Nach all dieser Anstrengung überlege ich schon ganz kurz, ob wir ihm vielleicht unsere Motorräder anvertrauen sollen, damit er die sicher per Flugzeug wieder nach Deutschland zurückbringt. 550 Tageskilometer durch die sudanesische Wüste bei diesen Höllentemperaturen in voller Motorradmontur sind schon brutal. Das schlaucht ungemein. Christian bleibt noch beim Cargomanager und den Motorrädern, mich würde in dem Moment schon sehr interessieren, ob er die gleichen Gedanken zu einem eventuellen Rück-

Kapitel 7 – Der Sudan

transport hat, er hat immer noch starke Schmerzen, was mir natürlich total leid tut. Und das Schlimmste, ich kann nichts dagegen tun!

Ich gehe an die Rezeption, da ist alles so wunderbar tiefgekühlt, am liebsten würde ich mich gleich auf eine dieser schicken Couchen legen und schlafen. Das Personal an der Rezeption scheint mich aber schon zu erwarten, ich werde sofort telefonisch mit dem Manager verbunden, der mir mitteilt, dass ich unverzüglich meinen Bruder in Deutschland anrufen soll, da würden sich schon alle um die zwei Motorradfahrer Sorgen machen. Typisch Erich, macht gleich überall einen Riesenwirbel und möchte auch gleich wie ein guter Kunde behandelt werden, was speziell bei ihm heißt: wie ein König! Ich schätze, die Leute hier an der Rezeption haben am Telefon etwas falsch verstanden oder Erich hat wirklich wieder übertrieben. Wie auch immer, der Job wartet, Preisverhandlungen sind angesagt und zwar ganz krasse, das Hotel ist gelinde gesagt, sehr, sehr teuer. Ich weiß aber jetzt schon, dass wir auf jeden Fall bleiben, hier bringt mich heute keiner mehr weg. Nach dem Motto „a bissl was geht immer" einigen wir uns dann darauf, dass wir auf jeden Fall 2 Nächte bleiben, eventuell drei. Wir sind so geschafft! Ich hole Christian noch aus der Menschenmenge, die ihn bei unseren Motorrädern umringt und dann gehen wir auf unser Zimmer. Sehr modern, sehr viel Design, schick, hier gibt es alles, was das Herz begehrt. Ich kann mir gut vorstellen, dass ich hier nie wieder weggehe.

Der Unterschied zu den Übernachtungen der letzten Tage: unbeschreiblich! Vielleicht braucht man zwischendrin so etwas wie das Hotel in Dongola, damit man wieder einmal sieht, welch große Unterschiede es gibt. Insgesamt gesehen ist es natürlich der Luxus, der das ganze so angenehm macht, für mich ist es aber in erster Linie die Sauberkeit. Endlich duschen, ohne dass man dauernd schauen muss, wo die Kakerlaken sind, dazu blütenweiße Handtücher, duftende Seifen und Badezusätze, da kommt man direkt ins Schwärmen. Ich dusche mich auch gleich eine halbe Stunde lang, Christian macht das gleiche. Es ist so ein gutes Gefühl. Natürlich ist es wassertechnisch nicht optimal aber ich tröste mich damit, dass hier ja schließlich der Nil durchfließt und dass da auch für mich ein paar Tropfen mehr Wasser dabei sein müssen. Und dann stellen wir uns beide auf die Waage und können es eigentlich gar nicht glauben: Christian hat knapp zehn Kilogramm abgenommen, ich auch sieben, allein dafür lohnt sich die Reise ja schon! Und ich dachte mir vorher noch, dass dieser Spiegel im Bad ein Glücksspiegel ist, weil er so schön streckt. Und jetzt das! Hier im Zimmer gibt es WLAN, das gönnen wir uns jetzt, obwohl es unverschämt teuer ist. Auch den Zimmerservice bemühen wir noch, der bringt dann Chicken und Sandwich, das können wir bei dem Gewichtsverlust schon vertragen.

Nach einer wunderbaren Nacht im sauberen Bett gehen wir zum Frühstück, auch das schmeckt, passend zum Hotel, ausgezeichnet. Es ist hier wie im Paradies, Milch und Honig fließen, genauer gesagt frisch gepresster Orangensaft, ohne Grenzen, also wer da nicht gleich morgens gut drauf ist! Wir beschließen, dass wir hier 3 Nächte bleiben und tun das auch gleich an der Rezeption kund. Irgendwann müssen wir ja mal ausspannen, wir sind beide erkältet, Christians Rippenbruch wird nicht entscheidend besser aber die Wunden an den Beinen heilen relativ schnell zu, seltsam eigentlich unter diesen Umständen, oder? Wir stellen jetzt aber definitiv fest, dass eine Rippe gebrochen ist. Da, wo vorher alles ganz eben und gerade war, ist jetzt auf einmal eine große Delle. Zum Arzt will er aber nicht, lieber bildet er sich im Internet medizinisch weiter und kommt zu dem Ergebnis, dass man sowieso nichts machen kann. Die Mückenstiche haben jetzt täglich um ein Vielfaches zugenommen. Und weil wir jetzt auch in einem Malariagebiet sind, nehmen wir ab heute die Malaria-Tabletten als Prophylaxe. Laut Tropeninstitut brauchen wir die bis ins südliche Afrika ununterbrochen. Vermutlich nicht das Allergesündeste, aber was soll`s?

Und dann gehen wir hinaus in die Hitze, es erschlägt einen fast, wenn man aus der tiefgekühlten Hotelhalle kommt. Heute schauen wir uns einfach ein bisschen in Khartum um und dann müssen wir auch noch einiges besorgen. Als erstes wollen wir uns auf dem Weg

Kapitel 7 – Der Sudan

zum Nilzusammenfluss den legendären „Blue Nile Sailing Club" anschauen, angeblich der Treffpunkt schlechthin für alle individuellen Afrikareisenden. Wir kommen an, die Lage direkt am Nil ist phantastisch aber kein Reisender ist hier zu sehen. Wir fragen nach und erfahren, dass hier praktisch seit Monaten niemand mehr gecampt hat, seltsam. Wir bleiben aber kurz weil wir hier einen großartigen Blick auf den Nil haben. Die ganze Anlage sieht aber schon sehr heruntergekommen aus, zudem ist es hier sehr laut, wie man da nächtens ein Auge zudrücken soll ist mir ein Rätsel. Wir erfahren dann auch noch an anderer Stelle, dass es jetzt den wesentlich besseren und günstigeren Campingplatz „National Camping Residence" etwas außerhalb gibt. Auch da soll es schattenspendende Bäume und ein bisschen Grün geben. Außerdem soll es da wesentlich sauberer sein als im „Blue Nile Sailing Club". Na ja, dann muss das Legendäre jetzt halt auf der Strecke bleiben und wir gehen weiter Richtung Nilzusammenfluss. Dazu müssen wir aber an einigen Regierungsgebäuden vorbei und das geht eigentlich nur mit einem Riesenumweg, hier am Nil entlang ist alles gesperrt, weil die Regierung hier Angst vor Terroristen hat. Also wenn ich bedenke, dass sich hier im Sudan viele Terroristen ja lange Zeit ungeschoren aufhalten konnten und vielleicht auch noch können, verstehe ich das mit der Angst vor den Terroristen jetzt nicht so ganz? Wie auch immer: gleich kommt ein freundlicher sudanesischer Beamter in Uniform und stoppt für uns ein Fahrzeug, das gerade die Straße entlang fährt. Es handelt sich dabei um einen Privatwagen, er bittet den Fahrer, dass er uns vorbei an den Regierungsgebäuden bis dahin bringt, wo wir wieder aussteigen möchten. Autos sind nämlich im Gegensatz zu Fußgängern erlaubt. Der Fahrer, ein Angestellter des Nationalmuseums hier in Karthum, lässt uns tatsächlich einsteigen und fährt uns bis zu einem Schiff, das am Ufer des Nil liegt und auf dem sich ein Cafe befindet. Mit unserer Vermutung, dass es hier kalte Getränke gibt, liegen wir richtig und so sitzen wir wenig später mit 2 eiskalten Limonaden im Schatten direkt auf Wasserhöhe am Nil.

Und dann suche ich in dem Cafe eine Toilette auf und da kommt Afrika wieder einmal voll durch: der Raum ist ca. 4 mal 4 Meter groß (auf einem Schiff!) und in der einen Ecke steht die Toilette. Und wo ist der Abroller für das Toilettenpapier? Genau diagonal durch den Raum in der anderen Ecke, wohlgemerkt fest installiert, nicht versehentlich da abgelegt. Ich amüsiere mich bei solchen Sachen köstlich und frage mich immer wieder, wer sich dabei wohl was gedacht hat.

Weiter gehen wir am Nil entlang bis zum Zusammenfluss. Vor der Brücke ist Polizei postiert, sie sagen uns auch ausdrücklich, dass es hier absolut verboten ist, Fotos zu machen. Da halte ich mich jetzt dran, ich habe gelesen, dass durchaus auch schon Touristen im Gefängnis gelandet sind, weil sie fotografiert haben. Gefängnis ist ja ohnehin schon eine Albtraumvorstellung aber Gefängnis im Sudan wäre der absolute Supergau. Also kein Foto aber interessant ist es trotzdem. Weißer und Blauer Nil treffen sich hier und erst ab dieser Stelle ist es dann der Nil.

Und jetzt gehen wir keinen Schritt mehr weiter, wir fahren wegen der mörderischen Hitze mit einem Taxi ins Zentrum, mal sehen, was sich da so tut. Als erstes entdecken wir eine Art Supermarkt, dem statten wir gleich einen Besuch ab, um zu klären, welche Waren hier eigentlich zu bekommen sind. Ich brauche nämlich allmählich das eine oder andere! Es gibt zwar hier im Zentrum an jeder Ecke Läden mit hunderten von Goldkettchen aber wenn man jetzt eigentlich Hygieneartikel für die Frau sucht, dann kann einem so ein Goldkettchen schnell gestohlen bleiben. Meine Damen, es ist ein Drama hier im Sudan mit solchen Sachen speziell für die Frau! In diesem Supermarkt gibt es jetzt aber tatsächlich so etwas wie eine kleine Kosmetikabteilung. Und da ich die Schwierigkeiten schon vorausgeahnt habe, krame ich jetzt mein mitgebrachtes „Beispiel-Tampon" ganz unten aus der Tasche heraus. Ich sehe eine einzelne junge Frau am Kosmetikregal, schaue mich noch um, ob da auch kein Mann in der Nähe ist und frage die Gute dann, wo ich denn „so etwas" hier finden könnte. Da bricht sie in lautes, schallendes Gelächter aus, prompt drehen sich natürlich alle, die irgendwie in der Nähe sind, um, und sagt: „I`m very sorry but we don`t use this in Sudan". Sie zeigt mir dann noch die kleine Regalfläche mit den Alternativen, da möchte ich jetzt aber gar

Kapitel 7 – Der Sudan

nichts mehr dazu schreiben. Weiter gehen wir dann noch zur Obstabteilung, da schläft ein Verkäufer seelenruhig vor der Waage und auch durch den Blitz meines Fotoapparates wird er nicht wach. Eine sofortige Kündigung wäre bei uns das Mindeste, nicht so hier im Sudan, auch zwei Ecken weiter schläft eine Verkäuferin direkt an der Kasse. Wir können uns das Lachen nicht verbeißen!

Geschafft von der Hitze lassen wir uns Richtung Hotel fahren. Im Shoppingcenter neben dem Hotel trinken wir dann noch eine Art Eiscafé, gut ist der nicht aber sehr kalt und das ist ja auch schon was. Und Hunger hat man hier bei diesen Temperaturen kaum, man möchte eigentlich immer nur trinken.

Ausgeschlafen wollen wir am nächsten Morgen gleich alles wegen der benötigten Genehmigungen erledigen. Rückfragen haben ergeben, dass wir das Travelpermit direkt gegenüber vom Hotel bei der Polizeidienststelle bekommen können. Wir müssen jetzt endlich an diesen Schrieb kommen. Ebenso wäre es vorteilhaft, wenn wir irgendwo unser abgelaufenes Sudanvisum verlängern und vielleicht auch noch eine Fotoerlaubnis ergattern könnten. Gut gelaunt betreten wir also diese sudanesische Amtsstube und sehen die vielen, vielen Menschen, die alle unter kaputten Ventilatoren auf irgendwelche Papiere warten. Die gute Laune halbiert sich bei dem Anblick auch gleich, teilweise liegen die Leute ja auf ihren Stühlen und bei manchen habe ich den Eindruck, dass die schon seit langer Zeit schlafen. Kann aber sein, dass ich mich täusche.

Problem Nummer eins ist ja, dass uns die Leute hier nicht verstehen. Problem Nummer zwei ist, dass wir sie auch nicht verstehen. Sie nehmen zwar unsere Pässe aber wir haben den Eindruck, dass damit nichts passiert. Ich frage nach: nichts, wir müssen warten, ich frage wieder nach: wieder nichts, wir müssen weiter warten. Und gerade als mir fast der Kragen platzt, kommt ein Riese im Anzug, holt unsere Pässe und sagt, dass er in dem Hotel arbeitet, in dem wir wohnen, wir sollen mitkommen. Das machen wir auch, wir werden in das Büro des „Bürokratie-Managers" gebeten und da erfahren wir, dass dieser ganze Formularkram selbstverständlich vom Hotel erledigt wird, es kostet pro Person ca. 1,00 Euro. Ja, dann mal los, wieso haben wir das vorher an der Rezeption nicht erfahren? Das fragt auch die Assistentin und deshalb bekommt der Angestellte eine auf die Mütze, weil er uns nicht richtig informiert hat. Und zum Abschluss geben sie uns, für meine Begriffe einen Tick zu unterwürfig, mit auf den Weg, dass wir ja mit unserer kostbaren Zeit sicher Besseres anzufangen hätten, als sie mit Warten auf Stempel zu verbringen. Wie wahr! Und da die Pässe jetzt für die Travelpermits unterwegs sind, können wir unsere VISA nicht verlängern lassen und mit der Fotoerlaubnis wird es vermutlich auch nichts mehr. Wir beschließen, uns darum jetzt auch nicht mehr zu kümmern, basta. Alles Weitere wird sich dann ja bei der Ausreise aus dem Sudan zeigen!

Wir schauen noch die große Moschee im Zentrum an und Omdurman. Und für die ganz Interessierten gäbe es dann noch das Nationalmuseum. Das sparen wir uns aber, wir mögen eben mehr die Gegenwart und das jetzige Leben. Und ein Museumsbesuch nur wegen der angenehm kühlen Temperaturen durch die Klimaanlage? Nicht mit uns, da bleiben wir hart. Und jetzt noch ein bisschen relaxen, bevor es morgen doch Richtung Südosten weitergeht. Wir haben den Cargomanager für den Rücktransport der Motorräder jetzt doch nicht engagiert! Wenn man zwischendrin etwas zum Schnaufen kommt und sich ein bisschen erholen kann, sieht die Welt eh gleich wieder ganz anders aus. Abends wird es plötzlich gelbbraun und dunkel am Himmel, ein Sandsturm über Khartum! Es wird auch nicht mehr hell. Hoffentlich legt sich das bis morgen. Ein Sudanese erzählt uns, dass es solche Stürme öfters gibt, teilweise dauern sie tagelang. Das muss ja ganz schön deprimierend sein.

Am nächsten Tag sieht der Himmel nicht viel besser aus, dunkel und bedrohlich. Auch die Temperatur ist zurückgegangen, es dürften nur noch schlappe 30 Grad um 9 Uhr vormittags sein. Etwas angewidert brechen wir auf, eigentlich würden wir gern die restlichen Wochen hier in diesem Luxustempel verbringen. Wie schon beschrieben,

Kapitel 7 – Der Sudan

gewöhnt man sich an alles, dazu gehört auch Luxus und Sauberkeit. Zur Abfahrt versammelt sich praktisch das ganze Management des Hotels, einige allerorts vertretene UN-Mitarbeiter sowie Gäste und Hotelangestellte. Wir werden allein hier ca. 50 mal fotografiert, die Leute warten geschlagene 15 Minuten, bis wir endlich abreisefertig sind. So was erleben sie hier ja nicht alle Tage, motorradfahrende Afrikadurchquerer findet man im Normalfall auf dem, wie wir mittlerweile herausgefunden haben, nicht allzu weit entfernten, neuen Campingplatz. Also wenn ich nur daran denke, 42 Grad, ein staubiger Zeltplatz, der Himmel zieht sich gerade zu, ein Sandsturm... Christian und ich haben übereinstimmend festgestellt, dass wir vermutlich nicht die klassischen Afrikareisenden sind, die sich von einem entbehrungsreichen Tag zum nächsten schleppen und denen das nichts ausmacht. Wir könnten uns da ein Beispiel an Ryan und Ian nehmen, die sind wirklich hart im Nehmen. Aber das wird schon auch bei uns noch kommen, oder? Trotz Staunen und Fragen der vielen Leute geht es endlich los, wir brauchen noch eine Tankstelle mit irgendeiner Art Benzin, mittlerweile sind wir anspruchslos geworden, gutes Benzin gibt es schon lange nicht mehr.

Die Temperaturen werden immer angenehmer und ca. 280 Kilometer nach Khartum passiert dann wirklich völlig unerwartet von jetzt auf gleich ein kleines Wunder: wir sind im richtigen Afrika angekommen! Wir sind zwar schon seit geraumer Zeit hier aber jeder hat ja eine ganz bestimmte Vorstellung von Afrika, meine ist z.B. so: strohgedeckte Rundhütten, rote Erde, tolle Landschaft usw. Und das alles fängt hier an, in den Bergen im südöstlichen Sudan. Afrika pur, herrlich! Wir brausen so dahin und dann gibt es eine sehr, sehr unangenehme Überraschung: wir halten bei einem Dorf zum Fotografieren, da kommen schon die Kinder aus den Hütten zu uns gelaufen. Mindestens ein Mädchen beobachte ich, wie es sich bückt und etwas aufhebt, vermutlich einen Stein. Man sieht sofort, dass die Kinder leicht feindselig schauen. Trotzdem möchten sie natürlich was haben und so kommen sie immer näher. Die Leute hier in den Bergen wollen, soweit ich weiß, nicht fotografiert werden, auch die Kinder nicht, ich lege also den Fotoapparat zurück in den Tankrucksack. Ich sehe schon die Steine in den Händen der Kinder und als wir losfahren, werfen sie die auch nach uns! Und ich dachte, das käme erst ab Äthiopien. Es passiert uns oft auf dieser Reise, dass wir irgendwas sehen, von dem wir angetan und begeistert sind und gleich darauf kommt wieder ein Schlag aus der anderen Richtung, das ist schon irre. An Abwechslung fehlt es diesbezüglich nicht! Weiter geht es durch eine wirklich tolle Landschaft, alles ist satt grün, wunderbar. Abends dann in Gedaref schauen wir uns noch ein bisschen um, ein sehr schöner, afrikanischer Ort, absolut ursprünglich mit vielen Rundhütten.

Fazit Sudan: unvergleichlich freundliche Menschen, Abenteuer pur, Hitze ohne Ende, Landschaften, wie wir sie noch nie gesehen haben, insgesamt gesehen ein Land, in das ich jederzeit sehr gern wieder kommen würde! Der Sudan ist allein durch seine Menschen ein absolutes Highlight unserer Reise!

Kapitel 8

Äthiopien – nur schwer zu verkraften – You! You! You!

Kurzes Auftanken in Gedaref und weiter geht es auch heute wieder durch eine afrikanische Traumlandschaft Richtung Gallabat, so heißt der Grenzort nach Äthiopien auf der sudanesischen Seite . Es ist wieder sehr warm, die Fahrt hinaus aus Gedaref ist eine richtige Herausforderung, da gibt es eine Umleitung, die ist „Offroad vom Besten". Und das gleich morgens, mir wird ganz elend, hoffentlich geht das nicht so weiter bis zur Grenze. Dass alles eigentlich eine Umleitung war, haben wir natürlich erst später erfahren, hier ist ja gar nichts angeschrieben. Aber irgendwann hört die miese Strecke auf und wir können auf geteerten Straßen weiterfahren. Wobei geteert hier in Afrika ja auch immer so eine Sache ist. Es sieht alles so aus, als wenn über nicht besonders gut befestigten Untergrund einfach eine dicke Schicht Teer gezogen wird. In der Mitte der Straße ist das ja ganz in Ordnung aber seitlich bricht der Teer dann in großen Stücken ab, weil er eben keinen genügenden Unterbau hat und auch keinen Halt. Und damit wird die Straße immer weiter zerstört. Qualität ist ganz was anderes aber dafür haben die Leute hier halt leider kein Geld, die haben andere Sorgen als gute Straßen zu bauen.

Und dann kommt die sudanesisch-äthiopische Grenze, hier ist alles ein großes Durcheinander. Ein paar Kinder sagen uns, wo die erste Kontrolle ist, wir können es kaum glauben, dass man auf diesem Weg

Kapitel 8 – Äthiopien

wirklich dahin fahren soll, so erbärmlich ist er. Aber es stimmt und in dem Stil geht es auch weiter zu den drei anderen Stellen, die wir zur Ausreise aus dem Sudan aufsuchen müssen.

Mir ist etwas mulmig, unser Visum ist ja am zweiten Tag im Sudan in Wadi Halfa wieder abgelaufen. Ebenfalls nicht besorgt haben wir uns die obligatorische Fotoerlaubnis. Einzig die Registrierung in Karthum und Dongola ist in den Pass gestempelt. Ich warte, umringt von vielen Sudanesen und Äthiopiern, wie immer bei den Motorrädern, bis Christian die Formalitäten erledigt hat. Manchmal will mich ein Grenzer sehen, meistens ist es aber egal, dass ich nicht mit hinein gehe. Scheinbar ist das in den islamischen Ländern wirklich einfach so, dass der Mann die Frau halt dabei hat und Ende.
Sache ist schlussendlich, dass die Ausreise zwar ca. 1,5 Stunden dauert aber keinem irgendetwas auffällt. Bin ich froh!

Jetzt geht es noch über eine kleine Brücke und dann ist da Äthiopien. Die Einreise für uns dauert nur ca. 20 Minuten aber beim Zoll ist der, der für den Stempel ins Carnet zuständig ist, gerade beim Essen, man glaubt es ja nicht… Wir warten also ca. 30 Minuten, bis der Zollbeamte satt aus seiner Mittagszeit zurückkehrt. Eine Vertretung oder einen Ersatz gibt es nicht. Derweil fragen wir, ob unsere zwei englischen Motorradfreunde wohl auch schon die Grenze passiert haben. Die Leute wissen erst nicht, wen wir meinen, wir bekommen aber dann folgende Antwort: ein sehr alter und ein sehr kleiner Mensch sind heute vormittags hier durchgefahren. Die könnten das gewesen sein, wir haben aber unsere Zweifel, weil beide etwa um die 35 bis 40 Jahre alt sind. Und Ryan, der kleinere von beiden, ist jetzt zwar kein Riese aber diese Schilderung? Allerdings kommen wir dann über die Motorräder, eine orangefarbene KTM und eine BMW 800 doch ganz schnell zu dem Ergebnis, dass die zwei das auf jeden Fall gewesen sind! Wie unterschiedlich die Menschen doch wahrgenommen werden!
Endlich ist dann auch der Zollbeamte zurück und wir können nach Äthiopien einreisen. Gleich in Metema, so heißt die Grenzstadt auf

äthiopischer Seite, machen wir eine kleine Pause, um abzutasten, wie das denn hier so ist. Und es ist anders, sogar ganz anders. Wir werden von sehr vielen Menschen umringt, die sagen aber nichts, machen auch nichts, sie staunen nur. Und zwar ganz unverhohlen, die starren einen einfach an, so was habe ich noch nicht erlebt. Da ist für mich irgendwie eine Grenze überschritten, irgendwas fehlt hier für mein Verständnis, ich glaube, es ist das Gefühl für einen Minimalabstand, das Respektieren eines Privatbereiches. Für mich ist das ungewohnt und ungut, es wirkt sogar ein bisschen bedrohlich. Es gefällt mir ganz und gar nicht! Und dann kommen von irgendwoher die Kinder, sie rufen „you, you, you" und dabei halten sie einem dann die Handfläche entgegen. Wir haben davon schon viel gehört und es ist wie oft beschrieben: es nervt von Anfang an! Normalerweise komme ich ja mit den meisten Menschen sehr schnell ins Gespräch aber hier ist das anders, ich weiß aber nicht genau, warum. Vielleicht erfahre ich das ja noch während unseres Aufenthaltes in diesem Land.

Äthiopien grenzt im Norden und Westen an den Sudan, nordöstlich an Eritrea, östlich an Dschibuti, südöstlich an Somalia und im Süden an Kenia. Das Land ist beim Human Development Index auf Platz 171 von 182 gelistet. Der Human Development Index, kurz HDI, ist ein Vergleich der Lebensbedingungen in fast allen Ländern der Welt. Er sagt viel über die menschliche Entwicklung in den einzelnen Ländern aus. Auch später, nachdem wir das ganze Land von Norden nach Süden durchfahren haben, wundern wir uns nicht darüber, dass Äthiopien einen der allerletzten Plätze auf dieser Liste besetzt.

Aber jetzt fahren wir erst einmal weiter Richtung Gonder, unserem heutigen Tagesziel. Wir kommen gleich in das äthiopische Hochland, hier ist es atemberaubend, die schönste Landschaft der bisherigen Reise. Die Berge sind satt grün, dazu riesige Rinderherden, wir sind einfach nur begeistert: Afrika von seiner besten Seite, es ist wie im Paradies.

Leider weicht diese Begeisterung sehr schnell der Ernüchterung. Die Leute hier in Äthiopien sind wirklich ganz anders als die im Sudan. Das ewige „you, you, you", dazu nervigstes, schrilles Schreien, da-

Kapitel 8 – Äthiopien

mit man erschrickt, alles wie erwartet und noch viel schlimmer! Wir haben den Eindruck, dass die Menschen hier wirklich drauf aus sind, dass einem nur ja nichts gefällt, etwas wie Missgunst kommt aus jeder Ecke heraus, sehr, sehr unangenehm! Auch die tolle Landschaft ändert nichts daran, dass ich aus Äthiopien gleich wieder ausreisen möchte. Die Leute lachen einem ins Gesicht, winken einem zu und haben schon die Steine in der Hand, die sie einem anschließend nachwerfen. Ja wie sind die denn hier drauf? Wir bedauern das sehr, es würde uns ansonsten hier in Äthiopien ausgesprochen gut gefallen.

An der Grenze waren die Auskünfte bezüglich der Befahrbarkeit der Straße nach Gonder unterschiedlich. Also mal schauen, wie das wirklich wird. Ca. 80 Kilometer nach der Grenzstadt Metema (180 Kilometer sind es insgesamt von Metema bis nach Gonder) fängt auf einmal Piste an, schlecht aber befahrbar. Es sollte nur keinesfalls regnen, was leicht gesagt ist, hier ist nämlich gerade Regenzeit. Sicher nicht die optimale Reisezeit aber, wenn man ganz Afrika durchfahren will, bleibt es fast nicht aus, dass das Wetter irgendwo nicht optimal ist. Kurz danach passiert dann folgendes: wir stehen vor einer elendig langen Riesenbaustelle, die Durchfahrt ist nur durch sehr feuchten, lehmigen Boden möglich. Mein erster Gedanke: hier fahre ich selbstverständlich nicht durch! Ich sehe leider auch kein Ende dieser Strecke, die zieht sich ewig lang hin, ansonsten ginge es ja noch. Ich möchte das Problem und eventuelle Lösungen gern ausführlich besprechen, Christian sagt aber gleich, dass wir hier durch müssen und fährt los. Ich sehe, wie er schwimmt und wie schwierig es auch für ihn ist. Ich konzentriere mich noch kurz und lasse einen LKW durch, das würde mir gerade noch fehlen, dass mich einer hetzt! Ich fahre los, alles schwimmt gleich weg, für diese Situation habe ich keine Instruktionen, was soll ich machen? Irgendwie geht es aber vorwärts, wirklich schwierig, immer wieder muss ich das Motorrad mit letzter Kraft am Umfallen hindern. Dann sehe ich, dass ca. 200 Meter vor dem Ende der miesen Strecke der LKW, den ich extra vorbeifahren lassen habe, stehenbleibt. Die Männer von der Baustelle schauen natürlich auch alle, aus dem Fenster des LKW schaut der Fahrer, hält beide Daumen

Kapitel 8 – Äthiopien

hoch und schreit: „Go, Lady, go, that`s Africa!" Ich denke mir noch: „Ja, was bist denn Du jetzt für einer, Du hast mir gerade noch gefehlt" aber gleich darauf muss ich selbst lachen, irgendwie hat der gute Mann ja recht. Wenn man glaubt, man könnte Afrika mittlerweile schon ohne Stress auf Teerstraßen durchqueren, hat man sich eben getäuscht. Jedenfalls schaffe ich die Lehmstrecke, Christian ist mir schon zu Fuß 100m entgegengekommen, ich glaube, er hat ein bisschen Zweifel gehabt, dass ich da durchkomme. Ich bin jetzt schon stolz und freue mich riesig, man muss mich ja jetzt bewundern, oder?

Weiter geht's auf miserabler Strecke aber alles kann ja noch schlimmer werden und so ist da auf einmal ein riesengroßes Wasserloch! Ich schau mir das alles an und stelle fest, dass die einzige Möglichkeit, das Wasserloch zu umfahren, darin besteht, 5 Zentimeter neben einem mehrere hundert Meter tiefen Abgrund im Lehm vorbeizufahren und komme wieder mal zu dem Schluss: nein, danke, nichts für mich! Christian geht das Ganze dann auch ab, wir schauen, wo die LKWs durchkommen, also wo es vielleicht nicht ganz so tief ist. Christian fährt los und sagt, dass er zurückkommt und mein Motorrad auch durchfährt. Ich fahre aber auch Richtung Wasserloch los, hinter mir kommt ein LKW, ich glaube, der plättet mich jetzt gleich rein in den Lehm, mein Motorrad steht zu weit in der Mitte der Strecke. Panik! Also keine Zeit zum Konzentrieren, ich überlasse Christian das Moped, der soll da jetzt schauen, was er macht. Was macht er? Er fährt es mir halt durch und drüben fahre ich weiter. Die nächste Wasserdurchquerung fahre ich aber dann schon selbst, ansonsten kommen wir ja nie vorwärts! Man wächst eben mit seinen Aufgaben. Auch weiter in die Berge hinauf gibt es nur miese Piste, es ist zum Auswachsen. Jetzt kommt nämlich noch etwas hinzu: wir sind mittlerweile so hoch, dass es uns richtig friert. Wir halten, machen die Jacken und alle „Lüftungsschlitze" an der Kleidung wieder zu, auch die Halstücher kommen wieder zum Einsatz. Da aber die miese Strecke kein Ende nimmt und wir immer noch höher hinaufkommen, machen wir nach einer halben Stunde wieder Halt und holen auch die Fleecepullover und alles andere Verfügbare heraus, wir sind bis ins Innerste durchgefroren. Heizgriffe Stufe 2 sind jetzt sowieso eine Selbstverständlichkeit. Und das alles nach 48 Grad im Sudan letzte Woche!

Weiter durch das eiskalte Hochland, das im letzten Abendlicht unwirklich schön ist. Bei einem Stopp kommt ein Mann auf uns zu, er spricht nur ein paar Brocken Englisch, den Rest deutet er mit Hand und Fuß an. Als erstes streckt er uns beide Handflächen entgegen, dann sagt er uns, dass heuer seine Kleidung nicht gekommen wäre und fragt, ob wir die jetzt in unseren Motorradkoffern dabei hätten. Wir versuchen, ihm zu erklären, dass wir in den Koffern mit Mühe und Not unsere eigenen Sachen untergebracht haben und dass wir von keiner Hilfsorganisation sind. Irgendwie glaubt er uns das aber nicht, er fordert dann unsere Handschuhe, unsere Motorradjacken, unsere Uhren und eigentlich alles, was er gerade so an uns sieht. Der Mann tut mir wirklich leid aber irgendwie frage ich mich ja schon, wie er sich das vorstellt?

Und dann erreichen wir ziemlich spät abends doch noch Gonder. Seltsamerweise werden wir hier ganz schnell von sehr vielen Menschen umringt, die uns alle ein Hotel vermitteln wollen. Scheinbar gibt es hier doch einige Touristen aber jetzt gerade vermutlich nicht sehr viele, da sich alle Vermittler auf uns stürzen. 2 Studenten bringen uns dann auch zu einem Hotel. Unsere Mopeds parken wir ganz eng im Hinterhof zwischen UN-Fahrzeugen ein. Das Zimmer kostet ca. 8 Euro und ist damit wirklich günstig! Nach einer kurzen Dusche mit eiskaltem Wasser gehen wir dann noch zum Essen und trinken seit langer Zeit wieder ein Bier und zwar ein „Dashen Beer". Schmeckt ganz gut, das Essen ist aber nichts für mich, Christians Hühnchen mit Reis scheint aber ganz gut zu sein. Für mich ist dann Schmalhans der Begleiter, aber vielleicht schmeckt es morgen? Die Kneipe ist aber insgesamt gesehen sehr urig, man könnte sich auch draußen auf alten Bussitzen niederlassen aber wir sind so durchgefroren, dass wir lieber nach innen gehen. Das System für Bestellungen ist hier folgendes: der Kellner kommt und nimmt unsere Bestellung auf, damit geht er zum

Besitzer des Gasthauses und muss dann sofort für unseren gesamten Verzehr abzüglich ein paar Prozenten für ihn selbst bezahlen. Das heißt, dass der sowieso schon schlecht bezahlte Kellner auch noch dafür verantwortlich ist, dass seine Gäste bezahlen. Die Menschen trauen sich hier untereinander nicht und dadurch kommt es zu solchen Auswüchsen. Zum Abschluss nochmal ein Dashen-Bier und dann „gute Nacht Äthiopien"!

Gonder liegt ungefähr 2.100 Meter hoch und darum ist es hier auch wirklich kalt. Die Hauptstadt der Region Amhara hat etwas mehr als 100.000 und es gibt hier gut erhaltene Schlösser und viele alte Kirchen. Man weiß bis heute nicht, wer die Schlösser gebaut hat. Außerdem gibt es hier einen Flughafen und eine Universität, die auch unsere zwei „Reiseführerstudenten" besuchen.

Sehr früh morgens werden wir von den Hähnen geweckt, der Lautstärke nach gibt es hier ziemlich viele. Nach dem Frühstück, bestehend aus Tee und trockenem Brot, machen wir uns mit den zwei Studenten von gestern gleich auf zur Besichtigung einer äthiopisch-orthodoxen Kirche und der Festungsstadt Fasil Ghebbi, in der wir Paläste, Kirchen und Klöster anschauen. Alles sehr beeindruckend.

Und dann tut sich noch ein größeres Problem auf: wir haben gestern bei unserer Ankunft in Gonder schon gesehen, dass nur eine von etwa fünf Tankstellen geöffnet war. Da sind die Autos entsetzlich lang angestanden. Und wir dachten noch, dass es heute bestimmt besser sein wird. Aber weit gefehlt, die Leute haben scheinbar schon gewusst, dass es am nächsten Tag gar kein Benzin mehr gibt. Also müssen unsere Studenten zusammen mit einem Taxifahrer Benzin in Gonder auftreiben. Wir sind nämlich gestern mangels einer vorherigen Tankmöglichkeit schon mit dem letzten Tropfen hier angekommen. Die Reservekanister sind zwar noch gefüllt aber wir wissen ja überhaupt nicht, wann wir wieder Benzin bekommen. Zum Wucherpreis von 25 Birr, das entspricht ca. 2 Dollar pro Liter, haben die Studenten dann 25 Liter aufgetrieben. Normalerweise kostet das Benzin 10 Birr pro Liter.

Kapitel 8 – Äthiopien

Es wird im Hotel angeliefert, über das Betanken mag man gar keine Worte mehr verlieren. Das war einfach nur schwierig! Gut, dass ich alles vom Zimmer aus beobachtet habe, Christian hat sich darum gekümmert, ich habe zwischenzeitlich gepackt. Die Händler wollen ihm zu anfangs weißmachen, dass es 29 Liter sind, Christian zeigt ihnen aber, dass auf dem Kanister „25 Liter" steht und teilt ihnen dann noch mit, dass vermutlich auch hier in Äthiopien in einen 25 Liter Kanister keine 29 Liter reinpassen. Das sehen sie auch sehr schnell ein. Zur Strafe zahlt er ihnen dann nur 23 Liter. Alle zusammen ziehen aber ganz glücklich von dannen, weil sie uns wahrscheinlich trotzdem noch so richtig übers Ohr gehauen haben.

Sehr froh darüber, dass beim Betanken nicht alles explodiert ist, fahren wir am frühen Nachmittag dann weiter Richtung Bahir Dar, das am Südende vom Tanasee liegt. Gleich bei der Abfahrt regnet es ein bisschen, es wird mehr und nach ca. 10 Kilometern ziehen wir die Regenkleidung an. Nach ca. einer Stunde wird es aber wieder sonnig und wir müssen schnell aus dem Regenzeug raus, das ist ja wie in einem Treibhaus.

Wir werden natürlich an jeder Ecke, auch wenn man meint, hier ist weit und breit niemand, sofort von Kindern umlagert. Heute sind es dann teilweise sogar richtig anständige, schüchterne Kinder! Die Leute hier sind aber größtenteils wieder erschreckend arm, wir werden ständig nach Kleidung gefragt. Da unser Gepäck auf das Minimum begrenzt ist, haben wir natürlich keine zusätzliche Kleidung dabei. Die Leute glauben das aber immer wieder nicht. Die Kinder, die zum Teil in Fetzen gekleidet sind und in den hohen Bergen bei wirklich niedrigen Temperaturen die Tiere hüten, sind schon extrem bedauernswert, gerne würde ich ihnen was geben. Aber Geld geben macht keinen Sinn, das müssen die Kinder sofort wieder bei Ihren Eltern abgeben und ansonsten haben wir einfach keinen Platz für zusätzliche Kleidung, die wir dann verschenken könnten. Man sieht ja richtig, wie die Kinder frieren. Man sollte sie ganz schnell mit warmer Kleidung versorgen! Diese Hirtenkinder streiten sich sogar um unsere leeren Mineralwasserflaschen. Wir wissen anfangs gar nicht, was das soll, weil wir einfach nicht glauben können, dass sie nicht einmal solche Flaschen haben. Wie traurig!

Aber mit der gesamten Anlieferung von Kleidung durch Hilfsorganisationen läuft irgendetwas mehr als schief. Ich habe den Eindruck, dass sich die Leute zu 100 Prozent auf die Hilfe von außen verlassen. Sie fordern mit einer Selbstverständlichkeit von uns alles, was wir am Leib haben, das ist schon sehr ungewöhnlich. Anfangs denke ich immer noch, ich habe das jetzt falsch verstanden, die Leute können das nicht ernst meinen, dass wir aus Deutschland da auf unseren Motorrädern für sie was mitbringen! Aus mehreren Gesprächen geht aber deutlich hervor, dass die Leute finden, dass wir verantwortlich sind, dass sie nichts anzuziehen haben. In dem Fall muss ich aber sagen, dass es immer am einfachsten ist, anderen die Schuld zu geben. Wenn ich zurückdenke, habe ich Äthiopien immer als dürres, braunes Land vor Augen gehabt. Und es mag ja auch sein, dass ich mich mit der Fruchtbarkeit von Böden nicht besonders auskenne, aber ich habe selten so ein grünes Land wie Äthiopien gesehen und selten so viele Rinder wie hier. Wir fahren an so vielen Maisfeldern, Bananenplantagen, Viehherden vorbei, irgendwie komisch!

Nachmittags kommen wir dann nach ca. 70 Kilometern Fahrt in Bahir Dar an, es ist ein schöner Ort am Tanasee, hier gefällt es uns gleich gut. Wir finden auch noch ein erst im Mai eröffnetes Hotel, bereits der Eingang sieht aus wie der einer Lodge im südlichen Afrika. Und auch der Rest scheint zu passen, ein Zimmer, ca. 20 Meter vom See entfernt, ein toller Ausblick, der Riesenbalkon mit Kuhfellcoach, dazu eine zweite gemauerte Riesencoach zum Relaxen mit direktem Blick auf den See, ein offener Kamin, fabelhaft! Die Zimmer: ein Traum, individuell bis zur letzten Schraube! Abends dann im Restaurant direkt am See gibt es noch Gemüsesuppe, Chicken Cocos und Spaghetti Bolognese, dazu 2 St.-George-Bier, was will man mehr. Wir beobachten

Kapitel 8 – Äthiopien

noch die Fischer auf Ihren Papyrusbooten, wie wunderbar doch Afrika sein kann! Bahir Dar ist die drittgrößte Stadt Äthiopiens. Es liegt auf einer Höhe von ca. 1.850 Meter direkt am Tanasee. Die Atmosphäre hier ist sehr entspannt und freundlich. Und dazu der Tanasee, der hatte und hat für mich ja auch immer so einen Klang! Ich habe darüber schon so viel gehört und gelesen, alles immer ein bisschen geheimnisumwoben und jetzt bin ich hier, wie schön! Der Tanasee ist Afrikas höchstgelegener See. Im See gibt es viele Inseln, teilweise großflächig mit Papyrus bewachsen.

Und am nächsten Tag: Guten Morgen Afrika! So können wir es aushalten, morgens gleich ein exzellentes Frühstück, nur das Brot hier lässt zu wünschen übrig. Das äthiopische Brot heißt Injera. Es sieht aus wie ein nasser Schwamm und schmeckt auch so. Davon gibt es immer ganze Berge. Hier in der Hotelküche haben sie es noch mit kleinen Semmeln probiert, die schmecken ähnlich grausam. Aber Spiegeleier mit Speck kann man ja zur Not auch ohne Brot essen. Ein kleiner Spaziergang an der Uferpromenade und dann die Bootsfahrt hinaus auf den Tanasee zu den Klöstern. Allein die Fahrt auf dem See ist schon so schön, man möchte gar nicht mehr raus aus dem Boot. Wir fahren noch ein Stück den Blauen Nil entlang, der ist zwar nicht blau sondern rotbraun, macht aber auch nichts, das passt farblich sehr gut zum riesengroßen Papyrus an den Ufern. Das ist schon ein einmaliges Erlebnis. Auf 20 Inseln im See befinden sich Klöster, die teilweise aus dem 14. Jahrhundert stammen. Angekommen auf der Insel, die rundherum mit Papyrus bewachsen ist, gehen wir noch ein kurzes Stück und dann sind wir am Kloster. Innen sehen wir herrliche Wandmalereien. Ein sehr freundlicher Priester zeigt uns 900 Jahre alte bebilderte Schriften, die Farben ausnehmend gut erhalten. Auf der weiteren Fahrt auf dem See sehen wir noch viele Papyrusboote, teilweise werden die als kleine Passagierboote genutzt. Die Leute knien da aber drauf, ich glaube, dass das aus statischen Gründen auch notwendig ist. Wir fahren vorbei an den Pelikanen, die Hippos, die hier manchmal auftauchen sollen, sehen wir leider nicht, vermutlich werden wir die aber noch im südlichen Afrika zu Gesicht bekommen! Im Anschluss gehen wir in ein Café direkt am See. Hier legen Boote an, voll beladen mit Kalebassen, das sind Gefäße, die aus ausgehöhlten Flaschenkürbissen hergestellt werden. Man verwendet sie als Trinkgefäße, zur Aufbewahrung verschiedenster Sachen aber auch für Trommeln und andere Instrumente. Auf jeden Fall ist jede Kalebasse ein Einzelstück und ich finde es wieder einmal sehr schade, dass wir für Souvenirs keinen Platz haben! Die Atmosphäre hier in Bahir Dar ist so entspannend, wir beschließen, einen weiteren Tag zu bleiben. Und dann schauen wir uns die Stadt noch genauer an, die ist auch sehr interessant. Viele Menschen versammeln sich in einem riesengroßen Park, aus dem die Lautsprecher dröhnen. Die meisten Leute haben den Shamma, die Kleidung für feierliche Anlässe, angezogen, es handelt sich dabei um weiße Baumwolltücher.

Nach vielen Fragen kommen wir dann auch zu einem Geldautomaten, alles funktioniert einwandfrei. Beim Spaziergang zurück zum Hotel finden wir schräg gegenüber auch noch eine Tankstelle, an der es gerade Benzin gibt, welch Wunder, die anderen vier Tankstellen hier in Bahir Dar hatten keinen Tropfen! Christian fährt gleich noch beide Mopeds zum Volltanken, vielleicht ist morgen ja schon wieder alles leer oder das Benzin kann zwecks Stromausfall nicht herausgepumpt werden? Dann wäscht uns der Wachmann im Hotel noch die Motorräder, da schauen sie ja gleich wieder besser aus. Christian gibt ihm dann noch 50 Birr (ca. 4 Dollar), da ist der Wachmann glücklich (weil extrem überbezahlt) und wir sind es auch, weil die Motorräder endlich wieder glänzen. Leben und leben lassen! Abends dann im Hotel wieder Stromausfall, jetzt sind wir froh, dass wir 2 Stirnlampen dabei haben, mit denen kann man im Bett wenigstens noch ein bisschen lesen. Allerdings muss man sich das Licht mit Kurbeln am Akku verdienen.

Am nächsten Tag hoffen wir ja, dass das mit dem Steine werfen weniger wird, da es hier ja so angenehm war. Wir haben aber mittlerweile gehört, dass es in Äthiopien eine Stadt gibt, in der die Polizei dahin-

Kapitel 8 – Äthiopien

ter her ist, dass keiner Steine wirft oder ähnliches mit den Touristen macht. Wir vermuten, dass das Bahir Dar ist. Und wenn dem so ist, dann ist es jetzt mit der Ruhe wieder vorbei. Und genau so ist es dann auch gleich wieder. Peitschen knallen, Steine fliegen, alles wie gewohnt. Die Hirtenkinder nehmen ihre langen Peitschen und lassen sie direkt auf einen zuknallen. Ein Riesenlärm und wenn sie treffen würden, wäre es eine Katastrophe! Irgendwie zieht sich das alles scheinbar durch ganz Äthiopien! Aber was soll man auch von Kindern erwarten, denen bereits im Alter von 5 Jahren die Verantwortung für eine ganze Viehherde übertragen wird? Das ist wirklich traurig.

Irgendwann ist es dann wieder einmal höchste Zeit, dass wir tanken. Auch das ist wieder ein Riesenproblem, erst die ungefähr zehnte Tankstelle hat Benzin und ist damit im Umkreis von ca. 100 Kilometer weit und breit die einzige! Tankstellen gäbe es eigentlich genügend, das hilft aber nicht weiter, die haben zwar ab und zu Benzin, sind aber durch den fast ständigen Stromausfall nicht in der Lage, dieses herauszupumpen, weil die Pumpe nur elektrisch läuft. Und Generatoren gibt es hier auch nur sehr wenige, vielleicht jede zehnte Tankstelle hat einen, da funktioniert das dann auch.

Auch heute ist die Landschaft wieder wunderbar. Auf einmal rollt aber ein Kind direkt vor Christians Reifen einen Stein auf die Straße und zwar so gezielt, da steckt auf jeden Fall die Absicht dahinter, ihn zum Stürzen zu bringen. Da wird es dann auch Christian zu bunt, er stellt sein Motorrad schnell ab und läuft auf den Jungen zu. Bei dem sieht man nur noch das Weiße in den Augen, er verliert beide Schuhe und rennt, was das Zeug hält. Aber vermutlich macht er beim nächsten Motorradfahrer das gleiche. Ich bin mittlerweile dazu übergegangen, direkt auf die Kinder zuzufahren, dann verschwinden sie schon.

Die Äthiopier haben als Fußgänger im Straßenverkehr noch folgende Eigenart: sie schauen weder nach rechts noch nach links, wenn sie über die Straße gehen wollen, sie schauen einfach gar nicht. Wir müssen beide die eine und andere Vollbremsung machen, damit wir da niemanden über den Haufen fahren. Für uns ist es einfach absolut selbstverständlich, dass jemand seine Augen aufmacht, bevor er losgeht. Vor allem sind das ja so elementare Sachen! Und wenn man dann eine Vollbremsung hinlegt, schauen die Leute so was von erschrocken und verstehen vor allem überhaupt nicht, wie das passieren konnte. Ich deute mehrmals bei solchen Aktionen auf die Augen und will damit sagen, dass man die vielleicht zum Schauen einsetzen könnte, die Leute wissen aber auch da einfach nicht, was ich meine. Vor allem sind die Straßen in Äthiopien vor, in und nach Ortschaften sehr belebt, die Leute gehen ja immer zu Fuß, private Autos gibt es so gut wie gar nicht, wenn doch, dann praktisch nur in Addis Abeba und den größeren Städten. Und die Fahrt mit einem Bus können sich die meisten ganz einfach nicht leisten. In den Ortschaften selbst glaubt man oft, man ist versehentlich in eine Fußgängerzone geraten, da rechnet einfach keiner damit, dass da ein Fahrzeug kommen könnte. Und das ganze wohlgemerkt auf einer der Hauptstrecken vom Norden Äthiopiens in den Süden.

Im Internet habe ich gelesen dass es in Fiche ein ziemlich neues Hotel geben soll, wir kommen in dieser Ortschaft dann abends völlig entnervt an und mitten aus dem Dreck schaut tatsächlich etwas wie ein nicht mehr ganz frischer Neubau heraus. Sofort halten wir an. Ich gehe gleich hinein und frage nach einem Zimmer, mürrisch gibt mir die Dame an der Rezeption, die ich scheinbar gerade aufgeweckt habe, auf meine Frage nach einem Doppelzimmer die Antwort, sie hätten nur Einzelzimmer. Irgendwie kann ich mir das gar nicht vorstellen und ich bitte sie, mir so einen Singleroom zu zeigen. Das macht jetzt natürlich nicht sie selbst, dazu wird ein weiterer Angestellter von irgendwoher geholt. Der geht dann die 30 Meter mit mir zum Zimmer. Das ist sehr klein aber es ist ein französisches Bett da und ein sauberes Bad. Das nehmen wir, mit den Motorrädern können wir direkt vor das Zimmer fahren. Das mit den ausschließlich französischen Betten gibt mir schon etwas zu denken, ist das etwa nicht nur ein Hotel zum Übernachten? Können die Zimmer auch stundenweise gemietet werden? Die Zimmer kosten 150 Birr pro Nacht (ca. 12 Dollar) und das ist durchaus in Ordnung, weil es recht sauber ist. Das Hotel ist wie eine

Festung mit Mauern umgeben und wir haben auch nicht vor, diese Festung heute noch einmal zu verlassen.

An der Rezeption und überhaupt im ganzen Hotel haben die Angestellten nicht die geringste Ahnung, dass man jemanden auch mit einem „Grüß Gott", in welcher Sprache auch immer, begrüßen könnte, dass man irgendwann auch danke oder ähnliches sagen könnte, sie sind durch die Bank muffig und normalerweise würden wir uns umdrehen und gehen. Ist das einfach die Art der Äthiopier, wirken die nur auf uns unfreundlich? Ich weiß es einfach nicht!

Abends essen wir vorne im Restaurant, das für Afrika sehr ordentlich ist, noch „Spaghetti Vegetable" und trinken je 2 „St. George"-Bierchen, danach gehen wir todmüde ins Bett. Wir schlafen nicht gut, genau genommen fast gar nicht, mir geht das Verhalten der Menschen hier nicht mehr aus dem Kopf.

Während der schlaflosen Nacht nehme ich mir noch vor, mein Verhalten ab morgen zu ändern und dem nächsten Steinewerfer direkt vor die Nase zu fahren.

Frühmorgens werden wir schon vom Trommeln der Regentropfen aufgeweckt, ich stehe gleich auf und schaue raus. Und bei dem Blick erreiche ich einen wirklichen Tiefpunkt auf der Reise: ich sehe einen sehr lausigen Weg, die Schlaglöcher sind bis obenhin mit Wasser gefüllt, es regnet in Strömen und der Himmel ist grau in grau. Und dazu die Aussicht, auf nasser Straße mit Steinen beworfen zu werden und vielleicht nicht mehr rechtzeitig abbremsen zu können, ich bin total genervt! Wir gehen noch zum Frühstücken, um uns herum diese grummeligen, mies gelaunten Äthiopier, das bringt einen mental an die Grenzen. Wir fragen uns, was wir am besten tun, kommen aber zu dem Schluss, dass wir als erstes auf jeden Fall nach Addis Abeba müssen, da können wir uns über weitere Schritte Gedanken machen. Ich empfinde das alles hier in Äthiopien mittlerweile als gefährlich, ich möchte jetzt wirklich uns und die Motorräder schnellstmöglich aus Äthiopien rausbringen, sei es Richtung Süden oder nach Hause. Ich bin richtig verzweifelt.

Heute sind es zwar nur etwas mehr als 100 Kilometer zu fahren aber man weiß hier ja nie! Irgendwie scheinen die Kinder, die die Tiere hüten, heute entweder in der Kirche zu sein oder in der Schule oder sonstwie weggesperrt. Heute ist es bei weitem am angenehmsten zu fahren seit wir hier sind. Es könnte so schön sein in Äthiopien, wir können die Landschaft genießen und einfach relaxt durch die Gegend brausen. Aber auch das ändert sich schnell wieder: es gibt auch genügend Erwachsene, denen es nicht zu dumm ist, irgendetwas zu schmeißen oder einen gewissen Finger hochzuhalten. So viel Hass, woher kommt der bloß?

Es regnet, wir frieren etwas, natürlich haben wir die Heizgriffe eingeschaltet, der Regen hört dann aber wieder auf und wir kommen gut voran. Von oben sehen wir die Riesenstadt Addis Abeba und als wir reinfahren, ist da als erstes eine megagroße Werbetafel: „bla, bla, bla-Firma: „your cargo in best hands"! Wir halten an und fragen uns, ob das ein Zeichen ist, das wir nicht übersehen sollten. Soll das ein Hinweis sein, dass wir die Mopeds heimschicken? Wir haben uns für heute abends vorgenommen, eine Entscheidung zu treffen, wie es weitergeht: sollen wir weiter fahren, obwohl es wirklich nicht ganz ungefährlich ist? Sollen wir die Mopeds mit dem Flugzeug etwas weiter in den Süden schicken? Sollen wir sie nach Hause schicken? Mal sehen!

Addis Abeba, die dritthöchste Hauptstadt der Welt hat ca. 4 Millionen Einwohner und liegt durchschnittlich 2.500 Meter hoch. Und damit wissen wir jetzt, warum es auch hier so elendig kalt ist! In Addis Abeba sieht man viele, sehr alte Autos und LKWs, meistens werden die gefahren, bis sie absolut nicht mehr fahrbereit sind. Die Luft ist dadurch teilweise extrem verpestet und der Dreck hängt als riesige Abgaswolke über der Stadt. Wenn wir da mit dem Taxi im Stau stehen und die Abgase durch die Lüftungsschlitze hereinkommen, wird die

Luft im Auto teilweise so mies, dass wir am liebsten aussteigen würden. Die meisten Haushalte hier haben keinen Wasseranschluss und dadurch sind die Menschen gezwungen, ihr Wasser an oft extrem verschmutzten Wasserstellen zu holen. Daraus resultieren viele Krankheiten und eine sehr hohe Säuglingssterblichkeit. Wenn man sich das alles so anschaut, weiß man, dass es nicht leicht ist, für alles eine Lösung zu finden, vor allem wüsste ich schon gar nicht, wo man da überhaupt anfangen sollte.

Die Straßen sind absolut miserabel, teilweise wegen der Regenzeit überspült, Schlaglöcher ohne Ende. Im Internet habe ich ein Hotel gefunden, das sehr gut und trotzdem günstig sein soll, ob es so etwas gibt? Wir stehen irgendwo, fragen viele Leute, die auch alle sehr hilfsbereits sind, wo das Hotel ist, keiner kennt es. In der Nähe wäre wohl nur das Hilton aber das ist uns viel zu teuer. Mir fällt dann vollkommen grundlos das Motorrad um, ich will es noch halten, das gelingt mir aber nicht und so verrenke ich mir die Schulter. Und dabei habe ich mir geschworen: wenn das Motorrad umfällt, dann soll es fallen und ich werde es nicht aufhalten. Gerade dabei macht man nämlich oft so blöde Bewegungen, dass einem dabei irgendetwas passiert. Mir tut die Schulter ziemlich weh aber ich möchte jetzt nicht klagen, dieser Umfaller war einfach zu dämlich! Wir fahren also weiter und dann stehen wir wieder irgendwo und da kommt ganz plötzlich ein ganz freundlicher Äthiopier, er erzählt uns, dass er auch irgendwann einmal ein BMW-Motorrad hatte, er kennt auch das Hotel und fährt uns voraus. Nach etwa einer halben Stunde kommen wir an. Es sieht ordentlich aus und die Zimmer kosten incl. Frühstück 65 Dollar. Für so ein Hotel in Addis Abeba ein Schnäppchen. Dazu ein bewachter Parkplatz im Hof, sehr gut. Die Zimmer sind schön, mit allem Drum und Dran. Nur als wir unsere Wertsachen in den Safe im Schrank einschließen wollen fällt uns auf, dass man den ganzen Safe einfach hochheben und mitnehmen kann, der ist nicht einmal festgeschraubt. Gut, dass wir das jetzt noch gesehen haben. Ein Blick aus dem Fenster zeigt, dass nicht weit von unserem Zimmer entfernt eine Moschee ist. Da schreit dann auch gleich darauf der Muezzin mit ganz besonders schräger Stimme vom Minarett bzw. hat er diesen Sound auf Kassette aufgenommen und die Qualität lässt bei jedem Abspielen deutlich nach! Genau im ziemlich christlichen Äthiopien müssen wir ausgerechnet eine Moschee vor der Nase haben! Und wann geht das morgens gleich wieder los mit dem Muezzin, das war doch irgendwie vor Sonnenaufgang? Es gibt aber durchaus Schlimmeres.

Für heute nachmittags haben wir geplant, uns ein bisschen durch Addis fahren zu lassen. Wir geben dem Taxifahrer ein klares Ziel vor, der sagt uns, was das kostet und fährt los. Christian hat das GPS dabei, damit wir wieder zurück zum Hotel finden, und wir stellen fest, dass der Taxifahrer total im Kreis fährt, wir haben aber nichts dagegen, so sehen wir alles ganz genau. Nach einer Stadtrundfahrt wollen wir dann noch zur „German Bakery". Das mit dieser Bäckerei haben wir zu Hause im TV bei den Auswanderersendungen gesehen, da ist einer mit Familie nach Addis Abeba ausgewandert, ohne dass irgendein Familienmitglied jemals in Afrika gewesen wäre. Ich glaube, die Kinder wussten gar nicht genau, wo Afrika liegt, geschweige denn Äthiopien.
Jedenfalls ist das am Anfang schief gelaufen, die ganze Familie hatte praktisch kein Geld mehr, alles war weg und trotzdem hat sie unter fürchterlichen Bedingungen durchgehalten. Das muss man durchaus respektieren! Vor allem, wenn man jetzt das Ergebnis sieht: Sonntags muss keiner von der Familie selbst hier arbeiten und so sehen wir dieses Ehepaar leider auch nicht, viele Angestellte schmeißen den Laden. Wir haben uns gleich ganz begeistert Krapfen zum Testen bestellt: ausgezeichnet, dazu Cappuccino und dann noch Nusshörnchen, weil`s so gut schmeckt! Und obendrauf noch eine Käsesemmel, die Betonung liegt auf „Semmel", die schmeckt auch sehr gut, auf dem Käse ist zwar mittelscharfer Senf aber selbst diese Zusammenstellung haben wir schon für zu Hause vorgemerkt. Alle Achtung, diese Familie hat wirklich was drauf, der ganze Laden voll mit einheimischer Schickeria oder Ausländern, auch ein UNO-Wagen steht vor der Tür. Jammerschade, dass wir die Besitzer nicht sehen. Für jeden Besucher der äthiopischen Hauptstadt eine empfehlenswerte kleine Oase!

Addis Abeba scheint ansonsten ähnlich wie Khartum eine typisch afrikanische Großstadt zu sein: groß eben, unspektakulär, keine besonderen Highlights. Noch anzumerken ist, dass die Autofahrer hier dermaßen gesittet fahren, es ist wirklich angenehm, kein krankes Hupen um jeden Preis, einfach nur wenn`s nötig ist!

Abends wollen wir dann noch ins Internet und Nachforschungen über unser weiteres Vorgehen anstellen. Hier im Hotel gibt es WLAN gratis. Das hilft uns aber zumindest heute nicht besonders viel, weil bei unserer Rückkehr zum Hotel der Strom wieder einmal ausgefallen ist. Normal ist es wegen des tollen Blicks natürlich gut, ein Zimmer im sechsten Stockwerk zu haben, nicht so aber bei einem Stromausfall. Die Angestellten hier sind aber so freundlich, dass der Ärger gleich wieder verraucht. Und so liegen wir abends wieder einmal mit unseren Stirnlampen im Bett und lesen den immer knapper werdenden Lesestoff.

Es gibt gutes Frühstück, bei dem wir das erste Mal seit geraumer Zeit auch wieder Butter bekommen. Die gibt es scheinbar nur hier in Addis Abeba. Vor dem zweiten Toast muss aber erst der Generator in Schwung gebracht werden, der Strom ist schon wieder ausgefallen. Als erstes fahren wir heute mit dem Hoteltaxi, das ist heute eines, bei dem wir nicht fürchten, dass genau unsere Fahrt die letzte sein wird, zum „Mercato". Das soll laut Reiseführer der größte Basar Afrikas sein, man findet da über Stoffe, Gewürze und Essen bis hin zu Sachen, die einem kürzlich selbst gestohlen wurden, alles. Es soll aber auch sehr, sehr dreckig sein und die Wahrscheinlichkeit, dass man ausgeraubt wird, soll bei ca. 100% liegen! Die Aussichten sind also grandios und so gebe ich meine Fotoausrüstung auch an der Rezeption ab und nehme nur die kleine Kamera mit. Der Taxifahrer, ein Neffe vom Hotelbesitzer, gibt uns noch seine Handynummer, damit wir ihn anrufen können, er holt uns wieder ab, wenn wir wollen. Wir steigen am Mercato aus, schauen uns an und möchten ihn eigentlich am liebsten bitten, uns gleich wieder mitzunehmen. Es regnet leicht, der Weg ist unglaublich dreckig und schlammig. Aber irgendwie interessant sieht es schon aus. Wir gehen dann im Endeffekt ein riesengroßes Gebiet ab, trinken zwischendrin in einem kleinen, ganz modernen Café ein Cola. Das passt zu 100 Prozent nicht in diese Umgebung, es ist farbig und freundlich eingerichtet aber gleich draußen vor der Tür geht es mit Dreck und Schlamm weiter. Wir gehen stundenlang durch das Stoffviertel, das Viertel für Kanister aller Art, das Schmuckviertel, das Gewürzviertel, das Schuhviertel und viele andere Viertel mehr. Und ich frage mich auf einmal ernsthaft, wie viele Viertel so ein Basar eigentlich haben kann, mehr als 4 sollten es doch eigentlich nicht sein? Es ist höchst interessant. Irgendwann wird es uns aber ein bisschen zu viel, wir sind müde und hungrig und halten das nächste Taxi auf, das uns ans andere Ende der Stadt zum „Friendship City Center", das soll eine Art Einkaufszentrum sein, fahren soll.

Dieses Taxi ist jetzt ein Fall für sich: wir sind beim Anfahren nicht sicher, ob da schon eine Achse gebrochen ist oder ob die am seidenen Faden hängt, von den anderen Mängeln ganz zu schweigen! Den Berg hoch kann der Fahrer noch mit ca. 2 Stundenkilometern fahren und dann stirbt ihm die Karre ab. Er probiert es – weil`s ja jetzt wieder den Berg runtergeht – noch mit Anrollen, auch das geht nicht mehr, er rollt nur noch Richtung Bürgersteig aus. Motorhaube auf, ein Passant muss irgendeinen Schlauch, der scheinbar Luft zieht, vorne zuhalten, er wieder rein ins Taxi, ein neuer Anlassversuch: keine Chance! Er stürzt wieder raus, ein weiterer Passant muss noch irgendetwas anderes zuhalten, er wieder rein und dann hüstelt der Motor, das nutzt der Fahrer aus und gibt extremstes Vollgas, er hört gar nicht mehr auf! Ich suche nach den Öffnungsgriffen für die Türen hinten, ich bin überzeugt, dass die Kiste gleich explodiert. Es gibt aber natürlich keine Griffe, die meisten Taxis hier haben einen Griff oder Draht für alle 4 Türen. Christian meint, dass der Fahrer sein Auto schon kennt und ich mich vermutlich nicht vor einer Explosion fürchten muss! Und so ist es dann auch! Jetzt darf der Motor nur bis zum „Friendship City Center" nicht mehr ausgehen. Eine wahre Meisterleistung, die der

Fahrer dann vollbringt! Ganz überraschend doch noch am Ziel angekommen, sehen wir ein Restaurant, das sauber ausschaut, wir haben schon Hunger und gehen gleich rein. Wir bestellen beide Pizza, als die dann kommt, sage ich noch zu Christian: „hoffentlich schmeckt die besser als sie aussieht!" Der Käse schaut irgendwie so gestockt aus, wie nicht ganz geschmolzen und dann auch noch ziemlich blass. Aber die Pizza schmeckt wirklich gut, scheinbar macht man die hier so.

Im Anschluss gehen wir noch in den riesengroßen Supermarkt im Untergeschoss und sind begeistert von den langen Regalreihen. Erst dann sehen wir, dass die Regale irgendwie künstlich gefüllt sind: da stehen dann ganz vorne ca. 50 Reispäckchen der gleichen Sorte nebeneinander, im nächsten Regal 50 Haarsprays, dahinter aber nichts, dann liegen da ca. 7000 Eier usw. Das kleine Shampoo, das wir suchen, ist ziemlich teuer (ca. 5 Dollar), ebenso die sehr kleinen Zahnpasten (ca. 1 Dollar pro Mini-Tube). Äthiopische Shampoos gibt es aber nur in 2 Liter-Flaschen, die sind einfach zu groß zum Mitnehmen auf dem Motorrad. Wir suchen noch eine Apotheke, weil wir ja jetzt, da es doch sehr kalt ist, beide erkältet sind. Bis vor kurzem waren wir ja durch Klimaanlagen erkältet, so schnell kann sich das ändern! Wir finden nicht, was wir suchen, aber der Apotheker gibt uns irgendeinen Hustensaft, der wird ja auch helfen! Eigentlich möchten wir ja noch ein bisschen was im Internet machen aber es gibt wieder keinen Strom. Dann rufen wir Ryan auf dem Handy an, der schickt uns eine SMS mit den Koordinaten von „Wim`s Holland House" dem Traveler-Treffpunkt in Addis Abeba. Wir gehen gleich los und fahren mit einem Taxi dahin. Es fängt schon wieder ein bisschen zu regnen an. Endlich kommen wir an, Christian hat dem Taxifahrer immer wieder die Richtung mit dem GPS angesagt. Die Autofahrer haben hier die Unart, dass sie einfach kein Licht einschalten. Selbst wenn von irgendwoher nur noch der Schein einer Taschenlampe kommt, reicht das für die Fahrer aus. Wir haben keine Ahnung, warum die das so machen, ist das eine Sparmaßnahme?

Ryan und Ian haben ihre Zelte mitten in der nicht gemähten, nassen Campingwiese aufgebaut. Wir gehen ins dazugehörige Restaurant, da treffen wir noch auf weitere Reisende, unter anderem auch auf zwei Deutsche. Die beiden sind mit ihrem Toyota Land Cruiser auch nach Südafrika unterwegs. Bei ein paar Bierchen verbringen wir hier einen feuchtfröhlichen Abend und es ist wirklich angenehm, mal wieder ein paar Worte Deutsch zu sprechen. Alle Anwesenden sind sich darüber einig, dass hier in Äthiopien Ausländern gegenüber eine ungewöhnlich feindselige Stimmung herrscht. Und ich dachte mir schon, dass ich vielleicht empfindlich bin! Übereinstimmend wird auch festgestellt, dass es ein „Kulturschock" ist, wenn man aus dem Sudan mit den äußerst freundlichen Menschen nach Äthiopien kommt. Alle sind sehr genervt hier und vermissen die Gastfreundschaft und die zurückhaltende Art der Sudanesen. Auch Ryan und Ian haben scheinbar im Sudan dann doch noch Gutes erlebt. Die beiden haben ansonsten hier in Äthiopien die gleichen Erfahrungen gemacht wie wir, auch ihnen wurden großen Steine während der Fahrt vor die Motorräder geworfen oder direkt an den Helm. Es wird spät und da das Bier „rundenweise" serviert wird, wissen wir gar nicht so genau, wie viel wir eigentlich getrunken haben. Da es nach unserer Rückkehr auch wieder Strom gibt und das Internet funktioniert, aktualisieren wir unsere Berichte auf der Homepage noch und versuchen, an Informationen über die weitere Strecke zu kommen. Irgendwie haben wir die letzten beiden Abende vergessen, über das weitere Vorgehen zu diskutieren, also fahren wir einfach weiter.

Also heute Morgen dann schnell auf die Motorräder und los geht es Richtung Süden. Der Hotelmanager persönlich bringt uns freundlicherweise noch auf die richtige Straße nach Süden. Dieses Hotel und die Mitarbeiter waren insgesamt sehr empfehlenswert! Der Manager bittet uns noch, eine gute Bewertung bei „Tripadvisor" abzugeben, was wir auch ganz sicher machen werden. Die Strecke von Addis Abeba ist über 100 Kilometer in Richtung Süden nichts Besonderes, es gibt viel Industrie, schlechte Luft und ansonsten nichts zu sehen. Wir fahren weiter und auf einmal ändert sich alles: die Strecke wird wunderschön, so was von afrikanisch haben wir bisher auf der Reise noch nicht gesehen: rote Erde, blaue Schäfchenwolken, Schirmakazien, Rundhütten, Felder mit Mais, Getreide und vielem mehr, Bananenhaine, unendliche Weite, traumhaft! Einer der schönsten Fahrtage bisher! Auf genau so etwas warte ich eigentlich seit nunmehr ca. 10.000 Kilometern. Eine Augenweide und die Begeisterung kennt keine Grenzen! Mehrere Stopps, wieder versuchen wir, mit den Leuten ins Gespräch zu kommen, aber im Endeffekt wollen alle nur Geld oder irgendwas anderes haben, schade, schade!

Am frühen Nachmittag kommen wir dann in Awassa an, einer kleinen Stadt ca. 300 Kilometer südlich von Addis Abeba. Awassa liegt direkt am Ufer des Awassasees. Die meisten Bewohner leben vom Fischfang. Schnell finden wir das Hotel „Lake View", das hat uns am Vorabend ein schottischer Motorradfahrer empfohlen, daran angeschlossen die Pizzeria „Dolce". Das Zimmer ist ganz gut eingerichtet, kostet ca. 8 Dollar und die Motorräder können wir hier im Hof praktisch direkt vor unserem Zimmer parken. Leider gibt es auch hier wieder keinen Strom aber Wasser ist da und heiß ist es auch noch, es kommt aus dem Boiler und da ist es warm geblieben. Abends duschen gehört irgendwie zu den ganz wichtigen Dingen, wenn man den ganzen Tag unterwegs ist. Christian hat mittlerweile Fieber, wir warten mit dem Essen, bis es etwas gesunken ist. Das passt dann aber nach ca. 1,5 Stunden auch wieder. Wir gehen in die Pizzeria direkt am Hotel, dazu gehört ein Garten mit Sitzplätzen. Wir gehen trotzdem in das Restaurant hinein weil es Christian noch kalt ist. Er bestellt dann auch gleich heißen Tee, hoffentlich wird da nichts Schlimmeres als eine Erkältung draus. Wir möchten gern Pizza essen, die haben hier tatsächlich einen Holzofen. Pizza gibt es aber leider nur immer montags und freitags für jeweils 3 Stunden. Na, dann halt nicht, die Nudeln schmecken auch gut!

Awassa ist ein sehr angenehmer Ort, hier gibt es scheinbar ein bisschen Tourismus. Aber auch in Awassa und Umgebung ist es sehr schwierig, Benzin zu bekommen, es klappt erst an der 6. oder 7. Tankstelle. Man braucht schon Geduld und vor allem noch ein paar Liter im Reservetank! Gern würden wir auch hier noch eine Nacht bleiben aber wir müssen weiter. Christians Fieber ist fast weg, also fahren wir. Auch heute wieder allerschönstes Afrika, wie aus dem Bilderbuch. Und der Verkehr hier in Äthiopien ist außerhalb der großen Städte praktisch null. Es gibt nur ein paar Busse, die die Menschen von A nach B bringen, private Autos sind eine Seltenheit. Wenn man näher an eine Ortschaft kommt, merkt man das als erstes daran, dass hunderte von Menschen von A nach B gehen und von B nach A. Wir haben hier immer den Eindruck, dass ganz Äthiopien ständig zu Fuß unterwegs ist, das sind wahre Völkerwanderungen. Teilweise stecken Märkte dahinter, die irgendwo weit entfernt vom Heimatort abgehalten werden. Dann gehen die Leute mitsamt ihren Waren dahin und nach dem Markt gehen sie halt wieder zurück. Die meisten Waren tragen die Frauen auf dem Kopf, die Männer tragen, wie in vielen afrikanischen Ländern, nichts.

Unser Tagesziel heute ist Yabello, auch hier the same as allways in Äthiopien: kein Wasser und kein Strom. Also können wir uns erst einmal nicht duschen, vielleicht nach dem Abendessen? Um Yabello gibt es viele Kamelherden. Ein Äthiopier, er heißt Achmasiu und ist der Sohn des Hotelbesitzers, bei dem wir nächtigen, macht gerade ein Praktikum bei der UN und er wird auch als Vermittler zwischen den teilweise doch noch sehr kriegerischen Stämmen im Omotal eingesetzt. Er verbringt mit uns den Abend im angrenzenden Restaurant und erzählt uns sehr interessante Geschichten. Angeblich gibt es in dieser Gegend keine wirklich armen Leute, die haben teilweise bis zu 800 Tiere, sowohl Kamele als auch Ziegen und Rinder, dazu auch schon mal 5 Frauen und viele, viele Kinder. Der reichste Mann aus dem Ort saß vor nicht allzu langer Zeit in einem UN-Fahrzeug mit voller Ausstattung und fand das toll. Die Leute von der UN haben gesagt, er müsste ja nur einige seiner Kamele verkaufen, dann könnte er auch so einen Wagen haben. Darauf antwortet er: „sicher ist der Wa-

Kapitel 8 – Äthiopien

gen gut und ich hätte den auch gern aber ich habe viele Angehörige und Verwandte und da kann ich mir so etwas nicht anschaffen, weil das Auto ja keine Milch gibt, mit der ich zur Not alle ernähren kann!" An und für sich sehr schlau aber bei einer Dürrekatastrophe würde er auch alle seine Tiere verlieren!

Letztes Jahr im Oktober hat Achmasiu zwischen 2 Stämmen im Omotal vermittelt, die haben sich ursprünglich gegenseitig Vieh gestohlen, das ist dann so ausgeartet, dass der eine Stamm 48 Angehörige des anderen Stammes getötet hat und auch umgekehrt 32 Menschen sterben mussten. Achmasiu hat dann mit beiden Stammesfürsten gesprochen und ihnen gesagt, dass das alles keinen Sinn hat und dass beide auf diese Art nur noch mehr Tiere und damit dann auch noch mehr Angehörige verlieren. Und angeblich haben dann die beiden Stammesfürsten gesagt, dass das, was er sagt, richtig ist und dass sie die Feindseligkeiten gegen eine Ausgleichszahlung für die zu viel umgebrachten Menschen sofort einstellen. Ausgemacht wurden dann 30 Tiere für 16 zu viel getötete Menschen! Seit dem läuft es zumindest bei diesen beiden Stämmen wieder friedlich weiter.

Nach dieser Erzählung tun sich für mich viele Fragen auf. Die erste ist ja gleich, ob so etwas im 21. Jahrhundert wirklich noch möglich ist? Ist es. Und dann frage ich mich allen Ernstes, ob da wirklich ein UN-Praktikant kommen muss, der diesen beiden Stammesfürsten erklärt, dass das, was sie da gerade machen, durch und durch falsch ist. Sind deren Gedankengänge so abgedreht, dass wir uns das einfach nicht vorstellen können? Und dann sagen sie ihm auch noch, dass er da eigentlich recht hat, ja geht`s noch? Und natürlich noch die Hauptfrage: wie kann man 30 Rinder mit 16 Menschenleben verrechnen? Für das alles gibt es für mich nur eine einzige Erklärung: andere Länder andere Sitten!

Das Restaurant in Yabello ist ziemlich voll, direkt davor parkt ein kleiner LKW mit sieben Kamelen auf der Ladefläche, alle hocken und sind gefesselt. Die werden heute Nacht noch nach Addis Abeba transportiert und dann geschlachtet. Achmasiu erzählt uns, dass die Kamele wissen, dass ihre letzte Stunde geschlagen hat, dass man ihnen aber keinesfalls die Augen zubinden darf, dann würden die jeden sofort töten. Ob das stimmt? Er sagt ja, es gäbe einzelne Beweisfälle dafür. Wie auch immer, wir haben mittlerweile das zweite Bier intus und auf Anraten von Achmasiu haben wir natürlich das „Spezial" genommen und das war zu allem Überfluss auch noch in diese 0,625 Liter Flaschen abgefüllt. Kurz gesagt: für heute reicht es, wir gehen zum Hotel und vereinbaren mit Achmasiu, dass er uns morgen früh abholt, wir möchten mit ihm gern zum Stamm der Borano fahren und uns da ein Dorf näher anschauen.

Wir hatten ja zwischenzeitlich überlegt, ob wir über das Omotal nach Kenia fahren, die Strecke soll wesentlich besser sein, als die, die wir ansonsten befahren würde. Achmasiu sagt uns aber, dass das für uns allein nicht ratsam sei, dass es einfach zu gefährlich wäre. Damit hat sich diese Alternative erledigt!

Zurück im Hotel, kommen tatsächlich auf erneute Anfrage noch ein paar Tropfen Wasser aus der Dusche, ich brauche ca. 15 Minuten bis ich das Shampoo einigermaßen wieder aus den Haaren raus habe.

Morgens gehen wir dann wieder ins benachbarte Hotel zum Frühstücken, in unserem Hotel gibt es kein Restaurant. Einige Touristen sitzen bereits da, sie starten heute als Gruppe ins Omotal. Es sind in der Hauptsache Spanier, Italiener, Kanadier, die wir hier treffen. Und seltsamerweise berichtet uns auch die als Gruppe, dass sie sich im Land nicht wohlfühlen und fragen uns, wie wir das sehen. Die Unterhaltung wird aber kurz gehalten, wir sind nämlich sehr hungrig und so bestellen wir zweimal Spiegeleier, 2 Tee, Brot und 1 Cola. Nach einer halben Stunde kommt der Ober zurück, er hat insgesamt 4 Teller, auf jedem Teller sind 3 Spiegeleier, alle noch ziemlich roh. Wir sagen ihm, dass wir insgesamt nur 2 mal 2 Spiegeleier bestellt haben und die bitte von beiden Seiten gebraten, damit sie oben nicht mehr roh sind. Das Brot lässt er da, wir haben jetzt wirklich schon Hunger und fallen gleich darüber her. Nach weiteren 15 Minuten kommt er wieder, jetzt

Kapitel 8 – Äthiopien

hat er auch nur noch 2 große Teller dabei. Aber: wir kommen nicht drum rum, dass wir zu zweit 12 Spiegeleier zum Frühstück essen, die haben die Eier jetzt nochmal gebraten, haben unten auf den Teller 3 Stück gelegt und dann gespiegelt 3 oben draufgelegt! Na ja, dann halt jetzt 12 Frühstückseier! Das ist dann der Punkt, wo ich mir denke, dass man auch bei größten Missverständnissen leicht drauf kommen könnte, dass etwas nicht stimmt: da sitzen 2 Leute, die essen doch wahrscheinlich keine 12 Eier zum Frühstück, oder? Wir amüsieren uns aber schon so drüber, dass wir jetzt einfach essen….Dann kommt Achmasiu, der ist wegen dieser Eiergeschichte aber gar nicht erstaunt. Er fragt, ob er die restlichen Eier haben kann! Wir geben sie im sehr gern! Er erzählt uns, dass die Ober hier keinerlei Schulbildung und keinerlei andere Ausbildung haben. Die werden nur dahingehend „geschult", dass sie jedem genau das bringen, was er bestellt. Ohne jeglichen Spielraum wie z.B. die Frage „mit Senf oder Ketchup" oder was auch immer. Und er sagt uns auch noch, dass der größte Teil seiner Landsleute genau so ist wie eben dieser Kellner: null Bildung und null Englischkenntnisse. Ich frage ihn noch, ob ihm das nicht leid tut wenn er über seine eigenen Landsleute so redet aber er sagt nur, dass es ihm schon leid täte, es aber einfach eine Tatsache sei. Und das größte Problem in Äthiopien wäre eben die überall fehlende Bildung.

Nach dem Frühstück brechen wir mit ihm Richtung Omotal auf, gleich nach der Ortschaft dürfen wir erst einmal nicht weiter, unser Fahrer hat genau mit dem Polizisten von der Travelpolice, der da gerade eine Kontrolle durchführt, persönlichen Ärger und dazu keine Lizenz, von hier aus weiter zu fahren. Irgendwie regeln sie das dann aber doch noch und es geht auf einer Rumpelpiste steil bergauf. Irgendwann stoppt der Fahrer, hier geht es nicht mehr weiter, wir steigen aus und gehen in die Berge zum Dorf der Borano hinauf. Der Dorfbesuch ist sehr interessant, vor allem ist das kein „ursprüngliches Touristendorf" sondern die Menschen leben hier tatsächlich so: ganz, ganz einfach. Dadurch, dass wir Achmasiu, unseren Führer, den sie kennen, dabei haben, sind die Leute sehr freundlich zu uns.

Arzt gibt es hier natürlich auch weit und breit keinen, wenn hier jemand krank ist heißt es hopp oder topp, da gibt es keine Hilfe. Natürlich haben die Leute auch keine Telefone, Handys, Strom, Wasser. Die Frauen haben einen ewig weiten Weg zur Wasserstelle, mehrere Kilometer! Die Kinder gehen nicht zur Schule, der Weg wäre viel zu weit. Hier gibt es nichts außer Hütten, in denen die Borano leben und die sind extrem spärlich eingerichtet. Meistens schlafen auch die jungen Ziegen in den gleichen Hütten wie die Menschen, es ist stockdunkel innen und wenn gekocht wird, auch noch ganz brutal verraucht. Der Ofen wird mit dem Dung der Tiere befeuert. Die Kinder hier sind ganz besonders entzückend und teilweise außergewöhnlich schön. Ein Kind halte ich wegen der langen Haare für ein Mädchen, ich werde aber aufgeklärt, dass es ein Junge ist, denen werden nämlich das erste Mal mit 5 Jahren die Haare geschnitten und dann bekommen sie auch erst einen richtigen Namen. Ein Mädchen steht da, um die Augen hat sie ca. 20 Fliegen, direkt am Mund auch ca. 10 Stück, die kriechen in den Mund hinein und kommen irgendwann wieder heraus. Und das Kind zuckt nicht einmal zusammen oder versucht, die Fliegen wegzuschlagen. Scheinbar gewöhnt man sich auch an so etwas. Teilweise sind die Kinder ja etwas verdreckt und wahrscheinlich zieht das die Fliegen so an. Wenn man aber hier die Umstände sieht, dass eben die Frauen das Wasser aus kilometerweit entfernten Brunnen herschleppen müssen, dann kann man sich ganz gut vorstellen, dass das Wasser nicht in erster Linie zum Reinigen der Kinder verwendet wird sondern eben zum Trinken und Kochen. Das Wasser, das die Frauen anschleppen, ist verunreinigt und so müssen sie es erst durch ein sehr ausgeklügeltes Lehmsystem langsam durchlaufen lassen, damit es unten zumindest ein bisschen sauberer herauskommt. Wie schon so oft auf dieser Reise fällt mir wieder einmal auf, dass wir in Deutschland das beste Leben haben!

Zurück im Hotel packen wir noch kurz und dann fahren wir zur Grenze nach Moyale. Wir haben beschlossen, im äthiopischen Moyale zu übernachten, Achmasiu hat uns gesagt, dass hier das einzig erträgliche Hotel im Grenzbereich wäre. Wir kommen noch an vereinzelten Dörfern vorbei, man könnte glauben, das alles sind Ausschnitte aus

Kapitel 8 – Äthiopien

Filmen längst vergangener Zeiten. Irgendwann erreichen wir dann Moyale und sehen auch das Hotel. Im Außenbereich sieht es ganz normal aus, der Portier zeigt mir ein Häuschen, das ist riesengroß, darin 2 Doppelbetten und eine Schlafmatratze. Das Bad sieht sehr, sehr ungepflegt aus aber was soll man machen, wenn das schon das beste Hotel ist. Im Zimmer riecht es brutal nach Benzin, nach Generator, ich frage den Portier, ob hier normalerweise der Generator läuft, er zeigt aber nur auf die Bodenleiste, die umlaufend frisch gestrichen ist. Im Lack ist scheinbar viel Lösungsmittel, das ist vollkommen unerträglich. Er zeigt mir das Häuschen daneben, auch da steht der Lack schon vor der Tür, das ist als nächstes mit Streichen dran. Das nehme ich dann, innen riecht es nur komisch, nicht nach Lösungsmittel.

Auch hier: Wasser erst ab 18 Uhr, ich frage, ob er es nicht schon um 17Uhr aufdrehen kann, das verspricht er mir dann auch. Wir richten uns im Zimmer ein, ich bestehe aber darauf, dass wir die Schlafsäcke, wie in letzter Zeit fast immer, über das Bettzeug vom Hotel legen. Irgendwie graut es mir entsetzlich. Als einziges Zubehör liegt in manchen afrikanischen Hotels auf dem Nachtkästchen eine kleine Seife auf Toilettenpapier. Dieses Toilettenpapier wird immer zugeteilt, wenn man Glück hat, sind es pro Mann 5 bis 7 Blatt. Ich frage mich, wozu das sein soll, wer kommt mit dieser Mikromenge aus? Da wir das aber wissen, haben wir natürlich unser eigenes Toilettenpapier dabei. Ich möchte die Kosmetiktasche im Bad aufhängen, schau mir das aber jetzt genauer an und beschließe, dass hier gar nichts aufgehängt wird, das kalte Grauen läuft mir über den Rücken, wie unbeschreiblich dreckig hier alles ist. Gereinigt wurde dieses Bad sicher das letzte Mal vor 10 Jahren und seitdem kommt Dreck über Dreck.

Mittlerweile ist es 17 Uhr, jetzt gäbe es zwar Wasser, dafür gibt es keinen Strom mehr und so funktioniert auch das Wasser wegen der Pumpe, die man nicht betreiben kann, nicht! Vielleicht um 19 Uhr? Wir essen noch etwas im Garten, es wird aber so schnell dunkel, dass wir die Taschenlampe brauchen. Außerdem ist das Essen hier eh so eine Sache, wenn die Küche dem Bad ähnlich ist, dann Gute Nacht! Ich esse nur ein paar Löffel Reis.

Nachher funktioniert das Wasser angeblich, ich gehe ins Bad und drehe die Dusche an, Fehler! Mit den paar Wassertropfen, die da rauskommen und dem Licht, das jetzt im Bad ist, habe ich auch Heerscharen von Kakerlaken aktiviert. Außerdem stinkt es im Bad unerträglich. Ich habe zwar vorhin schon Christians halbes Deo versprüht, damit man das Bad überhaupt betreten kann, das half aber nur ca. 5 Minuten lang. Wir beschließen, die paar Wassertropfen nicht auszunutzen, uns graut es dermaßen, dass wir auf das Duschen verzichten – und das heißt was! Wir putzen uns noch die Zähne aus dem Fenster raus und nehmen Mineralwasser für die Katzenwäsche. Nächtens sucht Christian die Toilette auf, ich höre es knacken und sehe, dass er Kakerlaken auf dem Boden zertritt, damit er zur Toilette durchkommt!

Auch morgens duschen wir natürlich wieder nicht, der Ekel vor der Dusche ist einfach zu groß. Wir ziehen wieder die mitgebrachten Waschhandschuhe aus dem Gepäck und gönnen uns noch einmal die Katzenwäsche mit Mineralwasser. Bloß weg hier, das ist ja der pure Horror!

Fazit Äthiopien: Einmalige Landschaften, eines der schönsten Länder, die ich je gesehen habe. Äthiopien hätte meiner Meinung nach seit unserer Abfahrt in Deutschland durch das Hochland, die Seen, die alten Kirchen, die Klöster und vieles mehr das größte Potential für mehr Tourismus. Aber da wir von Norden nach Süden über mehr als 2000 Kilometer jeden Tag mit Steinen beworfen wurden, ist es mir kaum gelungen, für irgendjemanden Sympathie zu entwickeln, obwohl ich es wirklich versucht habe. Schade um Äthiopien!

Kapitel 9

Kenia – Jambo! Die schlechteste Piste in ganz Afrika.

Beim Frühstück warnt uns der Hotelmanager noch vor den eigenen Landsleuten und den vielen, angeblich sehr gefährlichen Somalis, die hier die Grenze passieren sollen, very dangerous! Schon seltsam, da managt er eine der grauenhaftesten Absteigen weltweit und hat null Gespür für Sauberkeit aber zum Thema Somails und deren angeblich abartiges Verhalten hat er uns jede Menge zu sagen. Dem würde es nicht schaden, wenn er bei sich selbst anfangen würde. Auf den nur noch ca. 500 Metern zur Grenze fällt uns aber weiter nichts mehr auf. Die Formalitäten sind ziemlich schnell erledigt und Christian sagt noch, dass man das den Äthiopiern schon positiv anrechnen muss, dass die nicht so einen übermäßigen Bürokratieaufwand betreiben und dazu ist auch noch alles kostenlos. Stimmt!

Ich werde aber von einigen Äthiopiern umlagert, die gleich fragen, ob wir die Motorräder für die kommenden 500 Kilometer miserable Piste auf den LKW verladen wollen. Und wir werden das machen, wir haben erst vorgestern wieder gehört, dass 3 BMW-Fahrer mit Motorrädern wie wir sie haben, die Strecke gefahren sind, bei zweien waren die Stoßdämpfer komplett hinüber nach dieser Strecke, der dritte Fahrer hatte wohl ein Spezialfederbein, das hat die Fahrt überlebt. Wir hatten das mit dem Spezialfederbein auch überlegt, das hätte aber pro

Moped ca. 1.800 Euro extra gekostet und wäre nur für dieses spezielle Stück Straße hier gewesen und das haben wir uns dann gespart.

Auf solche Aktionen haben wir keinen Bock, wir möchten die Motorräder schon heil durchbringen, ansonsten wartete man hier in Afrika teilweise Wochen auf Ersatzteile aus Deutschland, es gibt hier vor Ort absolut gar nichts. Außerdem gibt es eine Warnung vom Auswärtigen Amt speziell für diese Gegend wegen Überfällen und wir haben auch gehört, dass vor etwa drei Wochen etwas vorgefallen ist, können aber nicht genau erfahren, was das war.

Also müssen wir einen LKW finden. Natürlich hat jeder von den Äthiopiern, die da so um mich rumstehen, auf jeden Fall einen Bruder, der eine Spedition auf der anderen Seite hat oder er fährt selbst demnächst diese schwierige Strecke. Leicht genervt fahren wir über die kleine Brücke hinüber zur kenianischen Grenze. Ich warte, während Christian den Papierkram erledigt. Hier brauchen wir ein Visum, das erste, das wir nicht in Deutschland besorgt haben.

Die Männer, die uns einen LKW vermitteln wollen, sind natürlich alle nachgekommen und stehen schon wieder um mich herum. Einer sagt noch, dass Christian sich jetzt mit den Grenzformalitäten beeilen soll sonst wären alle LKWs weg. Ich frage den noch, ob er einen Vogel hat und ob er wirklich meint, dass wir hier die Grenzformalitäten selbst in die Länge ziehen, weil sie so viel Spaß machen. Nach doch ziemlich langer Zeit ist alles erledigt und alle laufen weiter neben uns her. Ich passiere also den Schlagbaum und dann vergesse ich gleich, dass ab genau hier für die nächsten paar tausend Kilometer links gefahren wird. Prompt kommt mir natürlich ein LKW entgegen, der Fahrer blendet und hupt, er macht mich ganz nervös. Und dazu ist die Sandpiste auch noch in einem äußerst desolaten Zustand. Ich beschließe, dass ich mich von dem LKW-Fahrer, der sich gar nicht mehr beruhigen will, nicht nerven lasse. Ich mache kurzerhand den Motor aus und stelle das Motorrad mitten auf der Straße ab. Und dann gehe ich auf die Seite. So, jetzt kann er ja weiterhupen und sich aufregen, bringen tut es ihm nichts und außerdem kommt er ganz leicht auf der anderen Seite vorbei! Die Aufregung legt sich und wir fahren weiter, immer unter Anleitung von diesen ganzen LKW-Helfern, die uns sagen, wo wir hinfahren müssen. Schlussendlich stehen wir im kenianischen Moyale eingezwängt zwischen zwei Hütten direkt vor einem Abgrund. Alle schreien und reden durcheinander, am liebsten würde ich die ganze Horde wegschicken. Jedenfalls gelingt es keinem von diesen Wichtigtuern, einen LKW nach Isiolo aufzutreiben, vielleicht morgen, vielleicht in 2 Tage. Wir wollen hier aber in jedem Fall heute noch weg. Ich gehe allein ein bisschen durch den Ort während Christian, umringt von sehr vielen Menschen, auf unser Hab und Gut achtet. Irgendwo im Hinterhof finde ich einen LKW-Fahrer, der angeblich heute noch fährt aber bei dem sind momentan nur 2 Reifen montiert, die anderen liegen im Dreck daneben, Sand im Schmierfett, alles auch nicht sehr vertrauenswürdig. Also suche ich weiter und da kommt einer und erzählt mir, dass er einen LKW weiß, der kann sofort losfahren, der wäre auch leer und wir könnten mit dem mitfahren. Der fährt aber erstens nicht nach Isiolo, wo wir eigentlich hinmöchten sondern nach Garissa und zweitens kostet der etwas mehr als die anderen. Mir ist das jetzt vollkommen egal, ich sage ihm, er soll sofort den LKW zum Abgrund, an dem wir stehen, schicken. Zurück bei den Motorrädern denke ich mir noch, dass Christian jetzt sicher froh ist, dass ich jemanden gefunden habe aber dem ist nicht so, er findet das nicht so gut. Ich will aber hier auf jeden Fall heute noch weg, für mich gibt es dazu keine Alternative.

Und dann kommt dieser LKW, sieht ganz anständig aus, hinten leer und sauber. Alle Vermittler von vorher, die auch noch da sind, sagen mir, ich dürfte den LKW von dem Mann nicht nehmen, der wäre zu teuer und dazu wäre das ein böser Mann und überhaupt, sie bedrängen mich richtig. Ich sagen ihnen dann aber unmissverständlich, dass sie sich sofort schleichen sollen, wir bezahlen schließlich den Transport und nicht sie. Mittlerweile weiß ich auch, warum wir vorher an den Abgrund fahren mussten. Nur so können wir auf die Ladefläche des LKWs gelangen, natürlich auch nur mit beträchtlichem Höhenunterschied, da kommt Freude auf! Christian erledigt das mit ein paar Ladehelfern, die ihn aber mehr behindern als behilflich sind, ich regle

Kapitel 9 – Kenia

einstweilen das Finanzielle mit Said, dem Fahrer des LKWs, der ungefähr 10 Worte Englisch spricht. Ich frage mich aber schon, wie wir die Motorräder da jemals wieder herunterbekommen sollen. Aber darum können wir uns ja später kümmern.

Zuerst ist das Sichern unserer Motorräder auf dem LKW angesagt, mittlerweile drängeln sich etwa 30 Äthiopier und Kenianer auf der Ladefläche. Wir müssen jetzt unbedingt unser ganzes Gepäck im Auge behalten, da hat mich vorher ein alter Mann extra drauf aufmerksam gemacht, da wäre schon des Öfteren was weggekommen. Und das kann ich mir bei dem Gewusel gut vorstellen. Und jetzt flippt Christian aus, was sehr selten passiert. Er schreit die Helfer auf der Ladefläche an und sagt, die sollen alle miteinander sofort verschwinden. Die reden natürlich sofort wieder durcheinander, sie hätten ja schließlich auch mit Charly Boorman und Ewan Mc Gregor von „Long Way Down" zusammengearbeitet und sie würden sich schon mit Motorrädern auskennen und so weiter und so fort. Mittlerweile haben wir schon festgestellt, dass halb Afrika angeblich irgendetwas mit Charly Boorman und Ewan Mc Gregor zu tun hatte, jeder hat irgendwie mitgeholfen oder den beiden einen Koffer getragen, oder, oder. Ich sage zu einigen von ihnen, sie sollen doch bitte bleiben und alles verzurren, auch Christian beruhigt sich wieder. Er arbeitet jetzt mit 5 Mann zusammen, das ist gerade noch überschaubar. Und von jetzt auf gleich wird er zum „Mr. Christian" befördert. Ich, die ich ja auch meinen Teil zu dem ganzen beigetragen habe, werde übersehen und alle konzentrieren sich nur noch auf Mr. Christians Wünsche, na toll! Ich sage dann irgendwann auch noch, dass ich verschiedenes so und so möchte, da heißt es aber gleich, das erledigt dann der Boy. Und ich denke mir noch: welcher Boy, wo ist denn der?

Auf jeden Fall ist jetzt alles so weit fertig, dass wir losfahren können. Ich bin gerade unterwegs zum Führerhaus, da fällt mir in letzter Sekunde ein, dass wir unbedingt noch die Motorradklamotten gegen die normale Kleidung tauschen müssen sonst verglühen wir auf der weiteren Fahrt. Also nochmal hinten rauf, alles aus der Packrolle und die Motorradkleidung da rein. Dann gehe ich mit den Tankrucksäcken und allem, was wir so brauchen, nach vorne in das Führerhaus. Das sieht dann so aus: Fahrersitz, Beifahrersitz, mittig eine Plastikfläche. Ja super, diese Plastikfläche soll jetzt wohl mein Platz für die nächsten 20, 30, 40 (?) Stunden werden. Dahinter noch 2 „Schlafkojen". Erst jetzt sehe ich, dass an den LKW noch ein Hänger drankommt, da geht es dann noch langsamer vorwärts.

Wir bezahlen noch die Packhelfer, alle wollen was, auch die, die nur ihre guten Ratschläge gegeben haben. Und dann hängt sich noch der Oberpackhelfer an den Außenspiegel auf der Fahrerseite und schreit dem Fahrer zu, dass er ihm mehr Geld geben soll, so deute ich das wenigstens. Die beiden werden richtig böse miteinander und Said, der Fahrer, bremst ziemlich stark ab. Der Oberpacker fällt zu Boden, das hat er jetzt davon. Mir macht aber mehr Sorgen, ob die Motorräder noch stehen aber das kann ich jetzt eh nicht überprüfen. Da sagt mir Christian, dass „der Boy" angedeutet hat, dass alles noch passt. Ich schaue in den Rückspiegel und da sehe ich ihn auch, der fährt die komplette Tour auf der Ladefläche mit, der ist für die Ladung verantwortlich. Also das ist ja ein Service, toll!

Der LKW-Fahrer ist sehr freundlich, eine Unterhaltung ist aber praktisch nicht möglich, er spricht nur Swahili. Trotzdem: irgendwie geht es schon. Said kann nur ganz langsam fahren, die Piste ist grauenvoll, nicht ein einziger Meter gute Straße, einfach gar keine Straße! Etwas außerhalb kommt dann auch gleich die erste Polizeikontrolle und wir bekommen hier gleich mit, dass die Polizisten alle abkassieren, der Fahrer muss jedem Geld geben, nur so darf er durch. Unwesentlich später bleiben wir dann gleich wieder stehen, direkt neben einem UN-Nahrungsmitteldepot. Said und Kenneth, so heißt der Boy, nehmen jetzt die Plane vom Hänger ab und demontieren die hinteren zwei der insgesamt sechs Reifen des LKWs, damit Said dann in diesem unwegsamen Gelände besser fahren kann. Und wie könnte es anders sein, alles dauert, und das bei der Hitze!

Und da kommt Said ums Eck mit einem großen Messer und einer Melone. Er bittet mich, die aufzuschneiden und zu verteilen. Das ma-

Kapitel 9 – Kenia

che ich gern, ich bin sowieso gerade ein bisschen unterbeschäftigt. Ich probiere gleich selbst ein kleines Stückchen und stelle fest, dass die Melone ausgezeichnet schmeckt. Und dann ist die ja auch noch gut gegen den Durst. Da beschließe ich, dass ich mir von der einen Hälfte gleich ein gutes Viertel selbst genehmige und den Rest von der Hälfte dann wieder durch 4 teile. Somit komme ich zu meinem wohlverdienten Anteil. Genau so mache ich es mit der anderen Hälfte, die Melone schmeckt einfach zu gut. Aber auch die anderen sind glücklich, weil sie die mundgerechten Schnitten bekommen und wenn man die Melone nicht direkt vor sich hat, sieht man ja auch nicht, dass das dann etwas kleinere Teile sind. Ganz in Ordnung ist das Vorgehen von mir jetzt nicht aber was soll`s, ich habe ja schließlich auch die Arbeit.

Wir fahren weiter und es ist ein grässliches Gerumpel. Erst sitze ich direkt auf Plastik, dann auf einer dicken Decke, dann auf 2 dicken Decken aber es hilft alles nichts, irgendwann muss ich nach hinten in die untere Schlafkoje. Von hier aus beobachte ich die Landschaft, alles sehr trocken. Aber der Blick nach vorne ist toll: Piste aus roter Erde und Sand, tiefblauer Himmel und dazu weiße Wolken, so was von afrikanisch! Ich habe aber auf allen bisherigen Reisen noch niemals so eine fürchterlich schlechte Strecke gesehen, teilweise wundere ich mich, wie der LKW da durchkommt. Said ist ein wirklich guter Fahrer.

Wir sind im Gebiet der Samburu unterwegs. Die Samburu sind ein Krieger- und Nomadenvolk im Norden Kenias. Sie leben hauptsächlich von Vieh und Milch. Die Milch wird manchmal mit Blut von den Tieren vermischt. Fleisch gibt es sehr selten. Wir sehen vereinzelte Hütten, in denen die Samburu leben, sie bestehen aus Schlamm, Grasmatten und teilweise Fellen, dazwischen Äste und kleinere Baumstämme, die dem ganzen den nötigen Halt geben. Die Hütten können abgebaut und an anderer Stelle wieder aufgebaut werden, viele sind auch noch mit blauen Plastikplanen abgedeckt, die teilweise ganz zerfleddert auf den Dächern hängen. Dadurch wirkt das hier alles sehr armselig!

In der Schlafkoje ist es nicht viel besser als auf meiner „Sitzplastikablage" und so bin ich wirklich froh über den unerwarteten Stopp zum Abendessen. Said hält mitten in einer sehr kleinen Ortschaft und bringt uns in eine kleine Hütte, scheinbar das Restaurant hier im Ort. Sehr gemütlich, sehr ursprünglich und sehr originell! Ich mache draußen noch ein paar Fotos, drinnen wird einstweilen schon aufgetischt. Ich komme zurück und sehe, dass die 3 Männer schon essen. Christian schmeckt es sehr gut: Fleisch und eine Art Pfannkuchen und dazu Tee mit Milch. Mir schmeckt es auch sehr gut, ich möchte dann aber schon wissen, was wir hier eigentlich essen: gebratenes Kamelfleisch! Schmeckt wirklich sehr lecker und knusprig! So ein Erlebnis vergisst man nie: ein Abendessen bei den Samburu an einem Ort irgendwo am Ende der Welt, keine Touristen weit und breit, einfach wunderbar! Am Schluss trinken wir alle noch Cola und dann geht es weiter in die afrikanische Nacht hinein.

Irgendwann um Mitternacht helfen Said auch seine ganzen Übungen, Gesänge und Mantras nichts mehr, er ist todmüde und wir halten an. Gott sei Dank, das war ja schon äußerst brutal, wie der sich wachgehalten hat. Er nimmt sich eine Matte und 2 Decken, er und Kenneth schlafen neben dem LKW im Freien. Wir „dürfen" in die Schlafkojen. Christian oben, ich unten. Eng ist es, ungewohnt und gar nicht so gemütlich, wie man vielleicht meint. Ich bekomme vor lauter Aufregung kein Auge zu, die ganzen ungewohnten Geräusche der Natur, das Schnarchen der Männer, die Angst, dass die Motorräder gestohlen werden und was weiß ich noch alles. Und trotzdem gefällt es mir ausnehmend gut, das ist wirkliches Abenteuer, solche Sachen machen die ganze Reise unvergesslich.

Nach 4 Stunden praktisch ohne Schlaf können wir uns nur schnell die Zähne mit Mineralwasser putzen, dann geht es weiter. Etwa 3 Stunden später halten wir dann irgendwo an und gehen „frühstücken". Said bestellt für uns mit, es gibt hier für alle das gleiche: für je zwei Personen einen Teller kleingehacktes, gekochtes Rindfleisch, dazu diese Teile, die wie ausgezogene Krapfen schmecken und die wie „Hasenöhrl" ausschauen, dazu eine Blechtasse mit Rindsuppe, wieder einen Tee mit Milch und eine Cola! Und mir schmeckt das ganz ausge-

Kapitel 9 – Kenia

zeichnet, die Suppe vielleicht ein bisschen fett aber da kann man jetzt eh nichts machen. Wir bestellen diese Krapfen nach und dann nochmal Cola, dann muss es aber gut sein, wir haben ja schließlich ein Ziel und das heißt Garissa. Ich frage noch kurz, ob ich mir die Küche anschauen und ein Foto machen darf. Die freundlichen Leute hier lassen mich das gern machen, der Anblick aber, auf welch unkonventionelle Art das Fleisch hier zubereitet wird, verwirrt mich etwas und eigentlich bin ich sehr froh, dass ich schon gegessen habe.

Auf der Weiterfahrt taucht schon vormittags als Tages-Special die erste Giraffe auf, direkt neben der Straße, einfach phänomenal! Das ganze wird jetzt als Safari deklariert, da sieht es doch gleich ganz anders aus als wenn man es als elendslange LKW-Fahrt bezeichnet. Im Lauf des Tages sehen wir noch viele Tiere, Wildschweine, Gazellen, viele Giraffen, Kamele….

Christian hat zur Mittagszeit das GPS eingeschaltet, da ist unser Ausgangspunkt eingezeichnet und auch der Endpunkt Garissa. Ich frage ihn, ob er mir zeigen kann, wo wir jetzt sind und er gibt zur Antwort: „ich glaube nicht, dass Du das wirklich wissen willst!" Ich weiß nicht, was er meint und sage ihm, dass ich selbstverständlich wissen will, wo wir sind. Und dann zeigt er mir das Display und ich halte das, was ich da sehe , für einen Witz. Das gibt es doch gar nicht. Wir sind jetzt seit fast 24 Stunden unterwegs und haben noch nicht einmal die Hälfte der Strecke geschafft. Ich hoffe noch, dass der Rest der Strecke jetzt bald Teerstraße wird, dem ist aber nicht so, die Strecke wird nochmal grauenvoller.

Said hat uns mittlerweile richtig ins Herz geschlossen, wir stehen kurz davor, dass er uns adoptiert. Die Fahrt ist auch trotz fehlender Englischkenntnisse lustig. Und so fahren wir mit ca. 20 bis 25 Stundenkilometern wieder den ganzen Tag über mieseste Piste durch Afrika, Said immer voll konzentriert, welch Mörderjob! Manchmal denke ich schon, dass es die Motorräder hinten aushebt, scheinbar passt aber noch alles.

Zwischendrin hält Said in einer kleinen Ortschaft und macht sich frisch: geduscht und in neuer Kleidung kommt er aus einem „Hotel" heraus, man glaubt von außen nicht, dass es da auch nur einen Tropfen Wasser gibt. Ich schaue mir das Ganze an, Said sagt ja, wir könnten hier auch duschen. Ich will aber eigentlich zur Toilette, die habe ich dann aber gesehen und damit war das Thema schon erledigt. Vor dem LKW sieht mich aber ein Mann, er fragt mich, was ich vorher gesucht habe. Ich sage ihm, dass ich eigentlich auf die Toilette wollte, er nimmt mich mit und lässt mich auf deren Privattoilette gehen, auch nicht das Wahre aber sehr, sehr freundlich und das Angebot nehme ich dann auch gern an.

In der Apotheke, die es hier tatsächlich gibt, möchten wir Hustensaft für Christian besorgen, der Apotheker ist freundlich aber schnell stellt sich heraus, dass er praktisch keine Medikamente hier hat, die kommen alle erst demnächst, sagt er. Christian nimmt dann das einzige Präparat, das der Apotheker ersatzweise vorschlägt, mit, mal sehen, ob das was hilft.

Irgendwie ist es jetzt überhaupt prima, dass wir endlich in Kenia sind, die Leute hier sind ausgesprochen freundlich, die haben wieder ein Lächeln auf dem Gesicht, alles Verschlagene fehlt. Keiner hier käme auf die Idee, mit Steinen nach uns zu werfen. Hier kann man sich wieder richtig wohl fühlen!

Kenneth gibt auf viele Nachfragen endlich preis, dass wir vermutlich nachts nach Garissa kommen. Ich bin froh, dass es dann ja heute wieder ein richtiges Bett gibt. Da freue ich mich schon sehr darauf. Aber wie so oft kommt alles anders als man denkt.

Ich liege spätnachmittags wieder in der Koje, da höre ich Christian: „da vorne ist ein Löwe oder Gepard". Ich natürlich gleich nach vorne, wir kommen näher und tatsächlich: direkt neben der Straße geht ein Gepard entlang! Leider ist es für ein gutes Foto schon zu spät, der Gepard verzieht sich schnell ins Gebüsch. Mit einem Geparden haben wir hier ja gar nicht gerechnet. Ich wollte eigentlich demnächst eine kleine Toilettenpause anmahnen, da warte ich jetzt aber lieber noch ein bisschen.

Kapitel 9 – Kenia

Dann kommt der nächste Stopp, es ist bereits wieder dunkel, ein „Restaurant" im Nirgendwo, eine kleine Hütte, ein paar Stühle im Freien, in der Mitte ein Tisch, außen herum ansonsten weit und breit nichts. Und darüber nur der atemberaubende afrikanische Sternenhimmel. Da es keine Lichtquellen gibt, die die Sternensicht beeinträchtigen, hat man wirklich den Eindruck, dass da Abermillionen Sterne am Himmel sind. Und je länger man nach oben schaut um so mehr werden es. Manchmal denke ich mir, dass allein dieser Sternenhimmel es schon wert ist, hier zu sein! Christian geht noch mehrmals um den LKW, damit er sich die Füße vertritt, ich sitze mit meinen beiden LKW-Männern am Tisch. Kenneth sagt zu mir: „This guy is asking for your name", das hat er sich bisher nämlich nicht getraut. Ich sage ihm natürlich meinen Namen, er gibt mir die Hand und stellt sich dann als Saidi vor. Woher kommt denn jetzt auf einmal das „i"? Sehr lustig! Kenneth sagt mir dann noch, dass ich laut Saidi eine „very good woman" wäre, das hat er gestern schon gesagt, nachdem ich die Melone aufgeschnitten und so gerecht verteilt habe. Schade, dass Christian gerade eine Runde um den LKW dreht und das Ganze nicht mitbekommt, da könnte er sich ein Beispiel nehmen!

Es ist wunderbar hier, gern würde ich länger bleiben. Jetzt noch das Zelt aufstellen und dann hier übernachten, das wäre schon was. Außerdem bin ich hundemüde, ich könnte schon hier im Sitzen einschlafen. Wenn man so eine Fahrt nicht selbst erlebt hat, kann man sich nicht im Geringsten vorstellen, wie sehr das schlaucht!

Dann kommt die Bestellung, die Said vorher aufgegeben hat: ein großer Teller Reis, ein Becher Milch und Zucker und dann noch ein großer Teller mit Linsen, Soße und ich weiß nicht, was noch alles. Ich schaue genau, was da passiert, Said mischt Zucker in den Becher und sagt dann, ich soll das Getränk probieren, bevor er es über den Reis kippt. Neugierig wie ich bin, probiere ich das Getränk natürlich und pfui Teufel, welch Graus, ich muss alles sofort neben dem Tisch wieder ausspucken, das schmeckt ja furchtbar! Die zwei lachen sich kaputt, ich frage, was das ist: Kamelmilch! Und zur Info: die zwei scheuß-

Kapitel 9 – Kenia

lichsten Getränke, die ich auf dieser Welt kenne, sind Buttertee und Kamelmilch. Aber weil ich die Milch probiert habe und gleich alles wieder ausgespuckt habe und denen auch gesagt habe, dass es einfach fürchterlich schmeckt, bin ich gleich wieder eine „very good woman". Wie einfach das hier in Kenia ist, eine „very good woman" zu sein! Warum geht das bei uns nicht so leicht?

Leider geht es weiter, es ist schon wieder Mitternacht, Said wird wieder müde, seine Übungen helfen natürlich wieder nur bedingt und irgendwann um halb 2Uhr morgens kommt der LKW dann zum Stehen. Wir fragen uns noch, warum er hier anhält, da ist doch schon Garissa zu sehen. Viele LKWs stehen hier, alle Fahrer liegen neben den LKWs.

Dann kommt Kenneth herunter und sagt uns, dass die ganzen LKWs mit Ihren Ladungen nur hier außerhalb Garissas über Nacht bleiben könnten, in der Stadt gäbe es sehr viele Diebe, die teilweise ganze Ladungen sozusagen „löschen". Also wieder in die Schlafkojen, unfassbar! Wir sind todmüde und schlafen auch je ca. 30 Minuten.

Morgens um 4Uhr30 geht es wieder los, wir müssen nur noch das kurze Stück in die Stadt hinein schaffen und irgendwo die Mopeds wieder vom LKW bekommen. Das ganze natürlich ohne Hebebühne – mal sehen wie das gehen soll. Und jetzt kommt nach mehr als 600 Kilometern das erste Stück Teerstraße, wir sind begeistert.

Said hält dann auch irgendwo in der Pampa an und fährt seitlich in den Sand hinaus. Da wird dann so lange nach einer Erhöhung gesucht, bis man die Ladeklappe in einer Schräge absenken kann, die es gerade noch erlaubt, die Motorräder mit Hilfe aller 4 Mitfahrer hinunterzurollen. Solche Aktionen nerven natürlich besonders, wir haben ja auch das ganze Gepäck von den Motorrädern entfernt, damit sie nicht mehr so viel Eigengewicht während der Fahrt haben. Also müssen wir auch die Koffer wieder an die Motorräder schrauben und überhaupt alles neu packen.

Kapitel 9 – Kenia

Und plötzlich taucht aus dem Nichts ein riesengroßer Mann im Sakko auf, das ist sicher ein Massai, der stellt sich in aller Seelenruhe neben die Motorräder, schaut, lächelt und ist sympathisch. Ich frage ihn dann auch, ob er ein Massai ist: 100 Punkte! Said und Kenneth wundern sich noch, wie ich das so gut erkannt habe. Bei der Größe und so schlank! Jedenfalls ist dann alles abgeladen, wir wollen uns eigentlich in Ruhe wieder die Motorradkluft anziehen, keine Chance, der Massai weicht nicht von der Stelle und Said und Kenneth bestehen darauf, dass sie uns persönlich noch das Hotel in der Stadt zeigen und dann wollen die auch noch sehen, wie ich Motorrad fahre. Irgendwie glauben die zwei noch immer, dass mein Motorrad von selbst an die kenianische Grenze gekommen ist. Dass ich die Strecke gefahren bin, können sie sich einfach nicht vorstellen.

Mit wirklich tiefer Bewunderung schauen sie mir dann zu als ich die ersten Meter fahre. Die zwei sind ja so brav! Nichts destotrotz möchte ich jetzt ganz dringend in ein Hotel und schlafen.

Sie fahren dann auch voraus, in die Stadt können sie nicht, der LKW darf nicht hineinfahren weil Markt ist. Said hält ein Auto an, der Fahrer fährt dann mit ihm voraus zum Hotel, das Said uns unbedingt zeigen will. Wir verabschieden uns, es war wirklich sehr interessant, mit den beiden 43 Stunden zu verbringen, wiederholen möchten wir es aber nicht! Und die zwei fahren jetzt ohne weitere Pause Richtung Mombasa weiter!

Und das Hotel hält, was Said uns versprochen hat, es hat den wohlklingenden Namen „Nomad Palace", eigentlich wollen wir hier nur ca. 4 bis 5 Stunden schlafen und dann nach Nairobi weiterfahren. Wir duschen sehr ausgiebig, frühstücken noch und dann legen wir uns sofort ins Bett. Wir schlafen ohne Unterbrechung ca. 10 Stunden und werden erst um 5 Uhr nachmittags wieder wach, zu spät für Nairobi, macht auch nichts, hier können wir es gut aushalten, die Betten sind weich und sauber! Wir machen noch eine Besichtigungstour durch diese typisch afrikanische Stadt, es gibt nichts wirklich Erwähnenswertes. Hier leben sehr viele Somalis, angeblich ist die Stadt deswegen etwas unsicher. Da Garissa jetzt ja kein Touristenort ist, werden wir an jeder Ecke bestaunt, wir fühlen uns hier aber nicht besonders unsicher. Am Geldautomaten ziehen wir dann kenianische Schillinge, im Anschluss daran gibt es ein sehr gutes Abendessen im Hotel und dann gönnen wir uns nochmal 10 Stunden Schlaf.

In Garissa tanken wir noch auf, dann geht es weiter Richtung Nairobi. Ich bin sicher, dass in meinen Reifen nicht genügend Luft ist, an der Tankstelle haben wir aber keine Nerven, das zu überprüfen, da stehen so viele Leute wie noch nirgends um uns herum! Das macht einen dann schon nervös.

Wir überprüfen den Reifendruck dann unterwegs an der nächsten Tankstelle, sagt Christian. Nach ca. 20 Kilometer halten wir dann aber mitten in der Prärie an, mein Motorrad schwimmt schon ein bisschen. Wir überprüfen den Druck mit dem Druckmesser, der auch schon in den letzten Zügen liegt, Ergebnis: vorne und hinten nur noch ca. 1,4 Bar, zu wenig! Unser Kompressor gibt laut Christian kein Hüsteln von sich, gar nichts, der Schalter ist hinüber. Abends wollen wir ihn reparieren. Ich fahre also weiter mit 1,4 Bar, angenehm ist das nicht, die Straße ist teilweise in einem erbärmlichen Zustand.

Dann möchten wir eigentlich bei nächster Haltemöglichkeit stoppen aber da liegt auf einmal ein überfahrener kleiner Leopard auf der Straße, der ist noch ganz frisch. Wir halten nicht an, um ein Foto zu machen, vielleicht ist die Leopardenmutter noch in der Nähe. Also damit haben wir natürlich nicht gerechnet.

Kaum 200 Kilometer nach Garissa kommt dann ja auch schon die erste Tankmöglichkeit, an der Tankstelle wieder ein Auflauf, das gibt es ja gar nicht, hier tanken wir aber nur auf, die Luft kann man nicht auffüllen, dazu müssen wir zur nächsten Tankstelle im Ort. Die Menschenmenge eskortiert uns, die Leute gehen einfach geschlossen mit,

Kapitel 9 – Kenia

so was haben wir noch nicht erlebt, es sind mindestens 50 bis 60 Leute. Aber alle freundlich und interessiert.

Mit genügend Luft im Reifen geht`s nach Nairobi, hier ist ein Verkehr, das hatten wir jetzt lange nicht, Drängler, Hektik, kein erkennbares System und das ganze eben noch im Linksverkehr. Zur Jungle Junction, wieder mal einem berühmt berüchtigten Treffpunkt für Afrikareisende, finden wir nicht gleich. Wir halten irgendwo an, um uns zu beratschlagen. Da kommen schon zwei Männer, die uns gleich entdeckt haben, sie fragen uns, ob wir ein Hotel suchen. Sie sagen uns auch gleich, dass es ganz in der Nähe ein Hotel mit Tiefgarage gibt, genau im Zentrum von Nairobi, wo wir natürlich wieder einmal keinesfalls hinwollten. Aber jetzt sind wir da, also schauen wir auch das Hotel an: es ist direkt neben der Jamia-Moschee. Ich gehe mit den 2 Schleppern hinauf ins Hotel in die zweite Etage. Ebenerdig und in der ersten Etage befindet sich ein großes Einkaufszentrum, irgendwie seltsam. Von außen sieht es etwas gewöhnungsbedürftig aus. Der Manager, ein ganz freundlicher Herr, der es kaum glauben kann, dass wir mit den Motorrädern hier angereist sind, zeigt mir ein Zimmer, ich finde das sehr schön. Er sagt mir, dass er uns preisgleich auch noch ein größeres geben würde, ich sehe das Zimmer und denke mir: absolut topp, mit Sitzgruppe, modern, einfach prima! Wir versenken die Mopeds dann noch in der Tiefgarage, gehen noch ein paar Meter, aber nicht zu weit, Nairobi soll ja nicht ganz ungefährlich sein, vor allem abends! Und damit eben nichts passiert, gehen wir zum Essen ins Hotelrestaurant. Das Restaurant passt jetzt so überhaupt nicht zum Hotel, da läuft ungefähr alles schief, was schieflaufen kann aber irgendwie ist es fast schon wieder lustig. Die ganzen Fehler könnten auch daran liegen, dass die Musikshow im Fernsehen so laut ist, dass man sein eigenes Wort nicht versteht. Später holen wir uns noch das Kabel für den Internetzugang im Zimmer und versuchen noch, Informationen über die Massai Mara und die jetzt stattfindende große Migration zu bekommen.

Kapitel 9 – Kenia

Nach einer gemütlichen Nacht unter den großen Moskitonetzen treffen wir uns an der Rezeption wieder mit einem der beiden Männer, die uns gestern das Hotel gezeigt haben. Mit ihm gehen wir zur Reiseagentur und buchen eine dreitägige Safari in die Massai Mara. Wir müssen das unbedingt ausnutzen, dass wir glücklicherweise genau jetzt zur Tierwanderung hier sind. Wir buchen das Paket, bei dem nur wir zwei ein Auto für uns haben, im Minibus mit insgesamt sieben Personen wollen wir nicht fahren. Hoffentlich klappt alles, der Fahrer soll uns morgen früh um 7Uhr30 im Hotel abholen. Hier dürfen wir freundlicherweise auch die Mopeds in der Garage stehen lassen, wir bleiben nach der Safari noch eine Nacht in Nairobi.

Danach machen wir uns gleich auf zum Massai-Markt, der nur einmal pro Woche, nämlich Dienstags, ist. Und welch Glück, heute ist Dienstag! Der Markt ist sehr bunt und ganz interessant. Die Verkäufer sind nur ein bisschen aufdringlich, das kann man aber gut ertragen, man kommt so ja mit den Leuten auch ins Gespräch. Alle klagen, dass viel zu wenig Touristen hier in der Stadt sind, einen Grund dafür können sie uns nicht nennen. Dann schauen wir uns das Zentrum von Nairobi noch genauer an, wir besuchen unter anderem den Citymarkt. Allein die Zubereitung der Mahlzeiten an den kleinen Essensständen ist es wert, hierherzukommen. Und nachdem wir da zugeschaut haben, beschließen wir, dass wir unser Abendessen doch lieber in der Pizzeria, die bei unserem Hotel gleich ums Eck liegt, einnehmen. Aber selbst die paar Meter fahren wir lieber mit dem Taxi, das ist einfach sicherer. Tagsüber haben wir nicht den Eindruck, dass es hier besonders gefährlich ist aber abends schleichen dann schon Gestalten herum, denen muss man nicht unbedingt von Angesicht zu Angesicht begegnen.

Um 6 Uhr klingelt der Wecker, ekelhaft. Aber heute müssen wir ganz schnell in die Puschen kommen, sonst gibt es keine Safari. Und das Motto des heutigen Tages: „Auch ein schöner Tag kann mit einem mittelmäßigen Frühstück beginnen." Dieses Frühstücksbuffet im Hotel erinnert mich an einen Aufenthalt im Hotel „The Nest" in Francistown in Botswana. Da „logierten" wir vor einigen Jahren. Morgens gab es „Frühstücksbuffet mit Selfservice". Und auf dem Buffet war praktisch nichts außer einem Wasserkocher für den Kaffee. Wir haben versucht, den in Gang zu bringen. Ging aber nicht, weil es da keinen Strom gab. Wir haben gefragt und dann folgendes erfahren: der Wasserkochen hat nur ein ca. 25cm langes Stromkabel und die einzige Steckdose im ca. 100 qm großen Raum befindet sich ungefähr 5 cm über dem Boden am anderen Ende des Raumes. Das heißt, man musste sich auf den Boden knien, um kochendes Wasser für den Kaffee zu bekommen, unverkennbar Afrika!

Unser Safari-Fahrer wartet dann schon an der Rezeption, sein Name ist Barry, er ist eigentlich ein Massai, das scheinbar gemütliche Leben als Fahrer und Safariguide sieht man ihm aber schon an, er ist nicht mehr der schlankste, schon irgendwie ungewöhnlich, so ein dicker Massai! Aber er ist umgänglich und spricht ausgezeichnet Englisch. Gott sei Dank ist er kein Laberer. Den Part habe ich in dem Auto schon übernommen, das bleibt auch so!

Wir fahren als erstes zum Aussichtspunkt am Riftvalley, grandios, wir kennen den schon von unserem letzten Keniaaufenthalt. Dann geht es weiter über größtenteils miserable Straße in die Massai Mara und da gleich zu unserer „Tented Camp Lodge". Die Zimmer sind noch nicht ganz fertig, wir sollen bis dahin noch zu Mittag essen. Im Restaurant wartet ein üppiges Buffet auf uns, hier gibt es fast alles, was das Herz begehrt, ein Bayrischer Wurstsalat ist aber bedauerlicherweise nicht dabei. Wir greifen ordentlich zu, wer weiß, wann es nach der Massai Mara wieder so etwas Gutes zu essen gibt! Und vor allem esse ich hier das erste Mal seit Wochen wieder Salat. Den soll man ja normalerweise in solchen Ländern meiden wie der Teufel das Weihwasser. Aber es ist alles so appetitlich angerichtet und es ist bestimmt auch sehr sauber zubereitet worden. Also Suppe, Vorspeise, Hauptspeise, Nachspeise und dann noch einen Kaffe mit Kuchen, wie im Paradies! Hoffentlich kommt mein Magen mit dieser unerwarteten Völlerei klar.

Dann können wir das Zelt beziehen, es ist ganz toll, wie zu Großwildjägerzeiten in Afrika aber mit dem nötigen Luxus. Davor eine kleine Terrasse mit direktem Blick in den „Urwald". Die Vögel pfeifen, von außerhalb hört man verschiedene Tierlaute, traumhaft!

Um 16 Uhr holt uns dann Barry zum ersten abendlichen Gamedrive ab. Die Landschaft ist wunderbar, wir sehen Löwen, Elefanten, Zebras und, und, und. Die Stimmung abends ist ganz besonders. Es wird dann aber rasch etwas kälter als vermutet und wir sind froh, als wir dann wieder im Camp ankommen.

Die Zeit bis zum Abendessen vertreiben wir uns noch an einem großen offenen Feuer in der Lounge mit zwei „Tusker"-Bierchen, die es, man höre und staune, zur Happy Hour gibt. Viele Gäste sitzen um das Feuer, draußen regnet es ein bisschen. Ein sehr gutes Abendessen rundet diesen wunderschönen Tag mit der ersten Pirschfahrt ab, wir gehen zurück zum Zelt. Da ist dann das Bett schon aufgeschlagen, wir sitzen uns noch ein bisschen auf die Terrasse und lauschen den Lauten der Wildnis.

Und dann kommt da schnellen Schrittes jemand um die Ecke gebogen und ruft „Housekeeping, a bottle of hot water". Ich denke mir noch, was ist denn das jetzt? Man glaubt es kaum, da bringt der doch glatt eine richtige Wärmflasche im blauen Fleecemäntelchen. Eine Wärmflasche in der Massai Mara? Irgendwie geht das ja gar nicht! Oder? Rein vorsichtshalber lege ich sie dann aber doch unter die Bettdecke, wegtun kann man sie ja immer noch, tun wir aber nicht mehr, es ist schon angenehm hier in dem vorgewärmten Bett. Eigentlich sollte man so etwas ja nicht erzählen, da sind zwei Abenteurer in Afrika mit den Motorrädern unterwegs und freuen sich über eine Wärmflasche! Gute Nacht Afrika, einen einmaligen Tag hast Du uns beschert!

Und wieder Aufwachen um 6 Uhr, die Vögel pfeifen schon, ein Genuss! Es ist jetzt noch sehr kalt und darum duschen wir uns auch ausgiebig und heiß. Dann gehen wir gleich zum Frühstücksbuffet, auch heute essen wir wieder viel mehr als wir zum Sattwerden eigentlich brauchen und um 7 Uhr 30 geht es ganztägig mit Lunchpaket zum Pirschen los. Gleich außerhalb vom Camp ein Blick über die weite Landschaft: Morgenstimmung in der Massai Mara, einzigartig!

Die weltberühmte Massai Mara ist das tierreichste Reservat in ganz Kenia. Südlich davon ist die tansanische Serengeti. Die Landschaft wird bestimmt von endlos weiten Savannen und Grasebenen sowie Akazien und Dornbüschen. Riesengroße Gnu- und Zebraherden wandern abhängig von der Trocken- und Regenzeit zwischen Serengeti und Massai Mara hin und her. Viele Raubtiere schließen sich auf diesen Wanderungen an.

Wir sehen frühmorgens erst nur einzelne Tiere, es ist noch sehr kalt, gut, dass wir unsere Pullover dabei haben. Andere Gäste in der Lodge sind mit kurzen Hosen und T-Shirts hier angerauscht, die können kaum pirschen vor lauter Kälte, bei deren Autos bleibt dann auch das Aussichtsdach vom Auto geschlossen.

Dann sehen wir wieder Löwen, unter anderem zwei Brüder, ganz besonders schöne Exemplare, wie sie dahin stolzieren, keine Notiz von uns nehmen, sich kurze Zeit später unter einen Strauch legen und dann sogar noch Schnarchgeräusche von sich geben. Dass wir so etwas in Wirklichkeit aus nächster Nähe erleben können ist schon wirklich toll! Auch Elefanten, jede Menge Giraffen und Zebras sehen wir, alles aber mengenmäßig nur in dem Stil, wie wir es schon von zahlreichen anderen Safaris kennen. Dann machen wir einen kleinen Stopp in einer anderen Lodge, da gibt es einen riesigen Hippopool.

Hippos, die eigentlich Flusspferde heißen, verbringen fast den ganzen Tag schlafend im Wasser. Meistens sieht man nur noch Ihre Augen, Ohren und die Nasenlöcher. Erst in der Nacht kommen sie aus dem Wasser heraus und begeben sich auf Nahrungssuche. Flusspferde sind Pflanzenfresser, die hauptsächlich Gräser zu sich nehmen. Jede Nacht sind sie in etwa 6 Stunden mit der Nahrungsaufnahme beschäftigt. Durch Hippos sterben in Afrika mehr Menschen als durch andere Tiere.

Weiter geht es und dann sind sie auf einmal da, die riesigen Tierherden, tausende Zebras und zigtausende Gnus soweit das Auge reicht, das ist absolut einmalig! Wir sind begeistert. Jetzt ist genau die richtige Zeit, die Tiere sind über den Mara aus der Serengeti gekommen und grasen jetzt hier friedlich vor sich hin!

Nach einer Lunchpause geht es in dem Stil weiter, Gnus, wohin man schaut. Und dann fahren wir auf eine Anhöhe hinauf und da sehen wir dann, wir können es kaum glauben, 4 Geparde, die liegen ganz gemütlich unter 2 Sträuchern und dösen vor sich hin. Mich freut es ja zusätzlich noch ganz besonders, weil das wirklich auch tolle Fotos gibt, hoffe ich zumindest! So viele Tiere wie heute haben wir bei allen anderen Safaris zusammen nicht gesehen! Sehr beeindruckend.

Jetzt geht es noch ins „ursprüngliche" Massai-Dorf, ich wollte da unbedingt hin, um eventuell ein paar Fotos zu machen. Der ganze Zirkus kostet 20 Dollar pro Person, ausgewiesen als „Spende für die Schule". Der Massai-Guide heißt William und das nimmt für mich den letzten Hauch von Massai-Abenteuer aus der ganzen Sache. Nichts gegen William aber so darf doch kein Massai heißen, der sollte doch schon irgendwie „der den Löwen tötet" oder „der das Rinderblut trinkt" oder irgendwie so ähnlich heißen. Aber was soll`s, jetzt heißt der, „der Christian einen Löwenzahn als Anhänger für 10 Dollar aufschwatzt", halt William! Ich merke das erst außerhalb des Dorfes, ich habe während des Zahnankaufs im Dorf fotografiert. Mir fällt nur sofort der Anhänger am Hals von Christian auf, der erste Anhänger, den ich jemals um seinen Hals baumeln gesehen habe, sehr gewöhnungsbedürftig!

Nach einem ereignisreichen Tag kehren wir dann ins Camp zurück. Abends wieder die gleiche Prozedur, heute gibt es aber keine Happy Hour, welche Frechheit, wir hatten uns nach dem einen Mal von gestern schon daran gewöhnt! Und der Tagesabschluss? Ja, wir erwarten ihn schon, den Boy vom Housekeeping mit der Wärmflasche. Wie schon mehrmals erwähnt: man gewöhnt sich an alles!

Kapitel 9 – Kenia

Und heute müssen wir noch etwas früher aufstehen, es geht schon um 6Uhr30 los. Frühstück gibt es erst nachher. Wir machen uns vorher noch einen Tee im Zelt, es ist bitter kalt!

Auch heute sehen wir wieder viele Tiere, ganz zu Anfang gleich eine große Elefantenherde, dann nochmal Löwen usw. Aber es ist schon wirklich kalt. Zurück in der Lodge sind wir ziemlich durchgefroren und freuen uns auf ein grandioses Abschlussfrühstück.

Dann treten wir die Rückfahrt an, die Piste ist teilweise lehmig und durch den Regen von gestern auch ziemlich nass. Da bleibt es natürlich nicht aus, dass der gute Barry das Fahrzeug sozusagen „in den Lehm setzt". Aber gleich so, dass gar nichts mehr geht. Barry kann es selbst nicht glauben, dass es da jetzt festsitzt und probiert mehrmals, herauszukommen. Wir schieben und schaukeln ihn auf, bis irgendwann extremer Gummigeruch in der Luft liegt, dann hören wir auf. Sein Stolz ist angegriffen, man sieht es direkt an seinen Gesichtszügen. Gut, dass nach einiger Zeit ein Auto mit Kanadiern hält, der Fahrer kann aber auch nicht helfen, er kann in den Lehm gar nicht hineinfahren, weil er, so wie wir, keinen Allradantrieb hat. Gleich gesellen sich auch noch ein paar Massai dazu, selbst in der Situation wollen sie mir Schmuck andrehen, dazu habe ich jetzt gar keinen Nerv! Aber dann helfen sie schieben. Aber schieben und unterlegen, schaukeln, alles hilft nichts. Nach einiger Zeit kommt dann ein Allradfahrzeug, der nimmt Barry „an die Leine" und zieht den Karren aus dem Dreck. Gut, dass es weiter geht.

Beim nächsten Tankstopp frage ich Christian, ob er schon bemerkt hat, dass Barry hinkt? Er sagt aber, dass das nur so aussieht, das läge an dem ca. 20 cm hohen Lehmfuß, den er sich abschütteln will!

Abends sind wir wieder in Nairobi im Hotel, gleich gehen wir in die Tiefgarage und schauen nach den Motorrädern, da ist noch alles in bester Ordnung. Wir gehen noch ins Restaurant „Trattoria" und essen Minestrone und Pizza. Höchst zufrieden lehnen wir uns zurück und lassen die letzten drei Tage noch einmal Revue passieren. Beide kommen wir zu dem Schluss, dass die Zeit in der Massai Mara ein ganz besonderes Erlebnis und ein totales Highlight der Reise war.

Fazit Kenia: ein wunderschönes Land mit Traumlandschaften und einem außergewöhnlichen Tierreichtum. Die Menschen sind ausgesprochen freundlich und angenehm, wir haben uns überall wohlgefühlt. Mit der großen Migration in der Massai Mara haben wir ein weiteres absolutes Highlight auf der Reise erlebt. Auch Nairobi ist sehenswert und damit eine der wenigen afrikanischen Städte, die doch einiges zu bieten haben. Vollkommen unvergesslich bleiben wird uns die Fahrt im LKW ab der äthiopischen Grenze, die gehört zu den anstrengendsten und abenteuerlichsten Erlebnissen überhaupt. Die war einfach nur „schrecklich schön"!

Kapitel 10

Tansania –
Afrika pur! Ein Paradies.

Morgens in Nairobi noch etwas Regen, die Strecke raus aus der Stadt ist einfach fürchterlich, der Verkehr, der Dreck, die Umleitungen, bin ich froh, wenn wir hier endlich wegkommen! Trotzdem freuen wir uns sehr, dass wir nach sechs motorradlosen Tagen endlich wieder „on the road" sind. Wegen der vielen Baustellen übersehen wir einmal eine Ausfahrt und landen dann ziemlich schnell direkt am Flughafen Nairobi. Da verfransen wir uns so sehr, dass wir nicht mehr weiterkommen. Und da erbarmt sich wieder einmal ein hilfsbereiter Kenianer, er fährt mit uns erst einmal verkehrt herum in die Einbahnstraße, dann passieren wir mit ihm noch einige andere unerlaubte Straßen und schlussendlich sind wir wieder auf dem richtigen Weg. Er biegt in eine andere Richtung ab und winkt uns noch nach. Diese Art von Hilfsbereitschaft gehört auf jeden Fall mit zu den bleibenden Eindrücken auf diese Reise.

Und auf einmal kommt eine lange Strecke, die scheinbar durchgehend Baustelle ist, beim Anblick flippe ich fast aus: glitschige, große Steine, alles ist sehr nass und dazwischen weicher Lehm, ich kippe auf alle Seiten, mir reicht es, das ist mir irgendwie zu gefährlich. Hinter und neben mir natürlich jede Menge LKWs und Autos, sie haben aus einer Spur schon 3 gemacht, ich bin ein Riesenhindernis! Genau das brauche ich jetzt natürlich: durchgeknallte Minibusfahrer im Genick, die ganz dringend sofort vorbei wollen. Da beschließe ich, dass es reicht, ich stehe eigentlich mitten auf der Straße, da blinke ich jetzt einfach und rühre mich keinen Zentimeter mehr vom Fleck. Erst einiges Erstaunen in den Gesichtern der Autofahrer, dann gehen aber die 3 Spuren in zwei zusammen, die eine führt links neben mir vorbei, die andere rechts. Ich blende noch auf und dann entspanne ich einfach. Auf der Reise ist mir schon des Öfteren aufgefallen, dass ich hier in Afrika viel entspannter bin, in Deutschland würde ich so etwas niemals machen. Aber hier ticken die Uhren anders. Wenn man in Afrika auf der Straße liegenbleibt oder pausiert, so wie ich hier gerade, dann regeln die anderen Verkehrsteilnehmer das Weiterkommen schon selbst, hier wird auch nicht wegen jeder Kleinigkeit die Polizei geholt. Ich finde das ja sehr angenehm. Und sobald jetzt die ersten Fahrzeuge eintreffen, die mich nicht beim Absteigen beobachtet haben, werde ich ganz einfach als Hindernis akzeptiert, fertig. Da hupt auch keiner mehr.

Christian wird schon merken, dass ich hier nicht mehr weiter mag. Nach einiger Zeit kommt er dann auch zurück, sein Motorrad hat er weiter vorne stehen lassen. Und dann fragt er noch, was denn los sei? Ich übergebe ihm das Motorrad und gehe, er fährt es mir dann bis zu seinem Motorrad vor. Ich steige dann doch wieder auf, sonst kommen wir ja niemals vorwärts. Und irgendwie geht es dann auch, wenn auch wirklich nicht gut!

Und was hier in Afrika schon eine Besonderheit ist: da fällt ja sowieso ein vollbeladener Motorradfahrer mit ausländischem Kennzeichen auf aber wenn dann jemand sieht, dass da auch noch eine Frau drauf sitzt, dann ist es ganz aus. Dann wird noch jeder aus der letzten Ecke hervorgeholt, das muss man ja schließlich gesehen haben! Und wenn ich jetzt so normal dahinfahre, ist das ja auch kein Problem aber ich habe schon den Eindruck, dass immer ganz besonders viele Menschen auftauchen, wenn mir gerade ein Missgeschick passiert. Mittlerweile schere ich mich aber nicht mehr viel darum, da denke ich mir dann

nur noch: „Ja schaut`s halt, wenn ihr nichts besseres zu tun habt!"
Und trotzdem bin ich dann froh, wenn ich wieder wegkomme.

Der lehmige Boden hört auf und dann wird das Ganze zu einer richtig schönen Fahrt. Bei der Ausreise wollen die an der Grenze wieder 20 Dollar Straßenbenutzungsgebühr, Christian sagt, wir haben das schon bei der Einreise bezahlt und schlussendlich lassen sie uns ziehen. Ehrlich gesagt, haben wir aber bei der Einreise auch nichts bezahlt, Christian hat da erzählt, wir hätten nichts passendes an Geld. Dass er damit durchgekommen ist?

Das Tansaniavisum kostet dann stolze 50 Dollar pro Mann und Nase. An der Grenze ist es lustig, ein paar Tansanier kreisen mich ein und wir unterhalten uns über Gott und die Welt. Dann kommt noch ein Overlander aus Tansania, ich frage den Fahrer, einen Engländer, wie die Strecke bis nach Arusha wird. Er sagt nur: „The road is in a very, very bad condition". Das sind ja prima Aussichten, dann mal los. Und tatsächlich kommt nach nur ein paar Kilometern entsetzlich miese Piste. Das Schlimme hier ist, dass man nie genau weiß, wie lange das so bleibt, man kann gar nicht einschätzen, wann man die nächste Ortschaft erreicht und wie lange man immer noch fahren kann bis es dunkel wird. Auf der Karte sehen die Straßen immer gut aus. Aber diese Karten kann man hier ganz einfach vergessen.
Und irgendwann mittendrin stoppt uns dann einer mit der Kelle, er hat eine auffallende Jacke an, wir kommen näher und ich erkenne das Wort Tsetse-Control darauf. Da steht der gute Mann einsam mitten in der Prärie, bewaffnet nur mit einer Fliegenklatsche. Er sucht unsere Motorräder nach – vermutlich toten? – Tsetsefliegen ab, würde er lebende Fliegen finden, müsste er sie mit der Klatsche erschlagen. Das erklärt er uns alles ganz im Ernst. Ich denke mir ja zuerst, dass da jetzt gleich einer mit der versteckten Kamera hervorspringt! Wenn die Tsetsefliegen hier in Afrika auf diese Weise bekämpft werden, dann haben sie meiner Meinung nach freien Flug für alle Zeiten. Aber vielleicht hilft es ja auch, man weiß es nicht!

Kapitel 10 – Tansania

Im Norden Tansanias ist die Landschaft sehr wüstenhaft und bergig, wie eine Filmkulisse. Hier ist es ganz anders als wir das erwartet haben. Dann zieht ein richtiger Sandsturm auf, der ist so stark, dass wir stehenbleiben müssen, es ist einfach zu windig und die Sicht ist zu schlecht. Bei einer Polizeikontrolle werden wir aufgehalten, die Polizisten sind ausnehmend freundlich. Ganz stolz präsentieren sie uns Ihre am Wegesrand stehenden blitzsauberen 750er Yamahas. Der eine drückt mich dann noch an der Jacke am Oberarm. Die macht ja von der Stärke ein bisschen was her, ich merke aber, wie er überraschend lange leer durchdrückt und dann sagt er: „Oh, da ist ja gar nichts"! Wahrscheinlich hat er ein riesiges Muskelpaket erwartet. Das sind schon zwei lustige Gesellen!

In Arusha finden wir ein stilvolles Hotel, das Zimmer ist winzig, wir nehmen es aber trotzdem denn auch hier in Arusha ist fast alles ausgebucht. Als erstes steht natürlich Duschen auf dem Programm und dabei komme ich am Badspiegel vorbei. Ich kann gar nicht glauben, dass das im Spiegel ich selbst sein soll: durch diesen Sandsturm und den schmierigen Dreck von unterwegs ist das Gesicht ganz dunkel, einzig die Augen sind in Form der Sonnenbrille ausgespart! Wenn ich nicht genau wüsste, dass ich das bin.... Nachdem ich das Gesicht mit Seife und Shampoo gründlich bearbeitet habe, gehen wir zum Abendessen. Es gibt Ente und Steak, beides äußerst lecker, aber mittlerweile kann es gar nicht mehr so gut sein, dass es einen Wurstsalat oder einen Schweinebraten ersetzen würde. Arusha ist eine afrikanische Großstadt wie viele andere auch, trotzdem ist hier eine freundliche Atmosphäre und man merkt schon, dass es geldige Geschäftsleute gibt, die meisten Viertel sind sehr sauber, teilweise gibt es richtig schöne Villen. Wir haben vorher schon mehrfach gefragt und jetzt fragen wir vorsichtshalber noch die Besitzerin des Hotels, wie denn die Straße nach Dodoma wäre, sie sagt, dass da alles topp sei, kein Problem. Das wäre ja auch selbstverständlich, dass der Weg in die Hauptstadt geteert ist.

Kapitel 10 – Tansania

Am nächsten Morgen gibt es ein Frühstück, so eines hatten wir überhaupt noch nie: schön angerichtet kommt eine Riesenportion bestehend aus 2 Spiegeleiern auf Toast, Pommes Frites, Würstchen, Bacon, Pilze in Soße, Grilltomate und dazu ein kleines Steak! Es schmeckt ausgezeichnet und sehr ungern lassen wir mindestens die Hälfte wieder zurückgehen. Ich kann mir nicht vorstellen, dass irgendjemand so viel essen kann!

Wir fahren dann guter Dinge los Richtung Dodoma. Und jetzt ein Rätsel: wir fahren an diesem Tag 340 Kilometer, sind aber abends nur 100 Kilometer vom Ausgangspunkt entfernt? Was ist passiert? Die Lösung: wir fahren eine absolute Traumstrecke durch das fantastische Tansania, vorbei am Mount Meru, der ein Stück von Arusha entfernt ist. Alles Afrika pur! Wir sind begeistert! Zwischendrin kommt mir, wie schon öfters auf der Reise, der Gedanke, dass es einfach phantastisch ist, dass ich jetzt hier mit dem eigenen Motorrad aus Deutschland angereist bin und hier in Tansania durch die Gegend brause und – tatsächlich! – winkt mir ein wunderschöner Massai zu. Es gefällt mir hier so gut, dass mir eine alte Idee, nämlich die, irgendwo in Afrika eine Lodge zu bauen, wieder in den Sinn kommt. Wenn irgendwo dann hier! Da träume ich also so vor mich hin.... und da plötzlich, nach ca. 120 Kilometern dann ein Straßenschild, mein erster Gedanke „Jahaggodsaggl, was ist denn jetzt schon wieder los?" Und dann lese ich die grausame Zahl 84 Kilometer, und zwar Piste! Wir fragen nach und können es kaum glauben, aber alle hier bestätigen uns, dass es nicht nur 84 Kilometer sondern ca. 300 Kilometer Piste bis nach Dodoma sind und die restlichen 300 Kilometer bis zum Anschluss an die Südstrecke auch wieder Piste, also kurz gesagt: ca. 600 Kilometer Sand, Steine, Schlamm, Felsen! Darauf haben wir null Bock und so schlägt Christian vor, dass wir wieder nach Arusha zurückfahren und dann weiter auf die alternative Strecke Richtung Moshi. Da bin ich schnell dabei, wir kehren sofort um und jetzt geht es halt wieder zurück.

Etwa 5 Stunden nachdem wir Arusha verlassen haben, sind wir wieder da! Weiter nach Moshi, die Fahrt ist wunderbar. Und zwischen-

Kapitel 10 – Tansania

drin taucht er auf: Juhu, wir sehen den Kilimanjaro, zwar nur die unteren 200m, die ca. 5,7 Kilometer darüber sind dick in Wolken verpackt, aber immerhin. Auf ein Foto passt dieser „Bergansatz" nicht drauf, das Foto wäre sowieso sehr erklärungsbedürftig!

Wir finden auch gleich im ersten Hotel, das Christian im GPS findet, Unterkunft. „Kilimanjaro Bristol Cottages", kann man gut weiterempfehlen.

Da treffen wir dann noch zwei Österreicher, die haben versucht, auf den Kilimanjaro zu kommen, einer hat es geschafft, dem anderen ist im wahrsten Sinne des Wortes die Luft ausgegangen. Der, der es geschafft hat, ist auch der ruhigere von beiden, der andere labert ununterbrochen, vermutlich hat er es auch deswegen nicht bis zum Gipfel geschafft, ihm ist seine eigene Geschwätzigkeit zum Verhängnis geworden.

Und auch am nächsten Tag als erstes die Frage: Ja, wo ist er denn? Auch heute lässt sich der Berg nicht sehen! Ja, dann eben nicht, jetzt hätte er schon die Chance gehabt, sich uns zu zeigen. Wegen der „Aktion Piste" von gestern müssen wir ja jetzt insgesamt ein paar hundert Kilometer Umweg fahren, schnell stellen wir aber fest, dass Tansania auch heute wieder sehr viel zu bieten hat und dass es eine Freude ist, durch dieses Land zu fahren. Sisalplantagen, viele Baobabs, der ganze Tag einfach nur wunderbar! Abends kommen wir dann nach ca. 600 Kilometern Fahrt in Morogoro an.

Die Hotellerie hat hier qualitätsmäßig noch jede Menge Luft nach oben. Die erste Unterkunft fällt gleich aus, eine Bruchbude, in der zweiten hole ich scheinbar gerade die Rezeptionistin aus dem Tiefschlaf, entsprechend entgegenkommend ist sie dann auch. Auch die extrem abgewohnten Zimmer lassen keine heimeligen Gefühle aufkommen und so fahren wir weiter zum „Golf Hotel Morogoro".

Und jetzt keine falschen Vorstellungen bitte, auch diese Unterkunft entspricht in keinster Weise dem, was man sich unter einem Golfhotel vorstellt, wir nehmen es dann aber für 60 Dollar pro Nacht incl. Frühstück, weil wirklich müde sind. An der Rezeption wollen sie mich ein bisschen betrügen, sollte also irgendwann einmal jemand da sein, Vorsicht! Ansonsten ist es aber ganz ok hier, das Abendessen, zweimal Pfeffersteak mit Beilagen, schmeckt einfach köstlich. Und dazu 2 Kilimanjaro-Bierchen, was will man mehr.

Danach beobachten wir noch ein bisschen das phantastische Lichtspiel in den umliegenden Bergen. Die Stimmung ändert sich minütlich und eine ist eindrucksvoller als die andere. Die bis zu 2.600 Meter hohen Berge, die wir sehen, gehören zur Uluguru-Gebirgskette, die ca. 50 Kilometer lang ist und sich von Morogoro bis zum Selous-Tierreservat im Süden erstreckt.

Auch morgens wieder tolles Licht, man kommt gar nicht aus dem Staunen heraus. Die Fahrt geht heute durch den Mikumi-Nationalpark, den einzig mir bekannten Nationalpark Afrikas, durch den man mit dem Motorrad fahren darf. Ich denke mir noch, das wird dann ja wohl auch seinen Grund haben, dass man selbst mit einem Motorrad durchfahren darf, vermutlich gibt es keine großen Tiere und auch keine Raubtiere und damit wahrscheinlich auch keine wirkliche Gefahr. Wir fahren hinein und schon nach kurzer Zeit sehen wir Paviane, Zebras, Gazellen, Impalas und so weiter. Kaum zu glauben. Und alle sind sie direkt neben der Straße.

Dann geht es ein bisschen „tierleer" weiter, bis Christian ganz plötzlich stoppt. Direkt neben ihm an der Straße stehen Elefanten, eine kleine Familie. Der größte Elefant stellt sofort die Ohren auf und droht uns, weil die Familie einen kleinen Elefanten dabei hat. Flucht oder Foto? Wir entscheiden uns, nochmal umzudrehen und doch ein Foto zu machen, wann hat man denn so etwas schon? Ich möchte dann eigentlich noch etwas abwarten, ob er nicht doch vielleicht näher kommt. Aber dann sehe ich, dass er hinter dem Auge ein Sekret ausscheidet, ein Zeichen dafür, dass ein Elefant ganz besonders aggressiv ist, also nichts wie los und zwar sofort! Auf der weiteren Fahrt sehen wir noch viele Giraffen, Gnus und Antilopen. Also das ist schon ein Erlebnis, so ohne Zaun, auf dem Motorrad!

Kapitel 10 – Tansania

Afrikanische Elefanten werden bis zu 7,5 Tonnen schwer. Sie sind die größten und schwersten Landsäugetiere der Welt. Dass ein Elefant droht, merkt man daran, dass er den Kopf schüttelt, die Ohren ausstellt und teilweise laut trompetet. Und dann sollte man sich ganz schnell aus dem Staub machen, sie können dann wirklich sehr gefährlich werden!

Nach dem Nationalpark finden wir eine Schweizer Lodge mit Restaurant, da gehen wir auf der Suche nach etwas Heimischem gleich zum Essen rein. Das ist hier wirklich ganz liebevoll eingerichtet. Ich bestelle die Lemon-Pfannkuchen und warte, wie Christians „Tomaten mit Mozzarella" schmecken. Und wie schmecken sie? Es ist kein Mozzarella sondern irgend so ein gelber Käse, die Tomaten schmecken aber ausgezeichnet, die sind von hier, die werden entlang der Straße verkauft. Sehr reif und eine ganz weiche Schale! Die Kombination mit dem gelben Käse schmeckt aber sehr gut. Als Abschluss dann noch einen Schümli-Kaffe und schon geht es weiter.

Wir fahren durch das Baobab-Valley, da gibt es, wie der Name schon sagt, praktisch nur Baobabs, das Tal zieht sich endlos lange hin. Und die kleinen Baobabs dazwischen drin sind entzückend. Bisher habe ich diese Baobabs ja noch für eine Rarität gehalten, das sind sie hier aber nicht. Die Baobabs, die mehrere hundert Jahre alt werden können, sind charakteristische Bäume des tropischen Afrikas. Sie haben einen kurzen, dicken Stamm und die Äste, die sich nach oben verzweigen, schauen aus wie Wurzeln. Man glaubt auf den ersten Blick, dass der Baum verkehrt herum im Boden steckt.

Die Freude am Fahren wird die letzten ca. hundert Kilometer durch viele Baustellen etwas getrübt, man wird hier direkt noch zum Offroadfahrer, Christian hält das eh schon für mein neues Hobby. Wird es aber auf keinen Fall!

Kapitel 10 – Tansania

In Iringa kommen wir dann gleich in einen Riesenstau, da geht es nur einspurig in die Stadt, die an einem Hang liegt, hinauf. Iringa ist eine Stadt in der Mitte Tansanias, etwas südlich der Hauptstadt Dodoma. Und wenn da nicht diese Pistensache gewesen wäre, dann wären wir schon seit 2 Tagen hier in Iringa.

Wir finden mit dem GPS ein Hotel. Außen steht noch „Very fast Internet", ich denke mir aber gleich, das wäre in diesem Hotel sicher das einzige Update der letzten 20 Jahre. Die Dame an der Rezeption schläft, sie rafft sich dann aber doch dazu auf, mir ein Zimmer zu zeigen, eine Bruchbude. Da dies aber nicht die Stadt für große Ansprüche ist, nehmen wir das Zimmer. Normalerweise würde ich die Rezeptionistin fragen, ob sie noch alle Tassen im Schrank hat und mit ihrer Art unbedingt mit Kundschaft arbeiten muss. Ich würde ihr vorschlagen, irgendwo ganz hinten im Archiv zu arbeiten, also wirklich, diese Einstellung! Aber das ist halt auch Afrika, das gehört schon dazu! Und abends lachen wir schon drüber, wie sie da schon wieder den Kopf auf dem Tresen abgelegt hat. Was macht sie da wohl?

Christian holt noch die Schlafsäcke, ins Bett direkt möchte ich mich hier nicht legen! Dann wasche ich mir die Hände, das Wasser läuft nicht ab, kein Tropfen. Na ja, jetzt sind wir hier und bleiben auch für die eine Nacht. Wir gehen dann noch ins Restaurant, bestellen aber jeweils nur eine Gemüsesuppe mit Brot in der Hoffnung, dass da nicht viel falsch sein kann. Ist es dann auch nicht, die Suppe schmeckt. Trotzdem gut, dass wir heute mittags was zu essen hatten, sonst wäre es sättigungsmäßig schon ein bisschen knapp geworden.

Wenn man diese Art von Restaurant hier in Afrika betritt, möchte man am liebsten gleich wieder umkehren: ein großer Fernseher irgendwo im Raum, immer auf volle Lautstärke eingestellt, egal, was gerade läuft, die Tonqualität fast immer mies, die Tischdecken vermutlich das letzte Mal vor 2 Jahren gewaschen, alles starr vor Schmutz, leicht schimmelige Wände, irgendwo eine schiefe Weltkarte oder ähnliches lieblos an die Wand genagelt, Vorhänge, bei denen immer mehrere Haken aus der Schiene ausgebrochen sind und ganz zwanglos herunterhängen. Und immer wieder fragen wir uns, wie das möglich ist, dass man hier arbeitet und nichts dagegen unternimmt. Warum schiebt man die Vorhanghaken nicht zurück in die Schiene, das würde ungefähr eine Minute dauern? Und immer wieder finden wir keine Antwort und kommen zu dem Schluss, dass das hier halt einfach so ist und dass es so auch gut ist. Wenn alles wie zuhause wäre, dann könnten wir da ja auch gleich bleiben, es lebe Afrika!

Das Internet funktioniert nicht very fast sondern einfach gar nicht, schade! Wir versuchen noch, durch einen Glühbirnentausch die schon leicht verkohlte Nachttischlampe zu aktivieren, es zischt aber nur laut und scheinbar haben wir durch diese eigentlich alltäglich Handlung die Stromversorgung im Hotel lahmgelegt. Alles dunkel, kein Laut mehr. Auch nicht schlecht. Dann kurbeln wir halt wieder an unseren Stirnlampen.

Iringa würde ich auf jeden Fall zu den Städten zählen, die man nicht unbedingt gesehen haben muss. Einen Besichtigungspunkt wollen wir aber nicht auslassen und so schauen wir uns am nächsten Morgen die alte deutsche Markthalle aus der Kolonialzeit an, sehr interessant.

Tansania war ja von 1885 bis 1918 Teil der deutschen Kolonie Deutsch-Ostafrika. Der Kilimandscharo galt im damaligen Kaiserreich als „höchster Berg Deutschlands". Er wurde, passend zum damaligen Größenwahn, auch als „Kaiser-Wilhelm-Spitze" bezeichnet. Dies ist mittlerweile mein dritter Besuch in Tansania und ich habe noch niemals irgendein Überbleibsel aus dieser Kolonialzeit entdeckt. Das einzig Deutsche, genaugenommen „ehemals Ostdeutsche", das ich in Tansania gesehen habe, waren die heruntergekommenen, vom Schimmel befallenen Plattenbauten in den Vororten von Stonetown auf Zanzibar. Aber die sind ja aus späterer Zeit und nicht wirklich ein Highlight.

Also jetzt Auftanken in Iringa und ab geht die Post Richtung Mbeya. Morgens ist es aber noch sehr kalt, die Pullover müssen wieder einmal raus und die Sturmmützen brauchen wir auch ganz dringend. Wir sind auf ca. 1600 Meter Höhe und es weht ein eiskalter Wind. Das alles legt sich aber ganz schnell und später haben wir dann wieder wie gestern 32 Grad.

Wir sind bisher zufrieden mit unseren Motorrädern, sie sind wirklich hart im Nehmen. Ich bin ganz vernarrt in mein Motorrad und kann mir momentan überhaupt nicht vorstellen, dass ich jemals im Leben wieder eine Zeit lang nicht fahre. So z.B. im Winter in Deutschland. Das Motorrad verstärkt ja dieses Gefühl der Freiheit immer noch ein bisschen mehr. Man nimmt die ganzen Gerüche viel mehr wahr und mit am schönsten sind die Fahrten kurz vor Einbruch der Dunkelheit wenn man schon das nasse Gras riecht oder den ersten Nebel am Abend. Dazu noch die Tatsache, dass wir in Afrika sind, man kann es gar nicht richtig beschreiben, es ist unvergleichlich. Und einmal mehr wünschen wir uns, dass die Reise niemals zu Ende geht.

Wenn man solche Sachen gewissen Leuten erzählt, dann kommen ja gleich Einwände wie: das Reisen wird auch zur Routine, daheim kann man es schon auch aushalten, man muss ja wieder ins normale Leben zurückfinden, man kann ja nicht immer nur reisen. Für mich sind diese Argumente nicht besonders schlagkräftig. Wenn das Reisen zur schlimmen Routine wird, kann man es ja immer noch abbrechen und ehrlich gesagt habe ich noch von keinem, der viel reist, gehört, dass es schrecklich oder unerträgliche Routine ist. Und dass man es daheim auch aushalten kann, muss einen ja nicht unbedingt davon abhalten, dass man trotzdem viel oder sogar dauernd reist. Und wenn man ins normale Leben zurückfinden muss, dann findet man dahin schon zurück, und sei es nur dafür, dass man wieder Geld verdient, um erneut loszuziehen. Ich finde eigentlich, dass diese ganzen Sprüche, die das Reisen irgendwie mies machen, deswegen erfunden wurden, damit der Durchschnittsbürger bloß da bleibt, wo er angeblich hingehört: nach Hause! Na, mir soll`s recht sein.

Wir sind jetzt 7,5 Wochen unterwegs und ich kann mit gutem Gewissen behaupten, dass sich nicht die geringste Routine eingestellt hat. Und so wie es aussieht kommt sie auch so schnell nicht daher, dieses allseits gefürchtete tägliche Einerlei. Wir haben festgestellt, dass die Zeit wirklich langsam vergeht, alles läuft wie in Zeitlupe ab. Das Gefühl, das ich zuhause oft habe, nämlich dass mir die Zeit wirklich zwischen den Fingern davonläuft, ist seit der Abreise wie weggeblasen. Die Zeit vergeht so langsam wie in der Kindheit aber der Unterschied ist, dass man mittlerweile nicht mehr hofft, dass sie schneller vergeht, damit man endlich älter wird und machen kann, was man will. Wir sind einfach sehr zufrieden und freuen uns, dass wir mit unseren Motorrädern hier in Tansania sind.

Seit gestern schon nervt mich die Straße teilweise sehr, da sind zwei extrem tiefe Fahrspuren und in der Mitte gibt es nur eine sehr schmale Erhöhung. Man muss sich schlagartig entscheiden, ob man in einer der tiefen Rinnen fährt, wenn ja in welcher oder ob man oben auf der Welle dahinreitet. Wechseln, wenn es ganz besonders tief ist, geht nicht, man kommt da einfach nicht heraus. In der linken Spur kann man wegen der Fußgänger, Tiere und Taxis nicht fahren, ganz rechts fahren ist auch nicht ungefährlich, da kommen die irren Bus- und die LKW-Fahrer daher. Ich wähle fast immer den Wellenkamm, da muss man aber auch aufpassen wie ein Luchs. Besonders schlimm wird es, wenn der Kamm in der Kurve noch schmäler wird. Manchmal komme ich da schon ein bisschen ins Schlittern aber auch diese Strecken hören immer wieder auf.

Entlang der Strecke sehen wir viele ausgebrannte LKWs, wir fahren an einer LKW-Brücke vorbei, die liegt da am Straßenrand und brennt vor sich hin. Das kümmert aber keinen, irgendwie seltsam, die brennt nämlich auch noch mitten in einer Ortschaft. Na ja, jeder hat andere Probleme.

Im nächsten Dorf machen wir Pause, da hält ein Bus, der gerade aus der Stadt kommt. Eine Frau steigt aus dem Bus, ganz geschickt bindet sie sich das Baby auf den Rücken, dann holt sie die beiden anderen kleinen Kinder aus dem Bus und die Sachen, die sie aus der Stadt mitgebracht hat. Es ist so unsäglich viel für diese Frau: das Baby, eine riesige Last auf dem Kopf, dazu noch große und vermutlich sehr schwere

Taschen in der Hand. Auch die zwei Kleinen, die schon gehen können, müssen schon etwas viel zu Schweres schleppen! Und wer weiß, wie weit sie noch laufen müssen.

Die Leute hier sind aber alle sehr angenehm, die Tansanier sind etwas zurückhaltender als die Kenianer aber auch sie unterhalten sich gern. Wenn man sie grüßt, kommen sie sofort näher und fragen dies und das, ganz freundlich!

Abends kommen wir in Mbeya an, das ist eine der zehn größten Städte Tansanias. Mbeya hat etwa 300.000 Einwohner und liegt am Tanzam Highway.
Direkt neben der Straße sehen wir das „Hotel Stockholm", ich frage nach, das Zimmer kostet ca. 20 Dollar und ist ganz ordentlich. Wir sitzen noch im gemütlichen Garten bei extrem lauter afrikanischer Musik und freuen uns schon auf das Abendessen. Wir sind die einzigen Gäste hier und die Angestellte im Gartenkiosk freut sich, dass wir bei ihr noch Kaffe und Cola bestellen.
Auf der Straße zieht eine größere Menschenmenge vorbei. In der Mitte der Menge tragen die Menschen einen Sarg. Alle singen, das wirkt schon sehr seltsam. Wir erfahren, dass es hier in Mbeya im Krankenhaus eine AIDS-Station gibt, im Schnitt sterben hier 10 Menschen pro Tag an AIDS. Mbeya liegt ja an den Grenzen zu Malawi und Zambia, direkt an den großen „Aidsübertragungsstraßen". Hier sind viele Lastwagenfahrer unterwegs und die sind ja in Afrika dafür bekannt, dass sie teilweise in mehreren Ortschaften „Freundinnen" haben, die hier leider oft für sehr wenig Geld zu haben sind. Die meisten dieser Frauen könnten nicht überleben, wenn sie nicht auf diese Art Geld verdienen würden. Und dann wird zu allem Überfluss auch hier in Tansania wie in so vielen anderen Ländern Afrikas die Krankheit totgeschwiegen. Wenn jemand bekennt, dass er AIDS hat, wird er meistens aus der Gemeinschaft ausgeschlossen, weil ihm eine moralische Verfehlung unterstellt wird. Viele Menschen gehen darum, wenn sie die ersten Symptome bemerken, erst einmal zum Medizinmann,

Kapitel 10 – Tansania

der ihnen aber oft sagt, dass es sich vermutlich um einen Fluch von bösen Geistern handelt. Und bei dieser Einstellung wird es noch Jahre oder vermutlich eher Jahrzehnte dauern, bis sich irgendetwas ändert.

Wir machen noch ein paar Aktualisierungen im Internet, wobei „wir" in dem Fall nur noch „ich" bin. Und dann gehen wir in unser Zimmer, tagsüber ist es nämlich hier in Tansania immer schön warm aber abends wird es dann auch schnell kühl. Außerdem wartet ja noch die täglich Wäschepflege.

Im Restaurant sieht es auf den ersten Blick einladend aus aber wir haben uns zu früh gefreut. Kaum sitzen wir beim ersten Kilimanjaro-Bier, da krabbelt schon die erste Kakerlake direkt neben dem Tisch senkrecht an der Wand nach oben. Ich zeige sie Christian, wir schauen noch, da krabbelt schon die nächste aus meiner Stoffserviette. Und da gibt es für mich nicht viel zu reden, da graust es mir einfach höllisch, gegen Kakerlaken bin ich allergisch. Christian schubst sie noch vom Tisch und zertritt sie dann am Boden, trotzdem reicht es mir.

Wir haben die Speisekarte ausführlich studiert, es gibt 5 Vorspeisen und ca. 15 Hauptspeisen. Wir entscheiden uns dann wie schon so oft für ein Pfeffersteak und bestellen es bei der Bedienung. Die sagt uns aber, dass es heute kein Pfeffersteak gibt. Ich sage ihr noch, dass wir dann nochmal kurz schauen müssen, was wir alternativ nehmen. Da rückt sie aber endlich damit heraus, dass es nur 2 Sachen gibt: Chicken mit Reis oder Fisch mit Reis. Wir nehmen beide Chicken. Das kommt dann auch, das Huhn ist 100 mal zerschnitten, eigentlich liegen nur viele kleine „Hühnerfetzen" auf dem Teller. Ich denke mir schon, hoffentlich waren das nicht die Kakerlaken, die uns das übrig gelassen haben. Aber das Huhn ist sehr gut geröstet und schmeckt wirklich ausgezeichnet. Trotzdem geht mir der Kakerlakengedanke nicht aus dem Kopf, da bin ich dann schon komisch! Ich schlafe nicht gut, mich halten verschiedene Ungeziefergedanken wach.

Beim Frühstück gehe ich natürlich gleich wieder auf Kakerlakensuche und werde auch gleich fündig. Ich behalte sie jetzt mal im Auge. Der „Africafe", den es hier gibt, wird folgendermaßen serviert: da kommen 2 Tassen, die etwa zu zwei Drittel mit heißem Wasser gefüllt sind und dann stellt die Bedienung noch eine Minidose „Africafe-Pulver" auf den Tisch. Die Gute ist uns wohlgesonnen und so können wir auch pro Tasse 2 Kaffeelöffel in das heiße Wasser geben. Der Kaffee schmeckt sehr gut. Und nach dem Frühstück kommen dann die restlichen 103 Kilometer auf dem Tanzam Highway bis zur Grenze nach Malawi. Und das ist wieder ein Stück „Afrika, best of", Teeplantagen, Bananenplantagen, rote Erde, wunderbar!

Fazit Tansania: ein wunderschönes Land in Afrika, paradiesische Landschaften und dazu sehr nette, zurückhaltende Menschen, die aber gleich auftauen, wenn man mit ihnen ins Gespräch kommt. Ein Land, das ich mir gut für eine Auswanderung vorstellen könnte.

Kapitel 11

Malawi – Afrika poor! Aber sehr schön!

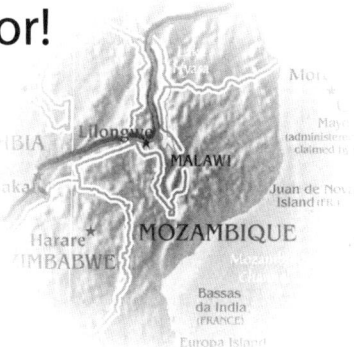

An der Grenze stellen wir fest, dass Christian ein Visum für Malawi braucht, weil er Österreicher ist. Und das bekommt man normalerweise nicht an der Grenze. Wir hätten das auf jeden Fall schon in Daressalam in Tansania beantragen müssen. Eigentlich warte ich ja immer im Außenbereich bei den Motorrädern, bis Christian mit den Formalitäten durch ist, jetzt kommt er aber heraus und ich muss rein, die wollen mich sehen. Das gab es ja schon lange nicht mehr. Und dabei war ich vor dem Grenzgebäude gerade im Gespräch mit ca. 50 Leuten aus Malawi, schade. Der Grenzer sagt mir, dass ich eigentlich nach Malawi einreisen könnte, Christian aber leider nicht. Ich täusche einen kleinen Nervenzusammenbruch vor und sage, dass wir das natürlich nicht gewusst haben, dass wir ansonsten aber sehr, sehr gründlich sind und alle möglichen Visa nachweislich schon in Deutschland besorgt haben! Er berät sich im angrenzenden Raum mit seiner Vorgesetzten, die mir auch sehr wohlgesonnen ist und dann kommen sie zurück: Christian bekommt eine provisorische Einreiseerlaubnis in den Reisepass gestempelt mit der Auflage, sich binnen 3 Tagen in Mzuzu beim Immigration Office zu melden und ein richtiges Visum zu beantragen. Gut, dass wir nicht zurückfahren müssen!

Auch hier in Malawi: „Afrika best of" und dann kommt der See, der Malawisee, und da läuft es mir wieder einmal kalt den Rücken runter:

Kapitel 11 – Malawi

wir hier am Malawisee in Afrika und nicht in München bei der Arbeit! Ein Traum! Die Menschen sind von Haus aus sehr sympathisch, alle interessiert und aufgeschlossen.

Malawi wird auch das warme Herz Afrikas genannt, es grenzt an Zambia, Tansania und Mosambik und hat ca. 13 Millionen Einwohner. Hauptstadt ist Lilongwe. Im Norden von Malawi ist es sehr bergig, teilweise bis 3.000 Meter Höhe. Der Malawisee ist mit ca. 570 Kilometer Länge und bis zu 80 Kilometer Breite der neuntgrößte See der Erde. Malawi ist auf der Liste des Human Development Index (HDI) auf Platz 160 gelistet und damit schon bei den Ländern mit niedrigem Entwicklungsstand. Äthiopien belegt im Index wie schon erwähnt Platz 171 von insgesamt 182.

Mittlerweile ist es ja Ende August und deswegen auch schon sehr heiß hier in Malawi. Nur in den Bergen ist es noch angenehm kühl. Wir fahren lange Zeit durch die Berge, fast meinen wir schon, dass wir uns bestimmt verfahren haben, dann geht es aber doch wieder Richtung See. In Mzuzu findet Christian mit Hilfe des GPS schnell das Immigration Office für die Visabeantragung. Die ganze Angelegenheit dauert ca. 30 Minuten. Ich warte wie immer und unterhalte mich zwischenzeitlich mit den aufgeschlossenen Menschen hier. Ich frage auch noch, wie wir am besten nach Nkhata Bay, unserem heutigen Tagesziel kommen, es gibt da nämlich zwei Möglichkeiten. Und am Schluss steht es 5 zu 4 für eine Straße, die nehmen wir dann auch. Allerdings kann die andere Straße auch nicht übler sein, viel mehr Schlaglöcher passen in eine Straße gar nicht rein!

Da Nkhata Bay Ziel vieler Rucksacktouristen aus aller Welt ist, soll es hier auch einige brauchbare Unterkünfte geben. Wir suchen nach Gästehäusern aus dem Lonely Planet und finden dann am Ortsende auch eines. Wir hatten, warum auch immer, eigentlich auf eine Luxuslodge gehofft, aber weit gefehlt, wieder eine Absteige aber in wunderbarer Lage direkt am See. Die Zimmer sind dunkel, das Fenster sehr klein aber das Bad ist urig. Und eine tolle Terrasse haben wir, direkt am See. Auch das Abendessen schmeckt ausgezeichnet, auf dem Tisch steht unser Laptop, das Restaurant, das zu unserem Gästehaus gehört, ist nämlich das einzige Internetcafé von Nkhata Bay. Das Internet ist aber bodenlos langsam, da vergeht einem der Spaß. Wir warten endlos lange, bis die aktuellen Internetberichte hochgeladen sind und lassen uns dabei noch ein paar „Carlsberg-Bierchen" schmecken. Carlsberg hat hier in Malawi eine Brauerei, darum gibt es das Bier an jeder Ecke. Danach genießen wir noch ein bisschen das Plätschern des Sees auf unserer Terrasse, sehen können wir leider nichts mehr, es ist schon lange dunkel. Im Zimmer unter den Moskitonetzen schlafen wir dann zum gleichmäßigen Surren des Ventilators ein. Gute Nacht, Malawi, wir freuen uns schon auf morgen!

Das Gästehaus gehört drei Engländern und gleich beim Frühstück beobachte ich eine unangenehme Szene, wer daran auch immer Schuld ist, kann ich aber nicht wirklich beurteilen. Die Wirtin und Miteigentümerin lässt sich aus der Küche vom schwarzen Koch ein Frühstück bringen. Der kommt dann als erstes mit den Eiern, die gibt sie im gleich wieder mit, irgendwas hat er falsch gemacht. Dann kommt das Brot mit Wurst und Marmelade, auch das lässt sie mit vorwurfsvoller Miene gleich wieder zurückgehen und selbst am Tee und am Orangensaft hat sie etwas zu beanstanden. Alles wird also mindestens zweimal serviert, dazu ihr leidendes Gesicht, da könnte einem ja morgens schon alles vergehen. Ich kann mir nicht vorstellen, dass der Koch wirklich alles komplett verkehrt gemacht hat, uns hat er das Frühstück auch gebracht und das schmeckt wirklich gut, und zwar alles! Ich glaube, dass die Chefin frustriert ist und sich hier nicht mehr wohlfühlt. Deswegen schikaniert sie ihre Angestellten. Ich würde ihr ja gern empfehlen, dass sie am besten wieder nach Hause geht. Sicher hat sie bei vielen Dingen recht und bestimmt nervt es einen, wenn die Angestellten auch beim hundertsten Mal den gleichen Fehler machen aber wenn man das nicht ertragen kann dann muss man Afrika halt verlassen!

Heute schauen wir uns hier in Nkhata Bay ein bisschen genauer um. Als erstes versuchen wir, im örtlichen Supermarkt Tempotaschentücher zu bekommen, das gelingt uns nicht, wir weichen schlussendlich auf eine Rolle Klopapier aus. Auch Zahnpaste und so weiter gibt es nur in ziemlich großen Mengen, das kaufen wir dann aber trotzdem.

Dann spazieren wir am See entlang, sehr entspannend, viel Papyrus und jede Menge Bananenstauden, alles satt grün. Und dazu die warmherzigen Menschen von Malawi, sie lachen viel und wirken alle gut gelaunt. Und das bei der Armut, die hier herrscht, schon bewundernswert! Wir machen dann noch Rast in einer anderen Lodge, die würde mir wesentlich besser gefallen als die, in der wir sind. Allerdings wäre ich da nicht mit dem Motorrad hingefahren, der Weg führt über riesengroße Felsen, Furchen und, und... Nichts für mich und so beschließen wir, in unserem Hotel zu bleiben, da haben wir ja auch einen tollen Blick auf den See.

Wir gehen noch auf den Fischmarkt, ins Café und unterhalten uns mit ein paar Einheimischen, sehr interessante Gespräche. Wir haben den Eindruck, dass die Leute aus dem, was sie haben, das Beste machen. Und am frühen Abend sitzen wir dann wieder auf unserer Terrasse und genießen den Blick auf den Malawisee.

Wir haben ja gestern bei Ankunft schon gesehen, dass hier dringend erforderliche Wartungsarbeiten am Geländer durchgeführt werden. Wir haben 5 örtliche Handwerker gezählt, die mit dem Lackieren eines insgesamt 3 Meter langen Geländers beschäftigt waren. Etwa ein halber Meter war schon gestrichen, fehlten also noch 2,5 Meter. Alle sitzen vor dem Geländer und zusammen haben sie einen kleinen Eimer Farbe vor sich. Jeder hat einen Pinsel in der Hand und abwechselnd streicht jeder eine Minifläche. Alles schön im Wechsel, alle 5 Arbeiter im blauen Overall. Genau genommen erkennt man nur an den blauen Overalls, dass es sich hier um Arbeiter handelt. Wäre es ein Bild könnte man es mit der Überschrift „Bloß nicht aus der Ruhe bringen lassen" versehen. Vor ca. einer halben Stunde sind wir heute auf dem Weg zu unserem Zimmer nochmal an den Arbeitern vorbeigekommen und siehe da: nach ca. 50 Gesamtarbeitsstunden von gestern und heute war schon wieder fast ein halber Meter gestrichen. Ich finde das ja phänomenal, diese Einstellung zu Zeit und Leistung, gern möchte ich davon auch ein bisschen was übernehmen. Wir haben diese Art zu arbeiten auch bei früheren Afrikabesuchen schon mehrmals erlebt, man schaut dann ja immer wieder hin, weil man es nicht glauben kann. Und die Einstellung zur Arbeit ist hier oft sehr extrem aber ehrlich gesagt ist sie das bei uns ja auch, nur halt entgegengesetzt. Vielleicht wäre ein guter Mittelweg für alle optimal? Wir überlegen noch, wie es wohl wäre, wenn wir hier am schönen Malawisee eine Lodge eröffnen würden. Ich würde entweder zügig ausflippen oder abstumpfen und alles hinnehmen, wie es hier nun mal ist und, ganz ehrlich, auch sein soll. Wir sind schließlich in Afrika und nicht in München! Ruhe ist hier arbeitsmäßig oberstes Gebot und wer sich zuerst rührt, der hat schon verloren! Oft habe ich einzelne Afrikaner beneidet: das halbe Leben meditatives Arbeiten, die andere Hälfte den Schlaf der Gerechten genießen. Und ich meine das ernst: wer macht es richtig, wer falsch? Ich bin mir nicht sicher!

Leider müssen wir dann ins Zimmer, hier gibt es dermaßen viele Moskitos, das ist fast nicht auszuhalten.

Frühmorgens geht es los, wir nehmen die Straße direkt am See entlang und fahren über Nkhotakota Richtung Lilongwe. Ein sonniger Tag, bestes Wetter, 32 Grad. Zwischendrin haben wir fast gleichzeitig das Gefühl, dass entweder die Straße jetzt sehr seltsam ist oder wir zu wenig Luft in den Reifen haben. Wir bleiben irgendwo mitten in der Prärie stehen und holen unser Equipment für diesen Fall heraus, den Luftdruckprüfer und dazu gleich den Kompressor. Am Kompressor ist zwar auch ein Luftdruckprüfer, der ist aber viel zu ungenau, den kann man vergessen. Genau genommen kann man den ganzen Kompressor vergessen. Christian hat den in Kenia repariert, er hat den kaputten Schalter ausgebaut. Dieser Schalter wird jetzt durch mich ersetzt, ich muss den Stecker in meine Bordsteckdose stecken und auf Anordnung wieder rausziehen: welch verantwortungsvolle Aufgabe! Und der Strom wird natürlich von meiner Batterie weggenommen, mein Motorrad ist scheinbar nicht so wichtig. Wir haben dabei natürlich den einen oder anderen Zuschauer, die Leute hier sind ja selbst nicht so ausgestattet. Dann passt alles wieder und es geht weiter.

In einer mittelgroßen Ortschaft sehen wir dann ein paar Polizisten beieinander stehen. Ich denke mir noch, da ist ein Massai dabei, der ist Polizist geworden und stützt sich auf seinem Stock ab. Als wir näher kommen, stellt sich der Stock aber als Stativ mit einer Radarpistole oben drauf heraus! Ja, wer rechnet denn nach ein paar tausend radarfreien Kilometern mit so etwas? Jedenfalls werden wir prompt gestoppt, der Polizist sagt, dass wir 63 statt der erlaubten 60 gefahren sind. Ich bin heilfroh, eigentlich dachte ich, dass wir ca. 80 gefahren sind und nur 50 erlaubt war. Aber: diese 3 Stundenkilometer zu viel kosten hier in Malawi angeblich 5000 Kwacha, das sind ca. 40 Dollar pro Person. Der Polizist geht zu seiner Hütte, ich richte mich schon auf Streit ein, da sagen die anderen Polizisten, wir könnten doch weiterfahren. Wenn man so durch Malawi fährt, fragt man sich ja schon, ob die keine anderen Probleme haben, es gibt hier sehr wenig Autos, private praktisch gar nicht und Busse auch sehr wenig. Vermutlich hat China schon im Vorfeld diese Radarpistolen ausgeliefert, damit Malawi gleich weiß, wo man die bekommt, wenn dann irgendwann einmal auch der passende Verkehr da ist. China ist hier überall groß vertreten, schon fast etwas beängstigend!

Wir biegen dann vom See weg Richtung Lilongwe ab und sofort merkt man an den Lehmhütten, dass die Gegend wesentlich ärmer ist als die direkt am See. Aber natürlich ist es auch sehr idyllisch. Hier ein kleines Päuschen und da auch noch eines und schon sind wir in Lilongwe.

Christian bzw. das GPS bringt uns dann zum Lilongwe Hotel und ich muss wie immer rein und die Zimmer checken. Und da arbeitet dann ein unglaublich selbstgefälliger Rezeptionist, ich muss mich schon sehr beherrschen, dass ich mit ihm nicht gleich zu streiten anfange. Standardzimmer haben sie nicht mehr, nur doch die teuren Superiorzimmer. Dann nehmen wir halt so eines. Im Zimmer ist eine ca. 3,50 Meter lange Ablage, darauf steht in der Mitte der Fernseher, der Wasserkocher und vieles, vieles mehr. Stützen befinden sich aber nur jeweils an den Enden, also statisch gesehen voll der Flopp. Alles biegt sich so durch, ich trau mich fast nicht, unseren Krempel da abzulegen. Mache ich aber doch, was soll`s.

Dann schauen wir uns noch Lilongwe an, essen im Hotel zu Abend und gehen dann zurück ins Zimmer, in dem wir vor lauter Moskitospray kaum Luft bekommen!

Wir fahren los Richtung Grenze nach Zambia und treffen unterwegs einen Radfahrer aus Israel, er heißt Roey. Wenn man hier in Afrika irgendwo stehenbleibt, kommen mit 100%iger Sicherheit aus allen Ecken die Leute heraus. Vorher sieht man niemanden, wir fragen uns immer wieder, wo die Leute eigentlich alle herkommen. Hauptsächlich sind es Kinder. Roey fragt uns als erstes, ob es in Äthiopien wirklich so schlimm ist, wie alle sagen. Laut ihm gilt das ja ganz besonders für Motorradfahrer und Radfahrer. Leider können wir es ihm nur bestätigen, ihm graut es schon so richtig davor, er kann ja auch nicht, so wie wir, mit den Motorrädern schnell flüchten. Roey ist bereits seit 2 Jahren unterwegs und hat noch 2 weitere vor sich, er muss aber in Äthiopien mit dem Rad in den Flieger, mit seinem israelischen Pass darf er nicht in den Sudan einreisen. Dann fliegt er halt nach Spanien und setzt da seine Reise fort.

Bei der Weiterfahrt kommen wir an ein paar Häusern vorbei, ich sehe schon, wie von links eine riesige Sandwindhose kommt, Christian kommt noch durch, ich muss eine Vollbremsung machen, weil diese Windhose direkt neben der Straße gerade eine Hütte erst abgedeckt und dann komplett umgerissen hat. Ca. 2 Meter vor mir zieht sie dann über die Straße, glücklicherweise ist nichts passiert! Und dann sind wir wieder in imposanter Landschaft unterwegs, Christian fährt ungestört dahin aber vor mir kommt plötzlich ein mittelgroßes schwarzes

Schwein aus dem Graben neben der Straße und saust mit einem Affenzahn direkt vor mir auf die andere Straßenseite! Auch hier kann mich nur eine Vollbremsung retten, ansonsten wäre es für mich und das Schwein eng geworden! Also: Schwein gehabt! Allerdings hat sich mir, falls es das gibt, vor lauter Schreck das Herz zusammengezogen und wir müssen eine kleine Adrenalinstopp-Pause machen. Christian hat von all dem nichts bemerkt und da fällt mir schon auf, dass man auf so einer Reise auch jede Menge Glück braucht, ansonsten kann alles von einer Sekunde auf die andere aus sein. Und darauf hat man einfach keinen Einfluss!

Fazit Malawi: dass Malawi eines der ärmsten Länder der Welt ist, bemerken wir hier kaum. Die Menschen sind so gut gelaunt, lachen gern und sind äußerst sympathisch, eine wahre Freude. Auch die schöne Fahrt am Malawisee entlang werde ich nie vergessen, die war einfach nur schön. Malawi ist noch sehr ursprüngliches Afrika, genau wie ich es mag.

Kapitel 12
Zambia – das wird ja immer schöner!

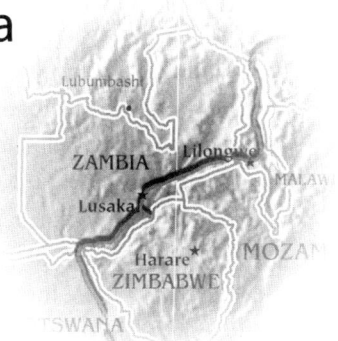

Dann kommen wir an die Grenze, alles läuft wie geschmiert, obwohl wir nicht schmieren. Nur die Straßenbenutzungsgebühr für Zambia muss schon in Landeswährung bezahlt werden und wir wollten hier an der Grenze eigentlich nicht wechseln, diese Geldwechsler sind schlimmer wie Fliegen. Wir wechseln aber doch, es bleibt uns nichts anderes übrig.

Zambia gefällt uns gleich noch etwas besser als Malawi, es ist wunderbar hier, sehr afrikanisch! Und die Leute? Sehr liebenswürdig! Eigentlich wollen wir in Chipata übernachten, das ist nicht weit von der Grenze entfernt. Es ist aber noch zu früh und fast alles ist geschlossen, weil heute Sonntag ist. Und so ganz viel gibt es hier nicht zu sehen, also fahren wir weiter. Allerdings kommt dann bis ca. 17 Uhr keine brauchbare Unterkunft mehr, die Straße ist mittlerweile miserabel geworden, so ähnlich wie eine geteerte Wellblechpiste. Christian hat auf dem GPS einen Campingplatz entdeckt, wir hoffen, dass der vielleicht auch ein paar Chalets hat, hat er aber natürlich nicht! Der Platz ist weit außerhalb der Ortschaft, ohne GPS würde man den auf keinen Fall finden, es ist auch gar nichts angeschrieben. Der Platz ist idyllisch, wie auf dem Bauernhof, gleich rennen die Hennen um unsere Füße, eine ganz süße Katze ist auch schon da, prima. Nur die sanitären Anlagen, man mag es ja gar nicht mehr beschreiben.

Trotzdem bleiben wir, hier wird es schon um 18Uhr dunkel und zwar von jetzt auf gleich und Fahren bei Dunkelheit wäre hier wirklich der pure Leichtsinn, bei den ganzen Tieren auf der Straße. Also packen wir unsere nagelneue Campingausrüstung das erste Mal aus. Christian verzichtet beim Zeltaufbau zum größten Teil auf meine Hilfe, das könnte ansonsten schnell Ärger geben, wenn zwei „Gscheidler" zusammen sind. Nur bei wirklich wichtigen Aufgaben, wie Stangen halten, zieht er mich hinzu, toll!

Ich bin dann für die Inneneinrichtung zuständig, es wird richtig gemütlich im Zelt. Ich freu mich schon auf diese erste Campingnacht. Wir duschen noch mit Schlappen, damit wir möglichst wenig berühren und dann kochen wir uns mit unserem Puppenstubenkocher noch einen Tee, den ich aus den guten Hotels immer genau für diesen Fall mitgenommen habe. Wir haben den Kocher ja nur einmal in München in der Garage ausprobiert und bis wir die richtige Menge Brennstoff mit der richtigen Menge Wasser endlich so kombiniert hatten, dass das Wasser auch tatsächlich gekocht hat, war schon das erste Päckchen Brennstoff leer! Aber dafür klappt es jetzt auf Anhieb, das Wasser kocht, der Tee schmeckt! Dazu gibt es dann noch 4 der insgesamt 6 Kekse, die restlichen zwei müssen morgen für das Frühstück reichen! Wir hatten nicht mit Camping gerechnet und deswegen auch keinerlei Vorräte dabei. Zwischen der zutraulichen Katze und den Hühnern fühlen wir uns schon richtig heimisch und so sitzen wir nach unserem reichlichen Abendessen noch vor dem Zelt und schauen uns den sensationellen Sonnenuntergang an. Dann wird es schnell feucht und wir begeben uns ins Zelt. Ich habe aus Gewichts- und Platzgründen nur meinen dünnen Bikerschlafsack von der Reise im letzten Jahr dabei. Christian hingegen hat sich einen neuen, flauschigen Schlafsack besorgt, unabhängig von Gewicht und Packmaß, nur der Komfort stand im Vordergrund. Das heißt, er hat es in der kalten Nacht im afrikanischen Südwinter mollig warm, ich hingegen lege mir über meinen dünnen Schlafsack alles, was irgendwie greifbar ist. Irgendwann liege ich unter unserer gesamten Motorradkleidung, mich friert es jetzt zwar nicht mehr aber ein bisschen schwer ist das alles schon!

Guten Morgen Afrika, es war eine etwas kalte Nacht im Zelt. Die wurde auch noch sehr frühzeitig von einem durchgeknallten Hahn unterbrochen, der hat ab ca. 3 Uhr morgens gekräht, was das Zeug hält. Christian war die Isomatte zu hart, der konnte gar nicht genug Luft herauslassen aber ansonsten ist die Campingpremiere geglückt! Leider habe ich den sicher phantastischen Sternenhimmel verschlafen. So und jetzt gibt es ein Gourmetfrühstück: Pulverkaffe, Milchpulver und dazu 2 leckere Kekse, wir haben uns da schon seit mehreren Ländern auf die Marke „Tenniskekse" festgelegt. Da freut sich jeder und es sättigt ungemein! Gestärkt starten wir zur Fahrt nach Lusaka. Vormittags ist es etwas eintönig, die Landschaft sehr langweilig. Nachmittags wird es dann aber besser. In Lusaka fährt Christian zu einem Hotel, das im GPS erwähnt wird. Ich denke mir noch, da kann doch jetzt was nicht stimmen, er fährt aber unbeirrt weiter. Seine Fahrt endet erst als die Teerstraße in eine Sandstraße übergeht, wir sind am Rand der Slums von Lusaka. Ohne GPS schaut man ja vielleicht mal nach vorne und fragt sich, was diese 10.000 Blechdächer direkt nebeneinander denn jetzt so bedeuten könnten, oder?

Es reicht, wir wollen nicht mehr suchen und dann taucht auch ziemlich schnell ein anderes Hotel auf. Wir bekommen eine 2-Raum Suite, riesengroß, man verläuft sich fast und mit dabei ist noch ein riesengroßer Balkon. Aus dem Nachbarzimmer dringt laute südamerikanische Musik. Dann schauen wir uns noch ein bisschen Lusaka an, eine afrikanische Großstadt halt, keine Höhen, keine Besonderheiten.

Lusaka, die Hauptstadt Zambias, hat ca. 1,3 Millionen Einwohner. Die Innenstadt ist angeblich nicht ganz ungefährlich, die Zahl gewalttätiger und bewaffneter Raubüberfälle nimmt zu. Bei Autofahrten wird empfohlen, die Türen von innen zu verriegeln und die Fenster geschlossen zu halten. Ich frage mich ja, wie wir da mit den Motorrädern reagieren sollen. Wie auch immer, man darf sich da nicht abschrecken lassen, sonst sollte man besser nicht verreisen. Lusaka wächst sehr schnell und im Stadtzentrum sprießen die Hochhäuser nur so aus dem Boden. Der Verkehr ist chaotisch. Wir schauen uns den New-City-Markt an, es gibt endlos viele Marktstände, kleine Restaurants, Fisch, Fleisch und Obst werden verkauft, ein reges Treiben, sehr interessant. Dazwischen sehen wir auch Stände, die ausschließlich alte Klamotten aus Europa verkaufen, da findet dann auch mal ein T-Shirt mit dem Aufdruck eines deutschen Fußballclubs seinen vermutlich letzten Besitzer. Für die heimische Textilindustrie ist das sicher nicht förderlich! Aber es gäbe hier auch wieder viele Möglichkeiten, sich mit wirklich ausgefallenen afrikanischen Waren einzudecken. Mittlerweile schwebt mir ja schon eine größtenteils afrikanische Einrichtung bei uns zuhause vor. Mal sehen, ob es da wenigstens am Schluss der Reise noch eine Möglichkeit gibt, einiges aus Afrika nach Deutschland zu bringen. Zurück im Hotel ist die Musik immer noch sehr laut, ich rufe an der Rezeption an und bitte, für Ruhe zu sorgen, was sie auch machen.

Am nächsten Morgen funktioniert als erstes die Toilette nicht mehr. Wir beschweren uns noch vor dem Frühstück an der Rezeption. Aber nach dem Frühstück erwarten uns vor dem Zimmer zwei Arbeiter, die dürfen in Abwesenheit nicht rein, also können sie erst jetzt mit den Reparaturen loslegen. Und wie könnte es anders sein hier in Afrika: es dauert und dauert bis sie dann das nötige Werkzeug aus den verschiedenen Ecken des Hotels zusammengeholt haben. Ich werde auch etwas ungehalten, das interessiert die beiden aber nicht im geringsten, die arbeiten einfach wie gewohnt in Zeitlupe weiter. Und ich gebe dann am Schluss wie gewohnt für unterdurchschnittlichen Service kein Trinkgeld. So kann jeder bei seinem Ding bleiben, wirklich froh ist darüber aber keiner! Beim Auschecken treffe ich dann noch auf unsere laute Zimmernachbarin, das ist eine reiche Sambierin, die hat die Suite hier im Hotel auf Dauer gemietet. Sie entschuldigt sich noch wegen gestern, sie ist sympathisch und gibt mir auch noch einen guten Übernachtungstipp für Siavonga am Lake Kariba, unserem heutigen Tagesziel. Sie ist selbst früher Motorrad gefahren und bewundert mich

Kapitel 12 – Zambia

wegen unserer Reise so, dass es mir schon fast peinlich ist, bloß schnell weg hier. Rush Hour in Lusaka, wie kann es morgens anders sein, wir stehen im stinkenden Verkehr der Millionenmetropole und warten und warten. Irgendwann haben wir es dann doch geschafft, da rauszukommen und fahren durch das wirklich schöne Zambia Richtung Süden an den Lake Kariba. Da wollen wir 2 Tage bleiben und Christians Geburtstag feiern. Am liebsten möchte ich hundert Mal anhalten, diese ganzen Fotomotive am Wegesrand! Und das Wetter? Angenehm warm, wie schon seit langer Zeit. Es hat tagsüber immer so um die 32 Grad und Christian fragt jeden Tag wieder, wann denn der von mir angekündigte Südwinter endlich kommt. Ich bin aber der Meinung, dass der schon lange da ist: angenehme Tagestemperaturen und kühle bis kalte Nächte. Die Reisezeit ist absolut ideal, wir hoffen, dass es noch lange so bleibt.

Nach einer kleinen Ortschaft fährt ein LKW vor uns über ein Bahngleis, sehr, sehr langsam. Und dazu seine Abgase, es stinkt ganz brutal. Er fährt auf jeden Fall zu langsam für uns und wir überholen trotz durchgehender Linie in der Mitte. Kaum sind wir am LKW vorbei winkt uns eine „sehr sympathische" Polizistin gleich raus. Auf der anderen Straßenseite sind 3 Kollegen, die lehnen am Polizeiauto und genießen das schöne Wetter. Sie sagt noch „insurance" und Christian sagt, die sollen gefälligst herkommen, wenn sie was wollen. Ich sage noch: „Du spinnst wohl, das ist die Polizei!"
Also gehen wir mitsamt unserer Versicherung auf die andere Straßenseite und einer aus dem Quartett erklärt uns: „you have violated rule No. 5 ! No Overtaking in Curves! This is here in Zambia 270.000 Kwacha!" Das ganze mal 2 und in Dollar ist das eine Strafe von ca. 120 Dollar dafür, dass wir gegen Verkehrsvorschrift Nummer 5 verstoßen haben, die besagt, dass man in Kurven bei geschlossener Linie nicht überholen darf. Ich sage dazu ganz ungläubig in gemischtem Englisch/Bayrisch: „No, des kann ja ned sei!" Darauf die Polizistin: „You can talk with the boss!" Der Boss ist dann auch einer der vier Faulpelze. Ihm sagen wir, dass wir eigentlich kein Geld haben, dass wir uns auf der ge-

samten Reise noch nichts zuschulden kommen lassen haben und dass wir kreuzbrave Leute sind. Als ich erkenne, dass wir hier nicht ungeschoren davonkommen, frage ich ihn: „Can you give us a little discount?" Daraufhin gibt es herzliches Gelächter. Die vier fragen uns tatsächlich, wie viel wir denn zahlen möchten. Daraufhin sagt Christian: „Am liebsten nichts", wieder schallendes Gelächter. Keiner geht auf dieses „nichts" näher ein und so schlägt Christian vor, dass wir 100.000 Kwacha zahlen und er bekommt sofort ein OK. Auf eine weitere Nachfrage, ob vielleicht auch 50.000 reichen erntet Christian wieder schallendes Gelächter. Schlussendlich sind wir 100.000 Kwacha ärmer, haben aber alle viel Spaß gehabt, Kino hätte ja auch was gekostet!

Weiter fahren wir, wie schon seit hunderten von Kilometern, fast allein zum Lake Kariba, dabei haben wir mehrere Buschbrände durchfahren, teilweise habe ich wieder den Eindruck, wie schon in Syrien, dass mir die Haare unter dem Helm schmelzen, dem ist aber auch hier nicht so. Die Straße zum Lake Kariba ist eine der einsamsten und zugleich grandiosesten auf der gesamten Reise. Die Strecke führt vorbei an Affenbrotbäumen, von mir aus könnte sie ewig so dahingehen. Das hier ist Afrika, wie ich es bisher noch nicht kannte, es genügt allen positiven Vorstellungen, die man von diesem Kontinent haben kann. Auch die wenigen Menschen, die wir unterwegs treffen, sind sehr aufgeschlossen und freundlich. Irgendwann kommen wir dann am Lake Kariba an, es ist schön hier, sehr schön sogar! Das empfohlene Hotel „Lake Kariba Inns" finden wir schnell. Es gibt hier genau noch für 2 Nächte freie Zimmer. Also bleiben wir hier auf jeden Fall bis übermorgen. Ich schaue mir das Zimmer an, es ist schön aber das tollste ist die Terrasse direkt vor dem Zimmer mit Blick auf den Lake Kariba. Im üppig bepflanzten Garten blühen viele Blumen, dazwischen ein paar Palmen, paradiesisch. Gerade als wir alles ausgepackt und verstaut haben, kommt der Zimmerboy und sagt uns, wir sollen uns bitte eines der anderen Zimmern aussuchen, von dem hier könnten sie den Schlüssel nicht finden, scheinbar hätte den der letzte Gast mitgenommen. Also wieder alles einpacken. Wir gehen dann noch in die Ortschaft hinunter, die meisten Leute hier leben vom Fischfang und so wird auch an jeder Ecke frischer Fisch angeboten. Siavonga ist ein sehr ursprünglicher Ort, auch die einzelnen Geschäfte sind einfach gehalten. Es gibt eigentlich nur das Nötigste. Ganz interessant. Leider kann man sich in diesen Orten ja nicht einfach so bewegen, die Leute beobachten uns genauso wie wir sie und so kommen hier auch nicht die Fotos zustande, die ich mir eigentlich erhofft habe.

Es ist überhaupt sehr schwierig, auf einer Motorradreise Fotos zu machen, wie man sie sich eben vorstellt. Das kommt unter anderem daher, weil man ja praktisch nie unbeobachtet irgendwo stehenbleiben kann. Überall tauchen sofort Menschen auf. Oft ist es dann auch unerträglich heiß, wenn man mit den Motorradklamotten stehenbleibt. Kein Fahrtwind mehr, der kühlt, den Helm könnte man dann ja hochklappen, zum Fotografieren wird es dann aber ganz schnell zu heiß. Und bis man dann die Kamera endlich schussbereit hat: Tankrucksack aufmachen, Fototasche aufmachen, Kamera raus, einschalten, einstellen. Bis das alles erledigt ist, entschwindet oft schon das eine oder andere Motiv, schade, schade! Oft fahren wir an Sachen vorbei, die ich eigentlich fotografieren möchte und dann denke ich mir noch, so, jetzt wird angehalten, dann die Hoffnung, dass sich das Motiv bestimmt bald wiederholt und dann immer wieder die Enttäuschung, dass es das eben gerade nicht macht! Und so müssen wir feststellen, dass es doch Dinge gibt, für die in den zur Verfügung stehenden 13 Wochen einfach zu wenig Zeit ist. Schade!

Abends sitzen wir dann noch auf der Restaurant-Terrasse, der Blick schweift über den Lake Kariba und wir wünschen uns, dass wir hier endlos lange bleiben können! Mit einem „Mosi"-Bier stoßen wir auf die wunderbare Zeit an, die wir hier in Afrika verbringen dürfen. Uns gefällt es ja seit Wochen äußerst gut und täglich wird es noch besser!

Am nächsten Tag dann Christians Geburtstag. Welch Glück er doch hat, dass er diesen Tag in Afrika am Lake Kariba verbringen kann. Wir schätzen es sehr, dass wir diese Reise machen können. Ich würde meinen Geburtstag auch gern hier verbringen, es sieht aber momentan nicht danach aus! Gleich morgens geht es los zur Bootstour auf den See. Wir haben ein Boot mit Fahrer, der gleichzeitig Guide ist, für uns allein. Wir fahren zu den Inseln, die schon zu Zimbabwe gehören, von da aus geht es dann weiter zum Staudamm. Der Kariba-Staudamm staut mit seiner ca. 130 Meter hohen und 620 Meter langen Staumauer das Wasser des Zambesi auf. Der Karibastausee ist der fünftgrößte Stausee der Welt. Etwa 55.000 Menschen mussten vor der Flutung umgesiedelt werden. Eigentlich wünschen wir uns, dass unser Kapitän noch zwei Liegen auf das Boot bringt und uns den ganzen Tag über den See schippert. Aber leider ist die Fahrt gegen Mittag zu Ende, wir gehen später nochmal in die Ortschaft, vielleicht wird es ja heute was mit ein paar guten Fotos? Abends feiern wir dann noch auf der Terrasse, der Blick erinnert an die Cote dÀzur, das ganze hier halt gemischt mit Afrika. Einmalig!

Am nächsten Morgen gehen wir nach dem Frühstück ein letztes Mal zurück ins Zimmer und nehmen die herunterhängende Türklinke in die Hand, um auf unsere eigene Terrasse zu kommen. Und dazu jetzt ein kleiner Tipp für Afrikaeinsteiger: man ist hier in Afrika immer gut beraten, wenn man ein paar Spaxschrauben und zumindest das "kleine Heimwerkerwerkzeug" mit dabei hat. Nur so kann man die ersten dringenden Reparaturen in Hotelzimmern gleich selbst ausführen. Oft besteht ja die Gefahr, dass man das Zimmer ohne fremde Hilfe gar nicht mehr verlassen kann. Alles natürlich leicht übertrieben aber im Kern durchaus wahr!

Und jetzt geht es zurück Richtung Kafue, da kommt wieder dieses Stück Land mit Baobabs, roter Erde und so weiter, da stoppen wir wieder, ich muss da nochmal „nachfotografieren", traumhaft! Dann fahren wir bis zur Brücke über den Kafue, das blaue Wasser, der Papyrus an den Ufern, drüben am anderen Ufer Baobabs, davor liegt die „Kafue Queen", ein schönes Ausflugsschiff – und da soll man nicht ins Schwärmen kommen?

Kapitel 12 – Zambia

Auf gut ausgebauter Straße kommen wir zügig vorwärts, eigentlich ist Choma zum Übernachten geplant, die Stadt sieht aber auf den ersten Blick und vermutlich auch auf allen weiteren Blicken nicht sehr prickelnd aus und so fahren wir weiter. Wenn es so weitergeht, sind wir um 16Uhr30 in Livingstone. Livingstone ist angeblich nicht ganz ungefährlich und abends sollte man sich besser im Hotel aufhalten. Sagt der Lonely Planet. Aber auch da muss man feststellen, dass viele Reiseführer schon einiges „gesagt" haben auf dieser Afrikareise und nicht alles ist wirklich aktuell. Mag sein, dass es früher anders war, als irgendwelche Veränderungen in Afrika nur zu allen heiligen Zeiten stattfanden. Heute ist das einfach nicht mehr so, auch hier ändert sich alles in rasantem Tempo, teilweise schneller als bei uns in Europa. Der Nachholbedarf ist groß. Die grundlegenden Sehenswürdigkeiten und z.B. Straßenpläne stimmen natürlich nach wie vor aber sämtliche Hotel- und Restauranttipps sind einfach nicht mehr aktuell, weder vom Preis her noch sonst wie. Es gibt mittlerweile überall andere Hotels, bessere Restaurants, andere Fährzeiten. Ich weiß nicht, ob es in der heutigen Zeit überhaupt noch Sinn macht, sich Reiseführer zu besorgen, die detaillierte Informationen über Hotels, Öffnungszeiten, Preise etc. enthalten, die aber eigentlich alle schon bei Erscheinen überholt sind. Dafür gibt es ja jetzt das Internet Und Zugang zum Internet gibt es mittlerweile auch am Ende der Welt, man muss die Orte schon suchen, die kein Internetcafé haben. Nächstes Mal würde ich jedenfalls keinen Reiseführer mehr mitnehmen oder nur noch einen, in dem Sehenswürdigkeiten und Kultur beschrieben sind.

Ansonsten muss ich jetzt zwischendrin wirklich einmal feststellen, dass das Wetter heute wieder herrlich ist und wir übereinstimmen der Meinung sind, dass es einfach traumhaft schön ist, mit den Motorrädern durch diesen afrikanischen Südwinter zu brausen, allein das Gefühl, dass wir mit den eigenen Motorrädern hier in Afrika sind, ist überwältigend! Nicht dass jemand meint, dass irgendetwas zwecks meiner kleinen Nörgeleien nicht passen würde. Wir sind ja schließlich in Afrika!

Kapitel 12 – Zambia

Und dieses Afrika schlägt dann auch ca. 60 Kilometer vor Livingstone wieder voll zu: es geht auf furchtbar üble Piste, entgegenkommende LKWs stauben teilweise so brutal, dass man die eigene Fahrbahn nicht mehr erkennen kann und stehenbleiben muss. Und das Ganze bei Gegenlicht und tiefstehender Sonne. Sehr unangenehm! Auf Nachfrage erfahren wir, dass die Piste etwas mehr als 30 Kilometer lang sein soll! Das hat mir jetzt gerade noch gefehlt, es wird bald dunkel und wir können nur langsam fahren. „Wir" stimmt jetzt auch nicht ganz, Christian hat gerade seine Leidenschaft für das Pistenfahren entdeckt und entschwindet im afrikanischen Staubhorizont, toll, so ein Mann, der einfach „abhaut"! Und ich nenne ihn seit ein paar tausend Kilometern den „Best of Afrika-Motorradfahrer"! Der zweitbeste bin übrigens ich, nur mal so angemerkt, damit sich da keiner dazwischen drängelt! Irgendwann kommt eine Kreuzung, ich glaube, dass Christian geradeaus gefahren sein müsste, bin mir aber nicht sicher und so bleibe ich völlig entnervt stehen. Nach ca. 5 Minuten kommt ein PKW aus der entgegengesetzten Richtung und hält neben mir an. Der Fahrer dreht das Fenster herunter und sagt mir, dass er meinen Mann in ca. 5 Kilometer Entfernung gesehen hat, dass der da auf mich wartet. Woher weiß der, dass Christian mein Mann ist und vor allem: warum ist Christian schon 5 Kilometer weiter vorne? Bei der miesen Strecke und bei dem Gegenlicht, ist er jetzt verrückt oder ist mir irgendetwas entgangen? Na, dann soll er zurückkommen, so geht das ja schon gar nicht! Ich warte und er kommt auch. Angeblich krieche ich zu sehr und überhaupt käme ich viel besser vorwärts wenn ich eine bestimmte Grundgeschwindigkeit beibehalten würde. Sagt „Mister Piste" und fährt weiter! Da fällt einem ja nichts mehr ein. Dann kommt wieder Teerstraße aber die ist mit den hunderten von riesigen Schlaglöchern auch nicht besser und hat den Namen nicht verdient! Im Anschluss nochmal 5 Kilometer Piste und dann ist da endlich Livingstone, das ist aber auch wieder eine einzige Baustelle!

Das nach dem Forschungsreisenden David Livingstone benannte Livingstone entstand 1904, als die Brücke über die Victoriafälle fertiggestellt worden war. Direkt angrenzend an die Stadt gibt es den Mo-

Kapitel 12 – Zambia

si-oa-Tunya-Nationalpark. Livingstone lebt wegen der Victoriafälle hauptsächlich vom Tourismus.

Eigentlich sollten wir ja schon längst im Hotel sein, es ist schon Abend und dazu laut Reiseführer gefährlich. Ich hatte im Vorfeld ein Hotel rausgesucht, das direkt an den Victoriafällen liegen soll, das ist dann aber auch nochmal ungefähr 10 Kilometer außerhalb, davon wieder mindestens die Hälfte Baustelle. Am Hotel angekommen sehe ich aber am Baustil und am Eingangsgebäude gleich, dass es die richtige Wahl war. Hoffentlich ist da noch ein Zimmer frei. Es gibt hier direkt an den Victoriafällen zwei Hotels, die zusammengehören, einmal das Zambezi Sun, das ich rausgesucht habe und dann gleich daneben das Royal Livingstone Hotel, das einen Hauch nobler sein soll. Mir gefällt aber das Zambezi Sun viel besser, das ist modern, die Zimmer sind traumhaft, sehr bunt, ein bisschen Safaristil und dazu ein wunderschönes Bad. Christian handelt auch noch einen sehr guten Preis aus und kurz danach sitzen wir noch bei einem sehr gemütlichen Abendessen und freuen uns schon auf die Victoriafälle morgen früh!

Als erstes ein exzellentes Frühstück, die Empfangsdame im Openair-Restaurant erklärt alles ganz genau, sie zeigt uns noch, wo wir das Buffet finden und der Kellner stellt sich dann auch gleich noch mit Namen vor. Für meine Begriffe ist das ziemlich übertrieben, ich finde das Buffet eigentlich immer noch selbst. Auch heute essen wir zum Frühstück, wie immer wenn es möglich ist, 2 Spiegeleier mit Speck, Obst, Müsli, Brot oder Semmeln, dazu trinken wir Kaffee und Saft. Von den 61 Tagen, die wir bis heute unterwegs sind, haben wir geschätzte 50 mal so aufwändig gefrühstückt. Ich wundere mich schon, dass wir auch bis hierher unseren Gewichtsverlust von mehreren Kilogramm halten konnten. Zuhause wäre das ja unmöglich, jeden Tag so ein Frühstück und wir würden bald platzen.

Vom Zimmer aus gehen wir dann keine keine 5 Minuten zum Eingang der Victoriafälle. Das Zambezi Sun hat einen extra Zugang zu den Fällen, man muss auch den Eintritt von jeweils 10 Dollar nicht bezahlen. Und dann sind sie da, die Fälle. Wir haben sie ja schon von Zimbabwe aus gesehen und jetzt sehen wir sie von der Zambiaseite aus. Die Wassermenge ist Anfang September nicht überwältigend, aber die Fälle an sich sind einfach beeindruckend. Wir wandern entlang und sehen das Alles aus verschiedenen Blickwinkeln, wunderbar! Der erste Europäer, der die Wasserfälle entdeckte, war besagter David Livingstone. Die einheimischen nennen den Wasserfall „Mosi-oa-Tunya", was so viel wie „Donnernder Rauch" heißt. Dieser Rauch ist der Nebel, der von den Fällen bis zu 300 Meter hoch aufsteigt und noch in weiter Entfernung zu sehen ist. Die Fälle sind ca. 110 Meter hoch und bilden die natürliche Grenze zwischen Zimbabwe und Zambia. Ein beliebter Ort für Bungeejumper ist die Victoria Falls-Brücke, die Cecil Rhodes im Jahr 1900 als Eisenbahnbrücke errichten ließ. Man kann sie zu Fuß überqueren und hat von da aus tolle Ausblicke auf die Fälle und den Sambesi. Irgendwo wird uns dann noch ein „1 Trillion-Dollar-Schein" aus Zimbabwe als Souvenir angeboten, das Geld ist ja jetzt absolut wertlos. Und alles wegen diesem irren Staatspräsidenten Mugabe! Wir haben in den letzten Tagen überlegt, ob wir einen Abstecher nach Zimbabwe machen sollen und so fragen wir bei ein paar Leuten nach, wie es denn da momentan so aussieht, die sagen aber alle übereinstimmend, man sollte da erst beim nächsten Afrikabesuch wieder hinfahren. Die Zustände vor Ort wären einfach schrecklich. Also hat sich dieser Abstecher erledigt, wir waren eh schon 2 mal in Zimbabwe, da muss der nächste ausführliche Besuch halt noch etwas warten. Hoffentlich setzen sie diesen verrückten Präsidenten bald ab und verjagen ihn!

Wir gehen noch ein bisschen auf der anderen Seite der Fälle im momentan teilweise trockenen Flussbett des Sambesi entlang. Direkt im Hotelgelände treffen wir dann auf Zebras, Paviane und Giraffen. Das Hotel liegt nämlich mitten in einem Nationalpark! Ich denke mir natürlich gleich, dass das eine sehr gute Gelegenheit zum Fotografieren ist und pirsche mich sehr nahe an ein Zebra heran. Da kommt schon der Wildhüter auf mich zugestürzt und sagt mir, dass das natürlich so nicht geht, dass man schon einen gewissen Abstand zu den Tieren halten muss. Und wenn ich es mir genau überlege, hat er ja wirklich recht. So eine hirnlose Aktion. Wenn dabei was Ernstes passiert wäre, könnten die Leute aus gutem Grund fragen: „War die so blöd, oder wie?" Leider kann ich dann nicht mehr richtig fotografieren weil uns der Ranger begleitet und uns die gesamte Geschichte des Parks bis zum allerersten Ursprung aufdrängt. Und das dauert! Irgendwann endet aber auch die langweiligste Geschichte und wir kommen zur Terrasse im Hotel Royal Livingston direkt am Sambesi, hier könnte man allein schon 3 Tage sitzen und entspannen. Der Blick auf diesen riesigen Fluss, dazu das Grunzen der Hippos. Und überhaupt das Gefühl, dass man halt hier am Sambesi sitzt und nicht an der Donau! Das soll jetzt aber nicht gegen die gute Donau gehen, die ich als ursprüngliche Passauerin natürlich auch sehr gern mag, aber alles zu seiner Zeit! Der Sambesi ist wieder einmal ein Ziel, das für mich so einen Klang hat, davon gibt es einige, da wollte und will ich schon lange hin. Auf dieser Afrikareise haben wir ja einige von diesen Zielen bereits erreicht! Ich bin aber schon froh, dass es noch viele weitere solcher Ziele gibt. Wir schauen uns noch ein bisschen um hier in diesem absoluten Luxushotel und da kommen auch gerade zwei Gäste an. Sofort müssen die ganzen „Schauspieler" vom Hotel zusammenlaufen und sie begrüßen, da wird ein Zulutanz aufgeführt, die Gäste werden umringt, es ist total peinlich, ich würde im Boden versinken wenn mich jemand so empfangen würde, ich glaube, ich würde wieder gehen. Aber den beiden gefällt das scheinbar gut, jetzt bekommen sie auch noch ein Gläschen Champagner, das würde ich aber eventuell auch nehmen.

Dann buchen wir im Activitycenter in unserem Hotel noch einen Ausflug ins „traditionelle" Dorf ums Eck, alles wegen eventuell guter Fotos! Mit dem Hoteltaxi brechen wir auf, über Piste geht es Richtung Dorf. Und dann kommt die Überraschung: direkt neben der Straße stoßen wir ganz unverhofft auf eine große Elefantenherde. Laut unserem Fahrer ist das hier ja auch alles Nationalpark, Elefanten sind hier aber selten, vor allem so große Herden wie die hier. Die kommen scheinbar zu bestimmten Zeiten aus Botswana. Ein feiner Zug von den Elefanten, dass sie jetzt gerade gekommen sind. Wir beobachten sie lange, die grauen Riesen, und es ist einfach faszinierend. Der Dorfbesuch ist zwar fotomäßig nicht sehr ergiebig, es ist aber sehr interessant, was wir bei der Führung alles erfahren. Das Dorf ist kein Museum, hier leben tatsächlich ungefähr 7000 Leute, allen voran der Chief des Dorfes, dem da ein ganz eigenwilliger kleiner „Palast" zur Verfügung steht. Durch mehrere Hütten kommt man irgendwann zum Innersten, dem Besprechungsraum. Der ist äußerst seltsam eingerichtet: der Thron wird eingerahmt von zwei riesigen Elefantenstoßzähnen, der Tisch hat einen echten Elefantenfuß, der „Teppich" vor dem Thron ist ein Löwenfell, von da aus kann der gute Chief dann in aller Ruhe regieren. Ich erhasche dann aber noch einen kurzen Blick auf sein „wirkliches" Wohnhaus und da fehlt natürlich auch die Satellitenschüssel nicht. So ein Chief braucht ja schließlich auch Anschluss an die Außenwelt. Sein Fernseher muss aber auf jeden Fall mit Generator betrieben werden, Strom gibt es nämlich im ganzen Dorf nicht. Ebenso gibt es nirgends fließendes Wasser und die sanitären Zustände sind auch gewöhnungsbedürftig.

Zurück im Hotel möchten wir unbedingt noch 2 Briefmarken für die Ansichtskarten kaufen, das ist aber äußerst schwierig. Die nehmen hier in Zambia am liebsten nur Dollar oder Euro, weil ihnen ihr eigenes Geld nicht ganz geheuer ist. Da die Briefmarken aber sehr günstig sind, können sie einfach nicht herausgeben. An der Rezeption nehmen sie keine Kwacha, also ihre eigene Währung und zwei Briefmarken mit Kreditkarte bezahlen kann es ja auch nicht sein. Irgendwann sind sie von Christians Fragen so genervt, dass sie ihm die Briefmarken schenken. Dann können wir gerade noch ein paar Kleinigkeiten erledigen, bevor es um 16 Uhr schon weiter zur „Sambesisafari" geht und die ist dann wieder einmal ein absolutes Highlight auf unserer Reise! Mit einem sehr schnellen Boot fahren wir auf dem Sambesi entlang, wir sehen kleine Krokodile am Ufer, dann in unmittelbarer Nähe Hippos, die ins Wasser gehen, Elefanten am Ufer, dann gibt es auf einer kleinen Insel einen Snack, und zwar genau zum einzigartigen Sonnenuntergang! Ein weiterer Augenblick, von dem man sich wünscht, dass er niemals endet! Und dann geht es in der Dämmerung mit einem Affenzahn zurück über die Stromschnellen zum Hotel. Bei der krachenden Fahrt über diese Stromschnellen bin ich zu anfangs noch kurz am Überlegen, ob ich die Krise bekommen soll, ich entscheide mich dann aber doch ganz schnell für „Genießen". Was wir in diesen 2,5 Stunden alles erlebt haben, sagenhaft! Im Hotel sehen wir dann gerade noch, wie ein riesengroßer Pavian ein Gästezimmer stürmt. Wir sind froh, dass es nicht unseres war! Die Verwüstungen müssen schrecklich sein.

Leider heißt es heute „Good bye Zambezi Sun", es war eines der ausgefallendsten Hotels auf der Reise und zwar einmal wegen der bunten Einrichtung und dann noch wegen der tollen Lage direkt an den Victoriafällen. Und was wir hier alles erlebt haben! Wir hatten gestern überlegt, ob wir noch einen dritten Tag bleiben aber es ist schon irgendwie komisch: mittlerweile werden wir nach 2 Nächten unruhig und möchten dann auch wieder weiterfahren, egal, wie gut es uns irgendwo gefällt! Es ist nämlich so, dass das Motorradfahren ja auch unser Hobby ist und wir es schon sehr genießen, auf einsamen Straßen ziemlich allein dahinzubrausen. In Afrika ist bis auf die großen Städte sehr, sehr wenig Verkehr und an diese Einsamkeit beim Fahren kann man sich schnell gewöhnen. Wir freuen uns dann immer, wenn wir morgens eine Ortschaft oder Stadt hinter uns lassen können. So auch heute, da besonders Livingstone schon sehr touristisch ist. Bis zur Grenze nach Botswana sind es nur 70 Kilometer, danach noch eine paar Kilometer nach Kasane, mehr soll es heute auch nicht werden. Gleich nach Livingstone müssen wir nochmal irgendeine seltsame Straßenbenutzungsgebühr bezahlen, ich fauche den Polizisten ein bisschen an, irgendwie ist das hier schon unverschämt, bei der Einreise und dann wieder bei der Ausreise.

Kapitel 12 – Zambia

Fazit Zambia: wir haben das Land bisher noch nicht besucht und es wird auf dieser Reise eines unserer absoluten Lieblingsländer. Hier gefällt uns einfach alles, Afrika, wie es nicht schöner sein könnte. Dass wir zu wenig Zeit für Zambia haben, ist eigentlich sonnenklar, allein hier würde ich gern zwei Monate verbringen.

Kapitel 13

Botswana – tierisch gut!

Die Formalitäten an der sambischen Grenze dauern nicht lang und dann stehen wir gleich dahinter am Chobe-Fluss, hier müssen wir mit einer Fähre nach Botswana übersetzen. Die Fähre kommt nach einer halben Stunde, ich fahre dann noch ein bisschen hinunter Richtung „Roll-on", es rollt sich aber schnell im Sand aus, ich grabe mich so richtig ein, Gott sei Dank kommt Christian, der sein Motorrad schon auf der Fähre hat, zurück und fährt mir meines auch rauf! Wenn schon peinlich, dann natürlich immer vor vielen Zuschauern, damit halb Afrika was zu lachen hat! Dann schippern wir gemütlich auf die andere Seite, da stehen dann ca. 200 Soldaten, das sieht gut aus. Ich sage aber noch zu Christian, ich trau mich nicht zu fotografieren, Militär und so… Dann sehe ich aber, dass ca. ein Drittel der Soldaten in Richtung Fähre fotografiert! Wo haben die alle die Kameras her? Roll-off auf der botswanischen Seite: da fahre ich dann todesmutig mit Vollgas vom Kahn runter und den Sandberg hinauf, ich kann mir da jetzt keine Blöße geben, das muss jetzt schon sitzen! Endlich werde ich wieder bewundert und der Flopp von der Zambiaseite ist vergessen!

Vor dem Grenzgebäude in Botswana treffen wir dann noch ein paar Deutsche, alle bestaunen sie unsere Motorräder, auch ein paar Motorradfahrer sind dabei, auch sie können es, wie schon viele vorher, nicht glauben, dass wir wirklich aus Deutschland hierher gefahren sind. Sie sind alle freundlich und einer davon sagt am Schluss: „also ihr könnt Euch meiner tiefsten Bewunderung sicher sein". Irgendwie hört sich so etwas dann immer wieder gut an. Zwischendrin kommt ab und zu Stolz hoch, teilweise kann ich es selbst nicht glauben, dass wir hier sind, wirklich wahr!

Die Grenzformalitäten sind auch schnell erledigt, die Grenzbeamten sind sehr freundlich. Bevor wir nach Botswana reinfahren, müssen wir nochmal vom Moped absteigen und wegen der Maul- und Klauenseuche durch ein Desinfektionsbad gehen, im Anschluss fahren wir mit den Motorrädern noch durch eine mit Desinfektionsmittel gefüllt Riesenwanne und damit ist dann alles erledigt.

Wir waren schon zweimal vorher in Botswana und es gehört zu unseren absoluten Lieblingsländern. Botswana ist ursprüngliches, wildes Afrika und eines der wenigen Länder, die Nationalparks haben, in denen die Camps nicht umzäunt sind. Diese Camps sind natürlich noch wesentlich abenteuerlicher als die eingezäunten Camps zum Beispiel in Südafrika. Da fehlt einfach der letzte Rest an Sicherheit, da könnte jederzeit ein Löwe oder ein Elefant vor einem stehen. Man weiß es einfach nicht und das ist schon ziemlich abenteuerlich! Und vor allem haben hier in Botswana schon Elefanten direkt vor uns die Straße auch außerhalb von Nationalparks überquert, einfach so, wo gibt es denn so etwas noch? Bedauerlicherweise liebt aber Botswana die Art von Touristen, die sehr viel Geld hat. Es gibt hier keinen Massentourismus, alles wird über die Preise reguliert. Vor Jahren wollte ich das erste Mal nach Botswana, habe aber schon von den extrem hohen Preisen gehört. Ich habe mir trotzdem einen Prospekt besorgt, den studiert und dann abends Christian gezeigt, dass es ja doch nicht so teuer wie vermutet ist. Ich habe da eine wunderbare Lodge im Okavangodelta herausgesucht, der angegebene Preis war ca. 700 Dollar. Ich dachte da ja noch, dass es sich wie bei vielen anderen Prospekten auch um einen Wochenpreis handelt. Aber weit gefehlt, das war der Tagespreis und zwar pro Person. Und das war nicht die teuerste Unterkunft!

Unterwegs hat uns jemand die Kubu Lodge kurz vor Kasane empfohlen. Die liegt direkt am Fluss und spätnachmittags sollen da auf der Campingwiese immer Hippos anzutreffen sein. Wir schauen uns die Lodge an, es sieht alles sehr edel aus, leider ist sie ausgebucht. Schade, hier wäre ich gern geblieben. Dann fahren wir zu nächsten Lodge, die haben zwar Zimmer aber die sind mir irgendwie zu dunkel und auch zu teuer. Weiter geht es zu der Unterkunft, in der wir vor Jahren schon waren, die ist auch ganz was besonderes aber auch die ist wieder ausgebucht! Dann finden wir noch die Chobe Marina Lodge, die haben noch was frei, da bleiben wir dann auch. Das Appartement: ein afrikanischer Wohnraum, ein ebensolcher Schlafraum und ein Bad, in der Größe des Bads hatten wir schon Zimmer. Und eine tolle Terrasse, wir sehen von da aus direkt auf den Chobe. Auf der ruhen wir uns dann auch gleich aus. Später drehen wir noch eine Runde in Kasane und bekommen im Supermarkt endlich „unser" Yogisip, ein Trinkjoghurt, den wir immer im südlichen Afrika trinken und der unbedingt dazugehört! Wir sind schon sehr bescheiden, gell? Im gut sortierten Supermarkt finden wir auch alles andere, was wir noch so brauchen.

In einer Bar direkt am Chobefluss genießen wir dann bei einem Castle Lager den schönen Sonnenuntergang, bevor wir sehr hungrig zum Hotelrestaurant kommen. Und was gibt es da? Was zu essen? Nein, erst ab 19 Uhr geöffnet! Um diese Zeit kommen erst die ganzen Chobe-Safari- und Fluss-Safari-Heinzen zurück. Aber dann geht die Post am etwas überteuerten Buffet ab, alles sehr gut, griechischer Salat, Impalasteaks, Rinderwurst und vieles mehr direkt frisch vom Grill. Das Restaurant ist natürlich im Freien, mittendrin ein riesengroßer Baum, alles wie im Regenwald. Und dazu der Sound von Afrika, der ist auch ganz besonders, seltsame Geräusche, Vogelpfeifen, Grillenzirpen, Grunzen und was weiß ich noch alles, jedenfalls einmalig! Zurück im Zimmer hat dann die gute Fee noch das Moskitonetz geschlossen, das Bettzeug aufgeschlagen und für jeden ein Täfelchen Schokolade auf dem Bett hinterlegt, das lobe ich mir! Das könnte ich als liebe Gewohnheit auch gern nach Deutschland

Kapitel 13 – Botswana

mitnehmen! Und mit dem leisen Surren des Ventilators kommt dann auch die afrikanische Nacht sehr schnell daher.

Morgens duschen wir uns kalt, die Warmwasserversorgung funktioniert nicht. Das gehört aber zu den Reparaturen, die man selbst nicht mehr mit dem kleinen Werkzeug beheben kann, und deshalb geben wir gleich noch vor dem Frühstück die Beschwerde an der Rezeption auf. Solche Aktionen sind aber hier in Afrika wirklich nichts ungewöhnliches, selbst in den teuren Hotels sind solche „Aussetzer" an der Tagesordnung! Dann gehen wir zum Frühstück und gleich danach ruhen wir uns vom Frühstück auf der Terrasse am Fluss aus. Der nächste Gang führt dann ins Activitycenter, da buchen wir für heute nachmittags die Fluss-Safari von 15 bis 18 Uhr. Die wird uns bestimmt gefallen. Und für morgen früh um 6 Uhr nehmen wir noch die Safari in den Chobe-Nationalpark mit dazu. Vielleicht bleiben wir dann noch eine Nacht? Mal sehen. Ich erledige dann längst überfällige Näharbeiten an der Fototasche, die nächste Stufe wäre nämlich, dass sie zerfällt. Danach repariere und ändere ich noch ein paar Sachen, die eigentlich seit Wochen anstehen, während Christian mit seinem Moped und dann auch mit meinem zum Waschen fährt und dann erledigt auch er noch verschiedene andere Dinge, die man halt auf so einer Reise irgendwann erledigen sollte.

Zwischendrin jetzt noch eine kleine Anmerkung zum „Best of Afrika-Motorradfahrer": für mich ist das sehr angenehm, dass ich den, und damit meine ich natürlich Christian, dabei habe, ein Vorteil ist zum Beispiel.: wenn der „BoAM" auf der Straße vor mir in einer Bodenwelle verschwindet dann weiß ich sofort: aha, sofort abbremsen und dann langsam durchfahren, dann kann auch nichts passieren! Da bin ich dann auch gern nur an zweiter Stelle! Jeder freut sich, der eine weil er der Beste ist, die andere weil sie immer rechtzeitig ausweichen kann.

So und jetzt geht es los zur Fluss-Safari auf dem Chobe. Wir sind nur zu viert auf dem Boot, das gleich bei der Lodge ablegt, ein Japaner, eine Australierin und wir zwei. Der Guide ist aufgeschlossen und lustig, wir warten noch auf eine Platte mit Snacks, die Getränke sind schon an Bord und dann drückt er das Boot weg vom Steg. Da ihm schnell auffällt, dass er keinen Schlüssel für das Boot hat, wirft er die Leine aus und ein Angestellter vom Hotel zieht uns in letzter Sekunde zurück. Na, hoffentlich reißt er sich auf der weiteren Fahrt ein bisschen zusammen.

Wir fahren in den Chobe Nationalpark hinein, alle Bootsführer müssen sich da noch registrieren und den Eintritt zahlen. Der Chobe Nationalpark wurde 1967 als erster Nationalpark in Botswana gegründet, seinen Namen hat er vom Chobe-Fluss, der gleichzeitig die Nordgrenze des Parks ist. Auf der anderen Seite des Flusses ist Namibia. Nach wie vor wird um einzelne Inseln im Chobe gestritten, beide Staaten melden Besitzansprüche an. Der Chobe-Nationalpark ist vor allem für seine große Elefantendichte bekannt und das aus gutem Grund, wie wir gleich noch sehen werden.

Nach ungefähr 5 Minuten liegt dann schon das erste große Krokodil faul am Ufer und döst vollgefressen vor sich hin. Wir kommen mit dem Boot ganz nahe heran, phantastisch!

Die Landschaft hier ist großartig, der Fluss, die Inseln, das „afrikanische" Ufer. Und dann kommen auch schon Hippos, die direkt vor uns auftauchen, scheinbar aber nicht gleich fotografiert werden wollen und wieder untertauchen. Wo ich auch durch die Linse hinschaue, sie ziehen sich zurück. Aber dann überliste ich sie doch, mit riesigen Augen schauen sie direkt zu mir, sehr freundlich!

Nach einiger Zeit, Krokodile sind schon keine Seltenheit mehr, tauchen dann Wasserbüffel am Inselufer auf und eine Elefantenherde kommt auch daher, allerdings in einigem Abstand. Außerdem sehen wir viele Impalas, Kudus, besondere Antilopen und Affen. Und dann ist da in der Ferne eine riesige schwarze Menge Tiere, das können eigentlich nur Elefanten sein. Sind es dann auch, eine Herde von über hundert Tieren, das Boot legt direkt an der Stelle an, an der die Herde

Kapitel 13 – Botswana

trinkt. Das ist für mich mit das Beste an Afrika, wilde Tiere aus nächster Nähe zu beobachten, da könnte ich Stunden sitzen und schauen. Es kommen immer mehr Elefanten nach, so eine große Herde haben wir noch nie gesehen! Eine zweite Herde taucht auf, sie bewegt sich dann auch noch durch den Chobe-Fluss auf eine andere Insel, grandios, wann sieht man so etwas schon mal? Lange bleiben wir bei den Elefanten, eigentlich möchte keiner weiterfahren, es ist einfach einmalig. Hier im Norden Botswanas am Chobe ist jetzt absolute Hochsaison für Tierbeobachtungen, im ganzen Umland gibt es kein Wasser mehr, die Tiere kommen alle an den Fluss! Welch Glück. Wir wussten schon, dass jetzt eine sehr gute Zeit ist aber so viele Tiere? Wir sind einfach nur begeistert! Eine Hippomutter mit ihrem Kleinen daneben, das ganze bei dem tollen Licht und der lustigen Stimmung auf dem Boot, man möchte wirklich, dass die Bootsfahrt nie zu Ende geht, es ist unbeschreiblich! Auch auf der Rückfahrt sehen wir noch viele Elefanten, Giraffen, Hippos, Vögel und dazu den unvergleichlich schönen Sonnenuntergang! Das waren wirklich erlebnisreiche Stunden auf dem Chobe, so etwas vergisst man nie! Zum Abendessen im Hotel gibt es dann Buffet mit Fleisch, das man sich grillen lassen kann. Wir nehmen beide Impalasteak, geschmacklich sehr gut aber ein „zäher Brocken", den man dringend mit einem Castle Lager runterspülen muss! Kurz vor dem Einschlafen hören wir noch die Hippos im ca. 30 Meter entfernten Fluss. So könnte jeder Abend enden, toll!

Am nächsten Morgen: Aufstehen um 5 Uhr, duschen, eine Tasse Kaffee auf der Terrasse und dann geht es los zum „early morning game drive". Auch im Auto sind wir nur zu fünft und so hat jeder einen guten Platz. Der Fahrer teilt noch Decken aus, es ist eiskalt! So, Christian, das ist jetzt der versprochene Südwinter, oder? Ich nehme mir gleich 2 Decken obwohl ich den Pullover anhabe und wickle mir beide rum, doppelt hält besser! Dann geht es heute per Jeep in den Chobe Nationalpark. Die Landschaft ist auch auf der Landseite toll, wir sehen anfangs hauptsächlich Vögel, dann kommen ein paar Affen, Impalas, alles eigentlich relativ langweilig, wenn man an die Fluss-Safari von gestern denkt. Trotzdem ist es einfach wunderbar, die Morgenstimmung, alles ganz ruhig, man hört nur die Vögel und zwischendrin unseren etwas lauten Fahrer. Ich denke mir schon, wenn der so weiterschreit, verschreckt der alle Raubtiere. Außerdem nennt er jeden Tiernamen immer mindestens zweimal, er nervt mich ganz leicht, ist er im wirklichen Leben vielleicht Oberlehrer?

Irgendwann halten wir dann für eine kleine Frühstückspause direkt am Fluss. Mittlerweile kann man die Decken auch schon weglassen und im Pullover fahren, es wird warm in Botswana. Tagesüber hat es hier ca. 32 Grad. Auf dem Rückweg sehen wir Hippos, unser Fahrer und Guide sieht viele Löwenspuren, die mich aber nicht besonders interessieren, ich will den Löwen dazu sehen. Und der ist dann auch urplötzlich da, gut zu sehen liegt er neben dem Weg, schaut teilweise direkt in die Kamera, er posiert, ein ganz braver. Vollgefressenem liegt er da im ersten Sonnenlicht und lässt es sich gutgehen. Wir brechen nach einiger Zeit auf und da geht er auch dahin! Wären wir 5 Minuten später gekommen, wir hätten ihn nicht gesehen. Zufrieden, weil wir laut Guide wieder einmal „Lucky ones" sind, kehren wir in die Lodge zurück und sorgen dann beim Frühstück dafür, dass wir einen ähnlichen Sättigungsgrad wie der Löwe erreichen. Köstlich!

Auf dem Weg zum Zimmer fragen wir uns, was da auf dem ganzen Gelände herumgekackt hat, wir biegen um eine Ecke und da trifft uns fast der Schlag: eine riesengroße Wildsau mit gewaltigen Hauern kommt auf uns zu, ein richtiger Brummer. Und diese Wildsau hat scheinbar nichts besseres zu tun als hier im Gelände zu fressen und das dann gleich wieder loszuwerden. Ich fotografiere das Riesentier und trete vor lauter Aufregung natürlich in einen Haufen rein, das kostet mich dann mindestens 10 Minuten, ich muss die Schuhe mit diversen Sprays (Raumspray, Moskitospray) aus dem Bad bearbeiten, dann brauche ich noch das Shampoo, Klopapier und trotz allem muss ich diesen Schuh in eine Extratüte stecken, damit er unsere anderen 3 Schuhe geruchsmäßig nicht ansteckt.

Kapitel 13 – Botswana

Mein Vorderreifen liegt in den letzten Zügen, das Profil sieht mittlerweile aus wie ein Sägeblatt. Es rumpelt und nervt, der Reifen muss dringend gewechselt werden! Außerdem scheppert irgendwas ganz gemein, ich denke immer, es ist der Hauptständer, der da schleift. Ich kann aber einfach nichts entdecken. Bis Nata geht es noch, dann muss da jetzt was passieren! Wir düsen auf anfangs sehr guter Straße zügig dahin und irgendwo unterwegs blende ich Christian rein, dass er stoppen soll, er ist gerade an ein paar Elefanten am Wegesrand vorbeigefahren. Hier machen wir eine Pause und ich fotografiere ein bisschen. Auch Affen sind direkt neben der Straße, man muss schon sehr aufpassen, dass man da keinen Zusammenstoß verursacht. Und dann geht es nach ca. 200 Kilometer los, elendig ramponierte Straße, genau genommen ca. 50 Kilometer mit die schlechteste Straße, die wir in ganz Afrika bisher befahren haben. Sie ist zwar geteert aber ca. 70-80 Prozent der Fläche besteht aus Schlaglöchern, teilweise bis zu zwei Quadratmeter groß und 30 bis 40cm tief. Daneben gibt es auf ein paar Kilometer als Alternative extreme Tiefsandpiste, die wird vom einen oder anderen Landcruiser genutzt. Die schlingern da aber total herum und kommen dann bei nächster Möglichkeit auch zurück auf die „Lochstraße". Mir wird ganz heiß, die Straße ist wirklich zum Auswachsen, ich muss mich konzentrieren und das ist so anstrengend, am liebsten würde ich stehenbleiben. Da läuft plötzlich ein Elefant direkt vor Christian über die Straße, ich kämpfe gerade mit den Schlaglöchern und denke mir noch, ich müsste da jetzt eigentlich stehenbleiben und ganz schnell ein Foto machen. Gleichzeitig geht mir aber durch den Kopf, dass ich bei den vielen Löchern leicht umkippen könnte und vielleicht kommt der Elefant dann ja zu mir her? Ich könnte mich dann ja samt Motorrad im Ernstfall in einem großen Schlagloch verstecken und ob das dann wirklich so gut wäre? Auf jeden Fall: bis ich mit meinen Überlegungen fertig bin ist der Elefant eh schon am Wasserloch direkt neben der Straße und fototechnisch damit praktisch erledigt. Also weiter durch diese verdammten Schlaglöcher. Es geht ewig so dahin, nur das letzte Stück vor Nata ist wieder erträglich. Ich finde ja schon, dass ein Land seine Straßen gefälligst in

Ordnung halten kann, wenn es schon so viel Geld von den Touristen nimmt. Diese Strecke ist zwischenzeitlich schon berühmt-berüchtigt. Sie wird als neue Hauptstrecke verwendet, seit es mit Zimbabwe so bergab geht. Keiner fährt mehr durch Zimbabwe, alle nutzen die Strecke durch Botswana.

Botswana ist, um die Liste des Human Development Index (HDI) wieder einmal zu bemühen, auf Platz 125 von insgesamt 182 Ländern gelistet. Das Land ist etwas größer als Frankreich, gehört aber mit knapp 2 Millionen Einwohnern zu den am dünnsten besiedelten Ländern der Welt. Aus Zimbabwe sind wegen der bedenklichen Lage im Land in den letzten Jahren ca. 800.000 Menschen nach Botswana zugewandert.

Einen Großteil von Botswana nimmt die Kalahari im Süden ein, weiter nördlich gibt es Salzpfannen wie die Makgadikgadi Pan und die Nxai Pan, beides Nationalparks. Diese Salzpfannen sind Überreste eines riesigen Sees, der früher das ganze Gebiet bedeckte. Nördlich schließt sich das Okavangodelta an. Die volkswirtschaftlichen Einnahmen kommen hauptsächlich aus Bodenschätzen und da im besonderen aus dem Diamanten-Export, der mit über 70% den weitaus größten Anteil am Gesamtexport hat sowie aus den Einkünften aus Tourismus und Fleischproduktion.

In Botswana ist die Sterblichkeit durch Aids extrem hoch. Dadurch ist die weitere wirtschaftliche Entwicklung Botswanas gefährdet. Die Durchseuchungsrate liegt bei ca. 25 Prozent und wird nur noch von Swasiland übertroffen. Ein trauriger Rekord! Und dann ist noch erwähnenswert, dass es in Botswana keine Schulpflicht gibt, eigentlich seltsam für so ein relativ reiches Land hier in Afrika.

Ich möchte heute unbedingt bis Nata fahren weil es da die „Nata Lodge" gibt, da waren wir schon bei den zwei letzten Botswanabesuchen, die hat mir ausgezeichnet gefallen und ist preislich sehr angenehm. Ca. zehn Kilometer nach Nata biegen wir dann in die extrem sandige Einfahrt zur Lodge ab und da sehen wir, dass gerade ein Dach gedeckt wird. Ich denke natürlich sofort, dass die Lodge geschlossen ist. Aber die Rezeption ist gleich daneben und sieht nagelneu aus. Ich gehe rein und frage nach einem Chalet, die haben auch eines, sehr gut! Ich möchte noch wissen, ob es auch eines von denen mit Outdoor-Dusche und Badewanne auf Füssen hinter dem Bett ist. Ist es, alles genau wie beim letzten Besuch! Aber: die Lodge ist vor fast genau einem Jahr komplett abgebrannt und die Besitzer haben sie wieder genau so aufgebaut und – welch Glück!!! – vor 2 Tag wieder eröffnet. Sie haben erst 12 Chalets wieder fertiggestellt, also wenn das kein Wink des Schicksals ist! Ich schau mir das Chalet an, es ist wie beim letzten Mal, alles aus Holz, riesengroß, dazu eine wunderbare Terrasse mit tollem Blick! Hier bleiben wir jetzt 2 Tage, erstens weil es uns so gut gefällt und zweitens weil wir hier endlich Reifen wechseln müssen!

Abends essen wir dann noch im Restaurant unter dem schönen afrikanischen Sternenhimmel. Wir bekommen als Speisekarte eine laminierte DIN A4 Seite, auf der 6 Hauptgerichte aufgeführt sind, dazu den Hinweis, dass es 5 davon nicht gibt! Christian nimmt 2 Vorspeisen, ich nehme das T-Bone-Steak, möchte es gern well done, bin aber bei „Lieferung" überzeugt, dass es das gar nicht ist. Ich kann es aber beim romantischen Licht der Petroleumlampen nicht genau überprüfen und es schmeckt mir dann doch ganz gut. Trotzdem muss es vorsichtshalber mit einem Castle Lager runtergespült werden, man weiß ja nie! Und dann kommt noch der Besitzer der Lodge und erzählt uns, wie das hier vor einem Jahr beim Brand war. Die reetgedeckten Hütten sind während der Trockenzeit im letzten Jahr binnen kürzester Zeit niedergebrannt wie Zunder, es ist alles bis auf die Grundmauern abgebrannt, wie schade! Zwischen den neuen reetgedeckten Hütten stehen nach wie vor die schwarzen Palmen, der Besitzer wollte einfach schauen, ob welche wieder kommen oder ob er alles abholzen muss. Und momentan sieht es nach „alles abholzen" aus.

An der Nata Lodge ist auch die Nähe zum Nata Bird Sanctuary, das ca. 20 Kilometer entfernt ist, ein großer Vorteil. Es gibt hier hauptsächlich Vögel aber auch verschiedene Säugetiere. Man kann unter anderem Flamingos, Strauße, Pelikane, Gänse, Enten, Reiher, Kormora-

Kapitel 13 – Botswana

ne, Kingfisher und Adler sehen. Insgesamt gibt es mehr als 150 verschiedene Vogelarten.

Heute beschließen wir noch, dass wir nicht über Namibia nach Südafrika fahren, wir lassen Namibia komplett aus. Grund dafür ist, dass wir mit den Motorrädern ja nicht in den Etosha-Park dürfen, dass wir Windhuk schon kennen, ebenso Swakopmund, Sossusvlei und die Namib. Die andere Strecke von Windhuk direkt in den Süden über Marienthal ist sehr eintönig, auch die kennen wir schon. Und wegen der zwei Highlights im Süden, nämlich dem Fish River Canyon und dem Köcherbaumwald, möchten wir nicht einen so weiten Umweg fahren. Allein die Strecke von Maun nach Ganzi, die ca. 450 Kilometer lang ist, soll extrem langweilig sein.

Gut schläft man in diesen neuen Chalets mit dem frischen Holzgeruch. Gleich nach dem Betreten des Chalets fällt mir aber auf, dass Christian seine Motorradstiefel mitten im Zimmer liegen lässt, beide Stiefel sind noch offen und umgefallen. Was soll das denn jetzt? Ich frage ihn und erfahre, dass ich selbst das angeblich seit der ersten Nacht auf dieser Reise so mache. Das ist mir bisher ehrlich nicht aufgefallen, aber wenn ich es mir so ganz genau überlege, könnte da schon was dran sein! Christian hat meine Stiefel immer mit seinen zusammen aufgeräumt und so habe ich es gar nicht richtig bemerkt. Also kann ich ja auch nichts dafür, oder? Christian hat letzte Nacht wegen der Kälte die große Moskitotür nochmal mit der Glastür innen verschlossen und den Ventilator ausgeschaltet! Ja, so sieht der Südwinter halt aus, die Tage sind sehr warm hier und in der Nacht herrschen angenehm kühle Temperaturen, damit man gut schlafen kann.

Nach dem Frühstück geht es dann gleich ins 10 Kilometer entfernte Nata, da suchen wir dann jemanden, der uns die Reifen wechseln kann. Wir werden auch schnell direkt neben der Straße fündig, es gibt hier eine Werkstatt, die besteht aus ein paar LKW-Reifen, die unter einem Baum liegen, davor stehen fünf Männer, denen gehört der Laden vermutlich. Die fünf bestaunen als erstes Mal unsere Motorräder. Wir haben beide nicht den Eindruck, dass sie die Reifen ausbauen können, das ist für hiesige Verhältnisse einfach zu filigran. Also suchen wir uns etwas zum Unterlegen und bauen die Reifen selbst aus. Mein Hinterrad ist relativ schnell ausgebaut und Christian übergibt es den Männern, die spielen sich dann endlos lang, normalerweise machen die halt schlauchlose LKW-Reifen, das Feingefühl für die Motorradreifen fehlt ein bisschen. Währenddessen baut Christian auch sein Hinterrad aus, ohne Kette geht das natürlich nochmal schneller. Die Männer spielen sich und spielen sich. Christian bringt Ihnen dann unsere Montiereisen, sie selbst haben nur Brecheisen. Sie bewundern dann Christians Werkzeug, unter anderem auch die Ratsche, ebenso seinen Hinterreifen mit den schlauchlosen Reifen trotz Speichen. Irgendwann sind die Reifen dann tatsächlich fertig aufgezogen und Christian baut dann alles wieder an die Motorräder ran. Zum Aufpumpen haben die dann einen Kompressor, der ist aber äußerst grobschlächtig und hat keine Messskala. Also alles auf Verdacht. Wir überprüfen den Luftdruck nochmal mit unserem eigenen Kompressor, da sind wir mittlerweile aber auch nicht mehr ganz sicher, wie sehr es die Skala verschoben hat und so fahren wir dann mit den Mopeds zur nächsten „Garage", da können wir die Luft dann tatsächlich überprüfen. Das Ganze hält natürlich wieder auf und so dauert es insgesamt ca. 3 Stunden, bis wir die 4 Reifen gewechselt haben. Neugierige Kinder kommen und schauen, Ziegen laufen vorbei, langweilig wird es also nicht! Und jetzt habe ich vergessen, worum Christian mich noch extra gebeten hat: ich sollte ihn unbedingt daran erinnern, dass er eine leere Flasche zum Reifenwechseln mitnimmt, damit wir in diese afrikanische Luft aus Botswana einfüllen können und dann als Souvenir nach München mitnehmen. Schade!

Abschließend gehen wir noch in das einzige Restaurant von Nata, direkt an der Tankstelle, da trinken wir etwas und essen dazu einen Biltong-Snack, sehr gut! Biltong ist im südlichen Afrika eine Spezialität aus luftgetrocknetem Fleisch, meistens Rindfleisch aber auch Fleisch vom Wild oder Geflügel wird verwendet. Biltong ist sehr gut gewürzt und man kann es leicht mitnehmen, weil es lange haltbar ist.

Die alten Reifen nehmen wir wieder mit, aber nur rein vorsichtshalber. Es wäre einfach zu blöd, wenn jetzt noch ein Reifen kaputt gehen würde und wir keinen Ersatz hätten. Und außerdem haben wir sie jetzt schon so lange mitgeschleppt, da kommt es auf das letzte Stück auch nicht mehr an! Dann fahren wir noch ein bisschen durch die Gegend, ein völlig neues Fahrgefühl, prima! Danach schauen wir noch zum Nata Bird Sanctuary, bevor es wieder zurück in die Lodge geht. In der Hoffnung, dass morgen früh noch alle Reifen mit Luft gefüllt sind, schlafen wir ein. Leider möchte Christian nicht mehr nach Maun und dann von da aus ins Okavangodelta, wir hatten dafür eigentlich 5 Tage vorgesehen. Er meint aber, dass wir jetzt schon genügend Tiere gesehen haben. Ich wäre aber trotzdem gern noch ins Delta hineingeflogen, jetzt ist die allerbeste Zeit dafür! Andererseits hat er schon recht, wenn er fragt, wie viele Tiere man sich am Stück noch anschauen kann, und die Anzahl müsste ja immer noch getoppt werden, damit es interessant bleibt. Und irgendwie sehe ich nach diesen riesigen Elefantenherden im Chobe dafür auch schwarz. Also, was soll`s, dann halt kein Okavangodelta.

Morgens beim Frühstück im Freien treffen wir noch ein deutsches Ehepaar, die zwei haben für drei Wochen einen Camper mit Dachzelt gemietet. Gestern abends hatten sie aber noch einen platten Reifen und so sind sie in das letzte noch freie Chalet eingezogen. Nach dem Austauschen von Tipps und Erfahrungen verschwinden wir Richtung Süden. Die Straße ist einwandfrei und wir schaffen den langen Weg nach Gaborone an einem Tag. Nur zwischendrin gibt es immer wieder die Zäune und die Kontrollen wegen der Maul- und Klauenseuche. Uns lassen die aber immer durch, in den Aluboxen an den Motorrädern vermutet niemand Steaks, Milch und ähnliches. Angekommen in Gaborone schauen wir uns gleich noch ein bisschen um, wir waren hier ja schon zweimal und im Vergleich zum letzten Mal hat sich sehr viel verändert. Alles noch wesentlich moderner, noble Wohnviertel, sehr viele neue Autos. Zum ersten Mal seit langer Zeit sehen wir hier wieder einmal so richtig viele nagelneue BMWs und auch andere gehobene Marken sind zu sehen, absolut ungewöhnlich für Afrika. Also da hat sich einiges getan seit unserem letzten Besuch vor ca. fünf Jahren! Das Hotel im Viktorianischen Extremstil ist fast schon eine Beleidigung fürs Auge aber was soll`s, es wird gleich dunkel.

Fazit Botswana: vor dieser Reise unser absolutes Lieblingsland im südlichen Afrika, muss sich Botswana jetzt den ersten Platz mit Zambia teilen. Die wilden Tiere, die nicht eingezäunten Camps in den Nationalparks und auch die schönen Unterkünfte machen Botswana zu einem Traumziel in Afrika. Störend sind nur die teilweise extrem hohen Preise, die aber sicher auch dafür sorgen, dass es hier keinen Massentourismus gibt.

Kapitel 14
Südafrika – Zielland erreicht!

Nachdem wir das Frühstück in dem viktorianischen, funkelnden Frühstücksraum unbeschadet überlebt haben, geht es auf direktem Weg zur Grenze nach Südafrika. Die Grenzbeamten stempeln das Carnet nicht ab, weil Südafrika und Botswana eine Zollunion bilden, da wird erst ganz zum Schluss, wenn wir aus Südafrika ausreisen, ausgestempelt, hoffentlich stimmt das! Bei mehreren Reisen von früher kennen wir ja die Einreisemodalitäten nach Südafrika an verschiedenen Landesgrenzen. Aber diesmal hat sich etwas verändert. Früher gab es immer noch den einen oder anderen weißen Südafrikaner in leitender Position an den Grenzen, dem ist jetzt überhaupt nicht mehr so. Hier arbeiten nur noch Schwarze. Es dauert gefühlt eine Ewigkeit, bis die Papiere passen aber es geht auch so. Vielleicht ist das ja auch nur an dieser Grenze so oder vielleicht auch nur heute, vielleicht geht es ansonsten genau so schnell wie früher. Jedenfalls weht hier ein ganz anderer Wind, ich kann aber nicht genau sagen, ob mir das gefällt oder nicht. Aber ich bin ja noch länger hier in Südafrika, ich werde das schon noch herausfinden.

Und dann: Südafrika, wir haben unser Zielland erreicht! Der Moment ist einfach unbeschreiblich. Wir müssen zwar noch bis nach Kapstadt aber wer es bis hierher schafft, der kommt auch noch nach Kapstadt, keine Frage! Ich bin schlicht und einfach überwältigt und

Kapitel 14 – Südafrika

ein paar Tränen machen sich auf den Weg, gleichzeitig macht sich aber auch ein bisschen Stolz breit: dass wir mit unseren Motorrädern Südafrika erreicht haben, teilweise war ich – speziell im Norden Afrikas – nicht mehr so ganz überzeugt, dass wir da durchkommen. Ich habe schon mal mit den „Cargoangeboten" am Rand der Straße geliebäugelt. Und jetzt freue ich mich schon sehr, dass wir nicht aufgegeben haben!

Jedenfalls sind wir jetzt da und fahren als erstes durch ein ehemaliges Homeland, es heißt Boputhatswana. Wir waren hier schon mehrmals auf unseren früheren Afrikareisen, damals hatten wir immer den Eindruck, dass hier eine sehr bedrückte Stimmung herrscht und heute stellen wir fest, dass sich das absolut zum Positiven verändert hat. Die Menschen sind gut drauf, vor allem die jüngeren wirken sehr selbstbewusst. Es ist hier wesentlich angenehmer als damals kurz nach der offiziellen Beendigung der Apartheid. Auch ein Hauch von bescheidenem Wohlstand ist hier teilweise sichtbar. Die Gegend ist zwar immer noch sehr armselig aber wir merken deutlich, dass es Veränderungen gibt. Homelands wurden von der südafrikanischen Regierung während der Apartheid eingerichtet. Die bereits vorhandenen „Reservate" für Schwarze wurden in Homelands umgewandelt. Schlussendlich sollten daraus eigene Staaten werden und die südafrikanische Regierung wollte damit erreichen, dass sie die Schwarzen auf diese Art einfach ins Ausland abschieben und damit gleichzeitig die Mehrheitsverhältnisse der Bevölkerung in Südafrika zugunsten der weißen Südafrikaner ändern kann. International wurden diese Homelands niemals anerkannt. Speziell Boputhatswana war kein zusammenhängendes Gebiet sondern wie ein Flickenteppich über Südafrika verteilt. Transkei, Ciskei und Kwazulu haben durch die direkte Lage am indischen Ozean wahrscheinlich noch einen Vorteil gegenüber den Randlagen fast aller anderen Homelands. Und es war ja auch nicht so, dass man den Schwarzen die fruchtbarsten Gebiete zugewiesen hätte, ganz im Gegenteil. Der ANC lehnte die Homelands von Beginn an ab.

Irgendwo am Straßenrand bleiben wir stehen, wir haben für heute keinen Plan und kein Ziel. Christian schlägt vor, dass wir die erste

Nacht in Sun City im Hotel „The Palace" verbringen könnten. Das wäre schon der richtige Einstieg für Südafrika. Sun City ist im Nordwesten von Südafrika, inmitten von Bergen, weiter Landschaft und afrikanischem Busch. Hier gibt es 4 Hotels, den Themenpark „The Lost City", einen künstlichen Regenwald und auch einen künstlichen See mit Sandstrand und richtigen Wellen. Das Hotel „The Palace" ist einem imaginären afrikanischen Königspalast nachempfunden. Ebenfalls nachempfunden wurden die königlichen Preise, wir müssen erst überprüfen, ob das noch irgendwie in unser Budget passt. Desweiteren gibt es hier 2 Golfplätze, einer davon ein 18-Loch Platz mit Krokodilteich. Größter Anziehungsfaktor sind aber die riesigen Spielhallen mit Automaten, Kartentischen, Roulette und so weiter. In Südafrika war ja Glücksspiel verboten, darum sind die Südafrikaner mit solchen Einrichtungen in die Homelands ausgewichen. Außerdem soll es in Sun City jetzt auch so ein „ursprüngliches Dorf" geben, wo man verschiedene Volksgruppen Südafrikas, deren Vorführungen und Domizile bestaunen kann. Vielleicht kann ich da ja auch noch ein paar Fotos machen? Und unter Umständen gewinnen wir ja im Casino so viel, dass wir für immer hier bleiben können? Wir biegen also nach Sun City ab und da wird an jeder Ecke für die Fußball-WM gebaut, hier ist schon alles für dieses Riesenevent ausgeschildert, Straßen werden ausgebessert oder gleich neu gebaut, neue Stadien entstehen, die ganze Gegend hat einen dermaßen großen Sprung nach vorne gemacht, beeindruckend!

Also verbringen wir die Nacht in Sun City und zwar im Hotel „The Palace", das haben wir uns mit der langen Anfahrt schon verdient. Außerdem ist es auch hier so, dass man mit einigem Verhandeln günstige Preise bekommen kann, man darf nur nicht so schnell aufgeben. Außerdem haben die ja auch wieder Publicity durch uns bekommen, wir und unsere Motorräder vor dem Hotel, welch Auflauf, da kommen sie alle her und staunen, aus Indien, aus Irland, aus China, aus Australien, und wir mitten drin! Wir einigen uns im Hotel preislich und was soll ich sagen? Hier kann man es durchaus aushalten! Fast möchte ich ja

Kapitel 14 – Südafrika

heute nicht mehr aus dem Zimmer aber wir haben ja noch einen Termin im „ursprünglichen" Dorf und danach gehen wir natürlich noch ins Spielcasino. Vielleicht können wir ja morgen das Palasthotel kaufen? Aber nein, insgesamt verlieren wir in stundenlanger Kleinarbeit und mit ganz schwarzen Rändern an den Fingern 20 Euro. Da ziehen wir uns gern auf das schöne Zimmer zurück.

Auch bei der Abfahrt großes Publikum, alle wollen wieder wissen, woher, wohin, ich glaube, dass uns das künftig fehlen wird, wenn wir wieder als „Nonames" in München unterwegs sind! Vor allem waren ja alle Menschen, die uns auf der Reise angesprochen haben, sehr interessiert und dadurch auch immer positiv und äußerst freundlich, es waren also durch die Bank angenehme Gespräche.

Wir fahren weiter Richtung Johannesburg und machen einen Stopp auf einem Markt, den wir auch schon von früher kennen. Ich weiß ja leider nach wie vor nicht, wie wir die Motorräder wieder nach Deutschland zurück bringen und darum kann ich überhaupt nicht einschätzen, ob wir unser gesamtes Gepäck auf einer Palette bei den Motorrädern lassen können oder wir alles als Übergepäck im Flugzeug mit zurücknehmen müssen. Bei einer deutschen Fluggesellschaft, die für den Rücktransport eventuell in Frage käme, ist es z.B. nicht möglich, das Gepäck in den Motorradkoffern zu lassen, da muss alles leer sein und das wäre eine Katastrophe, die gesamten Motorradklamotten, die Stiefel, die Helme, das gesamte Gepäck, die Fotoausrüstung, die Tankrucksäcke, die Campingausrüstung, welch Albtraum! Wir müssten dann sehr viel für Übergepäck bezahlen. Auf jeden Fall kann ich diesen Markt nur bedingt genießen, ich kann ja nichts kaufen. Mir bricht fast das Herz, hier gibt es ganz ungewöhnliche Stoffe, Schmuck, Geschirr, Figuren, afrikanische Einrichtungsgegenstände und noch so viel mehr!

Wir fahren an Seen vorbei, Verkehrsschilder mit „Vorsicht Hippos" tauchen auf und dann gehen wir zum Essen in einen Farmstall. Da bekommt man sehr gutes Essen, Lieferanten sind die Bauern aus der

Umgebung, es gibt fast immer hausgemachte Kuchen und andere Spezialitäten. Oft ist auch noch ein Curio-Shop angeschlossen, da kann man dann meist handgearbeitete Souvenirs aus dieser Gegend erstehen. Man sitzt sehr ruhig und gemütlich und die Preise sind auch in Ordnung. Die südafrikanische Küche ist sehr vielfältig, sie ist geprägt von englischen, indischen und holländischen Einflüssen. Sehr oft gibt es hier auch Braii, das ist praktisch alles, was sich grillen lässt. Die Südafrikaner sind ja totale Campingfans, da wird allabendlich mit den besten Freunden von nebenan gegrillt.

Wir fühlen uns wohl hier in Südafrika, das war das erste Land hier im südlichen Afrika, das wir besucht haben und zwar sofort nach Abschaffung der Apartheid. Vorher wollten wir da nicht herkommen, diese Politik war uns zutiefst zuwider. Und gleich bei diesem ersten Besuch hat es uns so gut gefallen, dass wir mittlerweile schon das siebte Mal hier sind. Für Südafrika trifft der Slogan „Eine Welt in einem Land" ganz genau zu, es ist so ungeheuer vielfältig und interessant!

Wir fahren weiter nach Lesedi, unserem heutigen Tagesziel. Lesedi liegt mitten im Bushveld in den felsigen Hügeln der Magaliesberge. Da hat es mir bei einem unserer letzten Besuche sehr gut gefallen, fotomäßig ist es ein Paradies. Es heißt „Lesedi Cultural Village" und ist, wie ich vor ein paar Tagen im Internet festgestellt habe, auch ein Hotel. Und zwar ein ganz besonderes. Wenn das nur im Ansatz hält, was ich mir laut Website davon verspreche, dann wird das eine der originellsten Übernachtungen der gesamten Reise. Seltsamerweise finde ich Lesedi wie im Schlaf wieder, obwohl es etwas abgelegen und die Einfahrt nicht gut zu erkennen ist. Das Ganze ist so bunt und freundlich, hier muss man gut gelaunt sein. Ich habe mir im Internet schon ein „Nguni-Zimmer" herausgesucht und so eines ist auch noch frei. Das ganze gibt es aber am besten im Paket mit einer abendlichen Vorführung, anschließendem Abendessen und Frühstück. Dieses Paket nehmen wir dann auch. Die Dame von der Rezeption zeigt mir das Zimmer und ich bin einfach nur noch begeistert, es ist tatsächlich die originellste Unterkunft, in der ich in meinem Leben war. Eine Hütte mit strohbedecktem Kuppeldach in einem Zulukral, die Einrichtung sehr unkonventionell und dazu noch der pure Luxus, einmalig! Eine Zuluhütte mit Fernseher, äußerst ungewöhnlichem Luxusbad, richtig dicken Daunendecken, Elefantenstoßzähnen (nicht echt!), wunderbaren Farben, Original-Kuppeldach, ein absoluter Traum!

Nachmittags gibt es eine multivisuelle Präsentation der Geschichte und Entstehung der Regenbogennation, wie das multikulturelle Südafrika auch genannt wird. Später gibt es noch eine Tour durch die verschiedenen Siedlungen der Zulu, Pedi, Basotho, Xhosa und Ndebele. Die Kamera kommt hier gar nicht mehr zur Ruhe, es gibt so viele Motive. Zwischen der Tour und dem später stattfindenden Boma-Fest, bei dem traditionelle Tänze vorgeführt werden, gehen wir noch kurz auf unser Zimmer, das müssen wir ja auch ein bisschen genießen. Das Boma-Fest selbst ist, wie eigentlich alles hier, extrem touristisch aber man kann es sich durchaus anschauen. Und dann wird es Zeit für das Abendessen, wir haben jetzt richtig Hunger. Das Büffet ist angerichtet, es gibt viele Köstlichkeiten wie Krokodil, Strauß, Zebrasteak und Antilopengulasch aber es ist auch einiges dabei, das wir nicht unbedingt probieren müssen wie z.B. Walki-Talkies, das sind Hühnerfüße und Hühnerköpfe in Soße. Eventuell würde es ja schmecken aber das soll zumindest für heute ein Geheimnis bleiben. Im Kerzenlicht sitzen wir dann noch auf unserer gemauerten Hausbank vor unserer Nguni-Hütte und lassen diese wundervolle afrikanische Nacht ausklingen.

Das Frühstück hier in Lesedi ist natürlich auch einmalig: wo fragt ein waschechter Zulu nach, wie man geschlafen hat und ob man die Spiegeleier soft oder medium möchte und alles in voller Montur? Nur hier, da bin ich ziemlich überzeugt. Dann kommen immer mehr zu uns an den Tisch und fragen uns zu unserer Reise ein Loch in den Bauch. Wir hören auch ein paar deutsche Stimmen, erst später erfahren wir, dass hier das FIFA-Team übernachtet. Nach und nach treffen die viele Organisatoren der WM hier ein, verschiedene Agenturen und dazu jede Menge Wichtigtuer. Wir lernen Ilse, eine Mitarbeiterin einer Agentur für WM-Sponsoren, etwas näher kennen. Die Geschichten, die sie uns über dieses ganze Klientel hier erzählt sind gelinde gesagt haarsträubend, soviel Korruption. Anscheinend ist das an der Tagesordnung. Aber: wir hören das alles ja „nur" aus erster Hand, ob es also wirklich stimmt? Wir wissen es nicht. Die Zulus probieren dann noch unsere Mopeds aus, natürlich nur im Stehen, fahren darf ja niemand! Einer sitzt drauf und dann lässt Christian den Motor an, der Zulu erschrickt zu Tode, als wäre das ganze eine Höllenmaschine. Ich kann mir ein Lachen nicht ganz verkneifen.

Sehr, sehr ungern verlassen wir Lesedi, wir umfahren Johannesburg eigentlich sehr großräumig, kommen aber doch ganz nahe an Soweto vorbei. Soweto, eine Abkürzung für South Western Townships, ist das berühmteste Township Südafrikas. Hier leben auf 120 Quadratkilometern ca. vier Millionen Menschen. Auch jetzt leben noch hauptsächlich Schwarze in Soweto, es gibt aber schon eine Mittelschicht und auch eine ganz kleine Oberschicht hier. Aber einige Gebiete zählen nach wie vor zu den gefährlichsten Gegenden auf der ganzen Welt. Soweto steht bis heute stellvertretend für den schwarzen Widerstand während der Apartheid. Wir fahren ewig lang an riesigen Flächen, die aus Blechdächern bestehen, vorbei. Das ist wieder einmal ein Beispiel für etwas, das man unbedingt selbst gesehen haben muss, dieses Township ist unvorstellbar groß.

Wir fahren Richtung Bloemfontein. Die Fahrt führt durch absolut weitläufige Landschaft. Südafrika erinnert mich oft an den Beginn von Raumschiff Enterprise: „unendliche Weiten....". Die Straßen sind alle tipptopp, die Tankstellen mit den riesengroßen Shops und Restaurant sehr sauber und gepflegt. Irgendwann fahren wir über eine Brücke und dann sehen wir das Schild „Free State" und man glaubt es ja nicht aber ab da ist es nochmal schöner und nochmal gepflegter. Endlosen Weiten kennzeichnen die Landschaft im Free State. Hier sieht man viele, unvorstellbar große Mais- und Weizenfelder, man kann sagen „soweit das Auge reicht", und das reicht hier weit! Wir fahren heute bis nach Bloemfontein, das ist die Hauptstadt von Free State. Es ist eine moderne Großstadt, umgeben von riesigen Agrarzonen. Im Zentrum fahren wir an gut erhalten historisch Bauten vorbei.

Kapitel 14 – Südafrika

Abends sehen wir dann den Hinweis zu „Bains Game Lodge" und wir fragen uns noch, wie das möglich ist, hier am Stadtrand eine Game Lodge? Wir kommen da an und sehen ziemlich schnell, dass das eine etwas seltsame Angelegenheit ist, die haben hier gerade mal 3 Giraffen und ein paar Springböcke. Die Chalets sind ansprechend eingerichtet und verfügen über eine Terrasse mit eigenem Grill. Wir besorgen uns noch das nötige Zubehör und dann grillen wir große, saftige Steaks, dazu gibt es Kartoffeln und eine aufgeschnittene Gurke. Es schmeckt köstlich. Ein Castle Lager rundet den „weitsichtigen" Tag ab. Erst später bemerke ich, dass ich den Weltstecker scheinbar letzte Nach in Lesedi vergessen habe. Da kann man jetzt auch nichts machen, wir haben den bisher selten gebraucht aber speziell hier in Südafrika ist es wirklich schwierig mit den Anschlüssen. Unterwegs haben meistens unsere Stecker gepasst, hier braucht man aber dringend einen Adapter.

Kapitel 15

Lesotho – Das Königreich in den Bergen.

Beim Frühstück beschließen wir, dass wir heute noch nach Lesotho fahren, es sind bis zur Grenze nur ca. 130Kilometer. Hoffentlich haben sich da mittlereile die Visavorschriften geändert. Wir standen da vor mehreren Jahren schon an der Grenze und haben damals nur mit Sondererlaubnis und der Auflage, dass wir uns innerhalb von 2 Stunden in Maseru, der Hauptstadt Lesothos, beim zuständigen Amt ein Visum besorgen, eine vorübergehende Einreisegenehmigung erhalten. Aber die Zeiten und damit teilweise auch die Visavorschriften ändern sich, es geht alles ohne Probleme, Ausreise aus Südafrika, Einreise nach Botswana und schon sind wir da. Auch hier wird das Carnet nicht abgestempelt, Lesotho gehört ebenfalls zur südafrikanischen Zollunion.

Lesotho ist eines der ärmsten Länder der Welt und hat eine extrem hohe Arbeitslosigkeit. Im Human Development Index steht Lesotho auf Platz 156 von 182. Im ganzen Land soll es laut auswärtigem Amt eine hohe Gewaltkriminalität geben, ganz speziell in der Hauptstadt Maseru. Spaziergänge nach Einbruch der Dunkelheit sollen sehr gefährlich sein, solche Sachen machen wir aber sowieso nicht und ich glaube auch, dass uns unter anderem deswegen bisher absolut nichts passiert ist. Im Grunde genommen muss man nur seinen gesunden Menschenverstand einsetzen, dann weiß man auch im Ausland ziemlich genau, was man machen kann und was nicht.

Kapitel 15 – Lesotho

Wir fahren gleich zum erstbesten Hotel in Maseru, das ist teilweise eine Baustelle aber die Zimmer sind ordentlich. Wir checken ein und fahren dann aber gleich wieder los ins Landesinnere Richtung Roma. Die Landschaft ist eindrucksvoll! Es ist schon sehr schön im „Königreich in den Bergen". Die Ausblicke sind toll und hier ist wieder absolut Schwarzafrika, das ist ganz anders als Südafrika, von dem es ja eingeschlossen ist. Maseru liegt auf einer Höhe von ca. 1.500 Meter und die Berge von Lesotho sind bis zu 3.500 Meter hoch.

Das Wetter ist angenehm, sehr warm und sonnig. Wir fahren noch auf der sogenannte Maluti-Route, das ist eine traumhafte Strecke in den Maluti-Bergen von Lesotho. Es gibt hier sehr viele Haarnadelkurven und gewaltige Höhenunterschiede auf ganz kurze Entfernungen. Mein Fahrspaß hält sich aber in Grenzen, weil an meinem Moped irgendwas scheppert, es nervt mich. Genau genommen höre ich das Geräusch schon seit der Grenze von Zambia nach Botswana immer wieder. Ich habe mir aber gedacht, das liegt an den miesen Straßen und gibt sich schon wieder. Wir bleiben stehen, es ist kein Mensch zu sehen. Aber nach 2 Minuten sind wir schon von vielen Kindern umringt, alle stehen da und staunen. Wundern muss einen das nicht, die Kinder kennen so etwas wie uns und die Motorräder natürlich nicht. Wir überprüfen wieder einmal, woher das Gescheppere kommt und stellen jetzt endlich fest, dass es die Plastikhalterung über der Kette vom Schmutzfänger ist. Die ist scheinbar schon länger angebrochen, der Krempel wird jetzt komplett abgebrochen und fertig. Was nicht mehr da ist, kann auch nicht mehr scheppern! Gut gelaunt, dass es nichts Schlimmeres war, fahre ich weiter. Die Menschen hier erinnern mich ein bisschen an Äthiopien, das trübt die Freude an der Traumlandschaft ein wenig.

Abends fragt uns der Hotelmanager während des Essens ein Loch in den Bauch, immer die gleichen Fragen. Er erzählt uns dann aber im Gegenzug noch einiges über Lesotho, zum Beispiel, dass er schon der Meinung ist, dass sich in Lesotho vieles zum Besseren wendet aber dass jede kleine Veränderung sehr lange dauert. Wir sind der Meinung, dass sich eigentlich nur im Zentrum von Maseru im Vergleich zu unserem letzten Besuch etwas geändert hat, außerhalb stellen wir das nicht fest, da haben wir den Eindruck, dass alles genau so armselig wie damals ist. Aber ich glaube natürlich, dass der Hotelmanager das besser weiß, er lebt ja schließlich hier. Es ist ein wirklich interessanter Abend. Die Motorräder stehen direkt vor dem Haupteingang. Auf dem Parkplatz passiert zwar laut Manager auch nichts aber sicher ist sicher und das ist hier eben direkt vor der Tür!

Wir beschließen, noch einen weiteren Tag in Lesotho zu bleiben, es gefällt uns sehr gut hier. Es ist ja auch Frühling und die vielen Pfirsichbäume blühen. Wir checken aber aus dem Hotel aus und fahren Richtung Norden. Vielleicht übernachten wir ja da irgendwo und eventuell gibt es ja auch eine Möglichkeit, über den Sanipass nach Südafrika einzureisen. Unsere Erkundigungen haben zwar ergeben, dass es momentan für Motorräder nicht möglich ist, über den ca. 3.500 Meter hohen Pass zu fahren, das Wetter soll zu unsicher sein und teilweise würde es noch schneien aber man weiß ja nie.

Die Straßen hier in Lesotho sind größtenteils katastrophal, viele Schlaglöcher machen ein schnelles Vorwärtskommen unmöglich. Wir halten oft an, um diese einzigartige Landschaft zu genießen und die Leute ein wenig zu beobachten. In der Hauptsache sind das Viehhirten, die mit ihren Rindern unterwegs sind. Fast alle Einwohner Lesothos gehören zum Volksstamm der Basotho, die Sprache hier ist Sesotho. Die Viehhirten tragen alle die traditionelle Kleidung der Basotho, diese besteht aus dem Mokorotlo, das ist ein spitzer, kegelförmiger Hut aus geflochtenem Stroh; und dazu gehört eine Wolldecke, die als Umhang dient. Und Gummistiefel dürfen auch nicht fehlen.
Wir haben heute traumhaftes Wetter, es ist sehr warm. Und dann fahren wir über einen 2.830m hohen Pass, hier gibt es neben der Straße noch ab und zu Schnee. Es ist eine absolut ursprüngliche, afrikanische Gegend, für mich eine der allerschönsten der gesamten Reise.

Kapitel 15 – Lesotho

Der Pass ist in etwa so wie das Stilfser Joch zu befahren, nur sind hier keine Südtiroler unterwegs sondern eben Basotho. Nach dem Pass kommt eine „Ortschaft", so ist es zumindest in der Karte vermerkt. Das Ganze hier ist aber eine Lodge, die auf den ersten Blick sehr urig aussieht. Absolut am Ende der Welt, außen herum einfach gar nichts, dazu liegt sie mitten in den Bergen und direkt an einem Fluss. Vielleicht wäre das ja was für diese Nacht. Ich gehe in die Rezeption, die Häuschen schauen von außen und von der Weite eigentlich ganz urig aus. Aber an der Rezeption hole ich die zuständige Dame aus dem Tiefschlaf, entsprechend ist sie natürlich gelaunt. Ich lasse mir ein Zimmer zeigen, die sind mies und dann riecht es da noch dermaßen feucht, eine Zumutung! Ich möchte noch ein anderes Zimmer sehen, weil ich es gar nicht glauben kann, das ist aber ähnlich trostlos und dazu 110 Euro pro Nacht für so eine madige Absteige! Ich hatte hier mit 10 Euro gerechnet. Genervt frage ich sie, wo wir Benzin bekommen können. Sie sagt mir, dass sie hier durchaus Benzin haben, das aber nur an Leute verkaufen, die auch hier übernachten. Auf die Frage, wo denn in etwa die nächste Tankstelle wäre, gibt die Gute auch keine klare Antwort. Also hier bleiben wir für so viel Geld jedenfalls nicht, irgendwann brauchen wir auch wieder einmal Benzin und so beschließen wir, zurück Richtung Maseru zu fahren.

Wir wollen eigentlich zu einer Lodge fahren, für die wir ein Hinweisschild beim Herauffahren gesehen haben, erst jetzt lesen wir aber, dass die 33 Kilometer Pistenstraße von der Hauptstraße entfernt ist. Das ist uns zu riskant, außerdem wissen wir nicht, was die dann wieder kostet. Also zurück nach Maseru. Diesmal gehen wir aber nicht ins Baustellenhotel „Lesotho Sun" sondern ins „Maseru Sun", eigentlich alles ziemlich gleich bis auf die fehlende Baustelle. Leider gibt es auch hier noch ein paar kleine Unzulänglichkeiten in unserem Zimmer, unter anderem fällt die Balkontüre praktisch aus der Verankerung. Da wir aber keine Spaxschrauben und kein Werkzeug dabei haben und auch keine Lust mehr auf Reparaturen, frage ich an der Rezeption nach, ob sie gleich jemanden schicken können, der das repariert, sie mach aber erst mal den Vorschlag, die Türe doch einfach nicht aufzumachen, das kommt aber nicht in Frage. Kurz darauf wechseln wir das Zimmer. Und das ist bei uns schon immer eine größere Aktion mit dem ganzen Gepäck, der Motorradkleidung, den Stiefeln, den Helmen, den Tankrucksäcken, irgendwie nervig!

Morgens wollen wir dann Richtung Südafrika losfahren aber die Lichter auf meinem „Armaturenbrett" sind nicht mehr ganz so hell wie sonst immer und irgendwie fehlt auch ein bisschen Kraft beim Starten. Ja, was soll das denn jetzt? Aber das Motorrad springt dann doch noch an und wir fahren los. Christian meint, mein Motorrad wäre eben ein „Kacherl" und kein richtiges Motorrad. Eigentlich sollte ich ihn stehenlassen, bin aber jetzt zwecks eventuellem Anschieben auf ihn angewiesen. Also, wenn er meint, dann ist es halt ein „Kacherl". Auch im Süden Lesothos ist die Landschaft absolut unvergleichlich und wir machen noch ein paar Fotostopps.

Fazit Lesotho: landschaftlich ist Lesotho mit seiner beeindruckenden Bergwelt eines der allerschönsten Länder der gesamten Reise. Dazu kommt noch, dass hier gerade Frühlingsbeginn ist und in der ansonsten braunen und kargen Landschaft alles blüht, wir sind begeistert! Für nächstes Mal nehmen wir uns fest vor, dass wir dann endlich über den Sanipass fahren, den wir jetzt wegen des unsicheren Wetters auslassen mussten.

Kapitel 16

Zurück in Südafrika – Ein Traum geht zu Ende.

Kurz vor der Grenze fährt ein Motorradfahrer vor uns her. Ich finde, dass er ein bisschen schleicht. Christian überholt ihn in der Gerade, mich nervt er dann kurz vor einer Kurve und irgendwie schneide ich ihn dann nach dem Überholen. Ich denke mir noch: „so, das hast Du jetzt davon, wenn Du so schleichst." Bald darauf kommen wir zur Grenze und der Motorradfahrer überholt uns dann wieder mit letzter Kraft. Irgendwie schwant mir schon was, das wird ja wohl kein Grenzbeamter sein? Aber er ist natürlich doch einer. Christian geht ins Grenzhäuschen und der Beamte kommt schon auf mich zu. Ist der jetzt gut drauf oder schlecht? Gott sei Dank ist er interessiert und stellt nur die üblichen Fragen. Und dazu teilt er mir noch mit, dass gleich hinter der Grenze in Südafrika 36 Kilometer allerschlechteste Piste warten. Muss das jetzt wirklich sein?

Die Formalitäten sind genau wie bei der Einreise schnell erledigt, wir fahren über eine Brücke zur südafrikanischen Grenze. Da klappt auch alles prima und schon geht der Grenzbalken hoch. Christian fährt, bei mir kommt nur lautes Krachen von Fehlzündungen aus dem Auspuff, der Grenzer hält den Balken hoch und hoch und hoch… Und meine verdammte Kiste tut dann keinen Muckser mehr. Soll ich den Bock jetzt nach Südafrika schieben? Das ist aber nicht möglich, es

Kapitel 16 – Zurück in Südafrika – Ein Traum geht zu Ende

geht ziemlich bergauf. Christian dreht schon um dann springt der Hobel mit letzter Kraft nochmal an, bin ich froh!

Gleich kommen wir auf die angekündigte Piste, wir haben wahnsinnigen Seitenwind. Bis nach Zastron, der ersten Ortschaft in Südafrika, brauchen wir aber nur ungefähr eine halbe Stunde, wir lassen es so richtig krachen nach dem Motto: über Wellblech muss man fliegen! Es gefällt mir gut, teilweise fahre ich im Stehen, damit ich die Schlaglöcher besser sehen kann. Wird das Pistenfahren jetzt doch noch zum Hobby? Zastron ist dann nicht besonders sehenswert und wir fahren weiter nach Aliwal. Wer hat denn davon schon etwas gehört, wir jedenfalls nicht! Aliwal liegt am Oranje und wir fahren über eine schöne alte Brücke in die Stadt hinein. Ich sehe gleich eine ganz tolle Lodge, wir fragen, aber, ich kann es gar nicht glauben, es gibt hier keine freien Zimmer mehr, nächste Lodge, ausgebucht, bei der nächsten gibt es noch ein Zimmer. Wobei jetzt aus der Lodge „Landys Guesthouse" geworden ist, das liegt mitten auf dem Hof, der Mann von Landy repariert Kühlschränke und Waschmaschinen, etwa 50 Stück davon stehen direkt vor dem Guesthouse. Die Besitzerin kommt heraus und fragt, ob wir ein Zimmer suchen. Ja sicher, einen Kühlschrank wollen wir nicht mitnehmen! Ich denke mir noch, wie soll ich der jetzt sagen, dass wir hier, auf diesem besseren Schrottplatz, nicht bleiben möchten, sie hat uns gleich zur Begrüßung die Hand gegeben, da kommt man dann gar nicht so leicht wieder weg. Sie zeigt mir aber schon das Zimmer und das ist wirklich ganz liebevoll eingerichtet, wir bleiben! Es gibt noch ein Problem, ich sage der guten Frau, dass wir kein Afrikaans sprechen aber sie teilt uns mit, dass sie schon englisch spricht. Wir verstehen sie kaum, sie spricht ist so einen Mischmasch. Die Gute ist extrem derb aber sehr lustig. Der Preis ist vereinbart, das Wesentlich ist gesagt, also: passt schon!

Wir schauen uns Aliwal noch an, es ist ein gemütliches kleines Städtchen, hier kann man sich durchaus wohl fühlen. In der River Lodge essen wir dann noch auf der Terrasse direkt am Oranje das mittlerweile wievielte Steak? Jedenfalls schmeckt es ausgezeichnet wie immer und außerdem ist so ein Steak hier im südlichen Afrika absolut erschwinglich. Bei uns bezahlt man da ja schnell einmal das Doppelte und mehr. Danach machen wir noch eine kleine Shopingtour durch den riesengroßen örtlichen Supermarkt, hier gibt es alles, was das Herz begehrt. Die Auswahl in den Märkten der großen südafrikanischen Supermarktketten ist riesig, die steht dem Angebot in Deutschland nicht nach. Durch den momentan sehr günstigen Randkurs sind die Waren für uns auch wirklich billig. In diesen Märkten gibt es auch Bäckereien, die haben gute Semmeln, solche hatten wir ja durch ganz Afrika nicht. Wir kaufen uns manchmal abgepackte Salami und dazu diese köstlichen Semmeln, das verspeisen wir dann genüsslich irgendwo in der unendlichen Weite Südafrikas.

Wir schlafen gut in Landy`s freundlich eingerichtetem Zimmer und am nächsten Morgen bekommen wir ein Frühstück, so was von viel zu viel, da mag man ja gar nicht anfangen zu essen. Sie meint es ja sicher gut aber der Teller ist überladen. Und dann schmeckt es uns zu allem Überfluss auch nicht. Mir tut es ja fast leid und ich suche nach einer Möglichkeit, irgendwo ein bisschen was zu entsorgen, finde aber nichts. Und so lassen wir fast alles zurückgehen.

Und dann alles wieder aufpacken und los geht es. Glaube ich zumindest. Auch Christian glaubt das und verlässt den Hof – dass mein Moped gestern kaum mehr angesprungen ist, hat er schon längst vergessen. Aber: „Hüstel, hüstel, finito". Jetzt geht nichts mehr. Er kommt zurück und nach mehreren Versuchen steht fest: die Batterie ist hinüber, da geht gar nichts mehr. Das Problem ist jetzt, dass so eine Batterie hier natürlich nicht zu bekommen ist. Wir fragen überall nach, keine Chance! Wir fahren los Richtung Süden. Ich bin richtig gefrustet. Der Tankstellenbesitzer etwas außerhalb sagt uns noch, dass wir die nächste Chance auf eine Batterie erst in Port Elizabeth haben, da ist doch scheinbar tatsächlich ein BMW-Händler, der auch Motorräder hat. Nur sind es von Aliwal nach Port Elizabeth ca. 550 Kilometer, ein langer Weg, die Batterie lädt sich nämlich nicht mehr auf. Und so

Kapitel 16 – Zurück in Südafrika – Ein Traum geht zu Ende

fahren wir bis auf einen Tankstopp durch nach Port Elizabeth. Sehr anstrengend und auch schade, dass wir nicht öfters halten können. Es gibt beeindruckende Ausblicke zwischendurch aber irgendwo mit laufendem Motor stehenbleiben mag ich auch nicht so gern! Und irgendwann kommen wir dann nach Port Elizabeth, kurz PE, die Stadt liegt direkt am indischen Ozean und von hier bis nach Kapstadt sind es nur noch 770 Kilometer. Das Meer, die gewaltige Brandung, hier gefällt es uns! Schade, dass wir jetzt zu BMW müssen, das sehr schwierig zu finden sein soll. Christian hätte KTM und Honda im GPS, was hilft's wenn wir zwei BMWs haben. Nach wirklich sehr langem Suchen finden wir aber tatsächlich noch hin, kurz bevor sie schließen. Sie haben auch eine passende Batterie da, müssen die aber erst aufladen und es ist ja schon abends. Also müssen wir morgen wieder kommen, ich hoffe, sehr, dass mein Motorrad morgen früh vielleicht doch noch einmal anspringt. Auch hier gestaltet sich die Suche nach einer Unterkunft sehr schwierig, es ist fast alles ausgebucht. Wir finden in ein paar Kilometer Entfernung ein richtig gemütliches Zimmer in der "Victorian Villa". Wir haben jetzt wirklich Hunger, wir sind den ganzen Tag gefahren und hatten nichts zu essen, weil ich ja den Motor nicht abstellen konnte. Die freundliche Dame an der Rezeption gibt uns als Restauranttipp noch das „Old Austrian Restaurant" mit auf den Weg. Christian freut sich da natürlich ganz besonders, ich mich aber auch. Wir finden das Restaurant schnell, es ist sehr gemütlich hier. Der Ober kommt und wir unterhalten uns ein bisschen mit ihm, Österreich hat er zwar noch nie gesehen, er würde sich aber sehr freuen, wenn er da mal hinkommen könnte. Wir bestellen als Vorspeise die Frittatensuppe, die wirklich köstlich schmeckt und als Hauptspeise das Wiener Schnitzel, exzellent! Da kommen Heimatgefühle auf!

Mittlerweile darf ich gar nicht mehr dran denken, dass wir Kapstadt jemals erreichen, ich könnte sofort heulen. Da die ganze Reise so unsagbar schön ist und wir uns auch so wohl fühlen, möchten wir beide nicht, dass wir ans Ziel kommen. Die Aussicht ist einfach schrecklich. Aber für heute Abend wird das wieder einmal verdrängt, wir trinken noch guten südafrikanischen Wein, der Abend ist richtig lustig und kurzweilig, wahrscheinlich auch, weil wir beim Österreicher sind...

Morgens springt das Motorrad auf sehr gutes Zureden und Schieben nochmal an und wir fahren gleich zu BMW. Die Batterie ist aufgeladen und wird eingebaut. Der Einbau ist gratis und das ist die erste und vermutlich auch letzte Leistung, die ich bei BMW jemals umsonst bekommen habe. Und dazu bekommen wir auch einen ausgezeichneten Kaffe vom Verkaufsleiter, dem wir aber im Gegenzug ganz genau erzählen müssen, wie wir denn gefahren sind, was wir denn erlebt haben und so weiter.

Das Motorrad springt beim ersten Versuch wieder an, bin ich froh! Wir fahren die Gardenroute entlang Richtung Plettenberg Bay. Die Landschaft ist grandios, wir fahren immer wieder zum Meer, zum Beispiel in Jeffreys Bay. Ein Traumstrand, das Meer atemberaubend, riesige Wellen, breiter Sandstrand so weit das Auge blickt und überhaupt: hier könnte man sich gern jedes Jahr längere Zeit aufhalten, diese Häuser direkt am Meer, die haben schon was! Was uns hier in Südafrika jedoch immer wieder missfällt ist schon die Tatsache, dass die Menschen hier einerseits in einem weiten Land leben und sich andererseits aber mit dem eigenen Haus hinter hohen Mauern und Stacheldraht verschanzen müßen. Es gibt hier in Südafrika kaum Häuser, die nicht ummauert sind, die nicht zusätzlich oben auf der Mauer noch diese riesigen Mengen Natostacheldraht haben, teilweise ergänzt durch elektrischen Zaun und kaum ein Haus ohne Schild „armed response". Praktisch jedes Haus wird von einem Sicherheitsdienst überwacht. Und über Nacht haben ganz viele auch Sicherheitspersonal im oder ums Haus, dazu Hunde, irgendwie ist das nichts für uns! Wir selber haben ja oft den Eindruck, dass das alles übertrieben ist und sich hochgeschaukelt hat. Wir sprechen mit vielen Südafrikanern und manche sagen auch, dass dieser ganze Aufwand in vielen Ortschaften nicht nötig wäre. Sache ist aber, wenn einer damit anfängt, dann ziehen die anderen nach und jeder glaubt, wenn sein Haus nicht bewacht wäre, lädt es vermutlich als erstes dazu ein, dass genau dieses Haus

Kapitel 16 – Zurück in Südafrika – Ein Traum geht zu Ende

dann ausgeraubt wird. Ob was dran ist oder nicht, können wir nicht beurteilen aber vermutlich wissen die Leute hier schon, was zu tun ist.

Unterwegs gibt es riesige Kuhherden, in der Größenordnung haben wir noch keine gesehen, hunderte von Tieren. Und dann kommen wir nach Plettenberg Bay, wunderbar, die Lage ein Traum, die Häuser liegen am Hang, die Aussicht ist phantastisch. In Plettenberg Bay gab es früher eine Walfangstation, die aber 1920 geschlossen wurde. Aber das macht uns natürlich gleich hellhörig, Wale? Beim Blick von oben auf das Meer sehen wir ein Hotel, das wie ein Schiff aussieht, direkt am Meer, ein Teil über Wasser gebaut. Das gefällt mir gleich so gut, da möchte ich unbedingt hin. Es gibt nur eine Zufahrt, die ist schwer zu finden aber dann sind wir da. „Beacon Island" heißt es, hier bleiben wir 2 Tage. So können wir wenigstens Kapstadt nochmal auf angenehme Weise nach hinten schieben. Der mondäne Badeort Plettenberg Bay, von den Einheimischen kurz „Plett" genannt, hat mit die schönsten Strände an der Garden Route. Sie ziehen sich über viele Kilometer dahin, man kann hier endlos lange Spaziergänge machen, selbst wir raffen uns in so schöner Umgebung dazu auf. Und dann erzählt uns auch noch jemand, dass genau jetzt eine sehr gute Zeit für Walbeobachtungen ist. Das wollen wir uns natürlich nicht entgehen lassen.

Am nächsten Morgen buchen wir eine „Whalewatching-Tour" für 11Uhr30. Bis dahin gehen wir noch am traumhaften Strand entlang. Es ist kalt hier, Südwinter eben. Und es kommt ein eisiger Wind vom Meer her. Über unsere Pullover ziehen wir noch die Motorrad-Regenjacken an, ansonsten könnten wir es im Freien gar nicht aushalten. Und dann geht es los zur Walbeobachtung, eine kurze Einführung für alle Teilnehmer, dann Schwimmwesten anziehen, rein ins Boot und ab geht es mit Karacho. Erst fahren wir zu einer Seelöwenkolonie, da sehen wir dann auch Delphine, vielleicht gibt es ja auch ein paar gute Fotos? Fotografieren ist aber ziemlich schwierig, das Boot schlingert hin und her. Sehr schnell geht es mit diesem tollen Boot, das die Erlaubnis hat, bis zu 50m an die Wale heranzufahren, weiter. Und dann

Kapitel 16 – Zurück in Südafrika – Ein Traum geht zu Ende

sind sie da, die Wale, sehr beeindruckend, es werden immer mehr und teilweise kommen die bis 10 Meter ans Schiff heran, also wirklich, die kommen heran, das Boot muss gar nicht extra hinfahren! Das ist schon ein Erlebnis. Anfangs weiß ich gar nicht, wo bei diesen Riesentieren hinten und vorne ist und wenn da zwei beieinander sind verliert man den Überblick. Und irgendwann zeigt auch einer seine Schwanzflosse, mal schauen, ob die Fotos was geworden sind! Und dann geht es leider zurück; das Boot fährt mit voller Geschwindigkeit direkt auf den Strand zu und bleibt dann praktisch im Sand stecken.

Ganz begeistert von dem tollen Erlebnis, gehen wir noch ins nächste Fischrestaurant, essen den „Fang des Tages" und schauen dabei gleich die Fotos an. Später besuchen wir noch das Ortszentrum und besichtigen da alles mal genauer. Als erstes gehen wir in eine Eisdiele und da werden wir gleich auf Deutsch gefragt, was wir denn möchten. Die Besitzerin der Eisdiele hat uns sofort als Deutsche entlarvt, kein Wunder, sie kommt auch aus unserem Heimatland. Wir unterhalten uns ein bisschen und Sie erzählt, dass Sie vor 9 Jahren hier im Frühling Urlaub gemacht hat, das hat ihr gleich so gut gefallen, dass sie sich innerhalb von zwei Monaten dazu entschlossen, hat, für immer hierher auszuwandern. Es geht ihr sehr gut hier und sie möchte tatsächlich für immer bleiben. Die Eisdiele hatte sie erst gepachtet, mittlerweile ist sie ihr Eigentum und auch die anfangs gekauft Eigentumswohnung wird demnächst durch ein eigenes Haus ersetzt, toll! Aber sie sagt uns natürlich auch, dass sie hier eigentlich mehr arbeiten muss als in Deutschland, auch hier wird einem nichts geschenkt.

Vorbei an vielen exklusiven Geschäften kommen wir dann auch zu den Immobilienbüros. Wir bleiben stehen und schauen, was denn so wäre, wenn wir im Lotto gewinnen würden. Auch eine ganz bekannte Firma hat viele Anzeigen zu Luxusimmobilien im Fenster aufgehängt. Da sind ein paar schöne Objekte dabei. Und schon kommt ein smarter Verkäufer heraus, fragt, ob er uns seine Business-Card geben darf und ob wir eventuell hier in Plettenberg Bay was suchen würden. Wir fragen ihn, warum hier so viele Immobilien zum Verkauf stehen und er gibt uns zur Antwort, dass es hier in Südafrika, ganz anders als in

Kapitel 16 – Zurück in Südafrika – Ein Traum geht zu Ende

Deutschland, durchaus üblich wäre, alle paar Jahre sein Haus zu verkaufen und dann an anderer Stelle wieder ein neues Haus zu kaufen. Er fragt uns auch noch ein bisschen aus und als er erfährt, dass wir von Deutschland bis hierher mit dem Motorrädern gefahren sind, bittet er uns rein und gibt uns gute Tipps für die Weiterfahrt nach Kapstadt. Unter anderem sagt er uns, dass wir unbedingt die „Route 62" nehmen sollen, die führt vorbei an Straußenfarmen durch die Berge. Er kopiert uns noch seine Landkarte, da zeichnet er auch noch genau den Weg ein, wirklich sehr freundlich. In der Eisdiele lachen wir uns dann schief und stellen fest, dass wir auch nach 11 Wochen Lotterleben scheinbar noch einigermaßen ordentlich ausschauen, wenn der Makler wirklich meint, wir könnten uns eine von diesen teuren Immobilien leisten. Vor allem Christian mit seiner Löwenzahnkette von den Massai, irgendwie wirkt er damit ja etwas unseriös, oder? Abends essen wir noch im „Schiffsrestaurant" im Hotel. Auch hier stellen wir wieder fest, dass sehr viele der Bediensteten in der Gastronomie aus dem Kongo kommen. Gleiches gilt auch für Zimmermädchen und Wachpersonal. Und diese Leute aus dem Kongo sind schon äußerst freundlich und sehr serviceorientiert. Allerdings verwundert uns das alles schon sehr, es gibt hier in Südafrika doch extrem viele Arbeitslose. Wie kann das sein? Wir fragen an verschiedenen Stellen nach und bekommen fast immer die gleiche Antwort, die ich aber hier nicht widergeben möchte. Eine traurige Angelegenheit und was an den Antworten dran ist, können wir auch nicht beurteilen, wir haben zu wenig Einblick!

Spätabends möchte ich dann noch die Fotos für die Internetberichte zusammenstellen, bemerke aber mit Entsetzen, dass ich eine 2 GB Chipkarte wohl etwas zu grob behandelt habe. Sie ist verbogen und hat einfach den Geist aufgegeben, mir wird ganz schlecht, hoffentlich kann man da noch was machen!

Ungern verlassen wir unser „Schiffs-Hotel", freuen uns aber gleichzeitig, dass wir wieder motorradfahren können. Die Motorräder standen die letzten zwei Tage direkt am Haupteingang vom Hotel und so

Kapitel 16 – Zurück in Südafrika – Ein Traum geht zu Ende

sind sie auch schnell wieder bepackt. Wir fahren, wie vom Makler empfohlen, nicht die N2 unten entlang sondern auf die Route 62, die viel imposanter sein soll. Das passt uns auch sehr gut, wir versuchen ja sowieso, einen längeren Weg nach Kapstadt zu fahren, wir wollen einfach nicht ans Ziel kommen. Wir fahren erst noch am Meer entlang, wunderbar, Traumstrände und halt überhaupt: Afrika! Dann geht es hinauf in den Norden, wir kommen an Straußenfarmen vorbei, hier, um Oudtshoorn herum, ist das Zentrum der Straußenzucht.

Strauße liefern sehr schmackhaftes Fleisch. Zusätzlich werden auch noch die Straußeneier, die größten Vogeleier der Welt, zu Lampenschirmen und Schmuck verarbeitet, ebenso wird das Straußenleder zu Taschen, Schuhen, Gürteln, Hüten und vielem mehr verarbeitet. Ich hatte mir hier aber viel mehr Farmen erwartet. Und nach dem Motto: da kommen noch viel größere Farmen, mache ich auch lange keine Fotos, bis es dann zu spät ist! Auf einmal ist es vorbei mit den Farmen. Mittags machen wir eine Pause in einem gemütlichen Gartenrestaurant und hier probiere ich auch gleich Salat mit gebratenem Straußenfleisch, es schmeckt köstlich! Zurück bei den Motorrädern stehen da schon die südafrikanischen Sportler, die einen Wochenendausflug im Mannschaftsbus machen. Sie fragen uns endlos aus und dann sieht mich eine der Sportlerinnen an, sie kann es gar nicht glauben, dass ich als Frau die ganze Strecke mit dem Motorrad gefahren bin und sagt: „Well done, Lady!" Und recht hat sie...

Es wird später und wir suchen lange nach einem Hotel, wir finden keines, wieder nur Lodges, die noch kilometerlange Pistenstraßen von der Hauptroute entfernt liegen. Das ist nichts für uns, wir fahren weiter, es ist ja eigentlich eh mit am schönsten, wenn man abends durch die Landschaft fährt und das letzte Licht selbst die Grashalme vollständig von der Seite ausleuchtet. Wenn da nicht die Tiere wären und die Schlaglöcher und….

In Barrydale , einer kleinen Ortschaft direkt neben der Straße, halten wir an, wir kennen hier nichts und wollten eigentlich auch nicht

Kapitel 16 – Zurück in Südafrika – Ein Traum geht zu Ende

unbedingt hierher aber im GPS sind ein paar Unterkünfte eingetragen und jetzt langt es auch mit der Fahrerei.

Das erste Hotel entfällt wegen Hässlichkeit, das zweite hat geschlossen, das dritte gefällt Christian nicht, es ist ein brauner Kasten, ich vermute aber, dass das was Besonderes sein könnte. Beim vierten pfeift uns ein Irrer hinterher, ich ignoriere ihn einfach, Christian meint aber, wir sollten das „Biker`s Hotel", wie es tatsächlich heißt und an dem wir gerade vorbeigefahren sind, anschauen, wir hätten nicht mehr viel Auswahl. Ich möchte eigentlich nicht, da mir der Kerl schon etwas seltsam vorkam aber sei`s drum! Die Unterkunft ist feucht und dann taucht da auch noch diese seltsame Frau auf, ich möchte da nicht übernachten! In der ganzen Gegend sind wir scheinbar die einzigen Touristen, hier liegt noch alles ein bisschen im Winterschlaf.

Also doch zurück zum „braunen Hotel", ich gehe an die Rezeption und bin schon äußerst angenehm überrascht, sehr extravagant! Der Zimmerpreis ist auch ok und dann führt mich der freundliche Herr von der Rezeption durch den Livingroom, das ist hier im Hotel der allgemeine Aufenthaltsraum, weiter zum Frühstücksraum, von da aus hinauf zu unserem Zimmer mit riesengroßer Veranda. Schon der Livingroom ist absolut klasse, gestaltet von einem Schöngeist bis in die letzte Ecke. Auch der Frühstücksraum ist einfach nur sehenswert, dazu leise klassische Musik im ganzen Haus. Und das Zimmer, riesengroß, eine Wand ist pink gestrichen und da hängt ein Akt-Gemälde – im ganzen Haus hängen nur Akte oder Halb(n)a(c)kte.

Wir duschen noch im Riesenbad und gehen dann ins dazugehörige Restaurant gleich ums Eck. Es ist eine Mischung aus griechischem und marrokanischem Restaurant und auch eines der ungewöhnlichsten, das ich je gesehen habe. Ganz begeistert essen wir dann das seltsam gemischte Essen, später trinken wir in ziemlicher Kälte auf unserer Veranda noch eine kleine Flasche Wein, die da mit 2 Gläsern schon

Kapitel 16 – Zurück in Südafrika – Ein Traum geht zu Ende

auf uns gewartet hat. Dazu noch der Sternenhimmel, es kommt schon ein bisschen Wehmut auf, dass alles bald zu Ende ist!

Morgens hören wir aus dem Frühstücksraum schon ein „Ave Maria" bis in unser Zimmer herauf, der Tag fängt gut an! Der erste Blick des Tages fällt auf das riesengroße Aktbild, das irritiert mich ja schon ein bisschen. Der Frühstückstisch ist mit antikem Geschirr und Blüten gedeckt und dekoriert, da schmeckt alles ja gleich doppelt so gut! Heute geht es weiter in die „richtigen Weinbaugebiete", die Strecke ist wie für Motorradfahrer gemacht. Der Frühling kommt auch schon durch und die Temperaturen sind sehr angenehm. Der Verkehr hier ist minimal, die Saison geht scheinbar erst später los. Gegen mittags kommen wir in Paarl, das nur ca. 50 Kilometer von Kapstadt entfernt ist, an. Wir könnten also durchaus heute bis nach Kapstadt fahren, wollen das aber absolut nicht. Wir umkreisen jetzt Kapstadt noch ein bisschen, um das Erreichen des Ziels hinauszuzögern. Paarl gehört zu den drei ältesten von Europäern gegründeten Siedlungen in Südafrika. Der fruchtbare Boden hier eignet sich unter anderem hervorragend für den Weinanbau. Paarl ist, wie auch die anderen Städte in dieser Region – eine sehr wohlhabende Stadt mit vielen gepflegten Villen und kapholländischen Häusern, es gibt hier zahlreiche Weingüter, die zu den besten im Land gehören. Wir fahren gleich eine Orientierungsrunde durch Paarl und da sehe ich ein Hotel mit angrenzendem Weinberg, ein richtiges Weingut also. Ich möchte eigentlich gleich fragen, Christian meint aber, wir sollten noch ein bisschen weitersuchen. Warum? Weil er gleich erkannt hat, dass es mich praktisch automatisch zur teuersten Unterkunft am Ort zieht.

Wir schauen noch Alternativen an aber an dieses Weingut kommt nichts heran! Also zurück. Ich frage dann an der Rezeption und bin von den hohen Preisen selbst überrascht, wir bekommen aber nach einigem Verhandeln mit der Managerin eine sehr gute Kategorie zum Preis eines Standardzimmers. Zur Begrüßung durch die sehr freundliche junge Dame aus Deutschland, die an der Rezeption arbeitet, gibt es gleich einen Sparkling Wine, normalerweise trinke ich ja tagsüber keines Alkohol aber heute fahren wir ja eh nicht mehr und da geht das schon mal. Er schmeckt gut, steigt mir aber gleich in den Kopf, da ich heute ja auch noch nichts gegessen habe. Außerdem wirkt der hohe Zimmerpreis durch den Alkohol nicht mehr ganz so schrecklich. Und dann gehen wir in unsere Maisonettesuite, die ist im ehemaligen Sklavenhaus untergebracht. Auf der sonnigen Terrasse warten schon die Liegestühle mit den Handtüchern und dazu dieser Blick direkt auf die Weinberge, einmalig!

An der Rezeption haben sie uns vorher noch gesagt, dass das Restaurant hier im Hotel ein Gourmetrestaurant ist und bis vor nicht allzu langer Zeit das beste Restaurant Südafrikas war. Um Gottes Willen, wahrscheinlich ist da der eh schon empfindlich hohe Zimmerpreis nur ein Tropfen auf den heißen Stein im Vergleich zu den Preisen für das Essen? Am liebsten würde ich ja noch im Supermarkt das Nötigste kaufen. Das machen wir aber natürlich nicht, wir melden uns gleich für abends noch zum Gourmetessen an, 19Uhr, Restaurant, Tisch 1, wir sind schon neugierig. Und da es dann schon egal ist, bestellen wir gleich das 6-Gänge „Tasting Menue". Natürlich haben wir keine angemessene Kleidung dabei und so ziehen wir wieder einmal mit unseren mittlerweile etwas lappigen T-Shirts, Outdoorhosen und den Schnürschuhen los ins elegante Ambiente des Restaurants. Aber auch hier in Südafrika ist die Kleidung, wie schon auf der ganzen restlichen Reise, kein Problem. In Afrika wird einfach nicht so viel Wert auf Äußerlichkeiten gelegt, das ist sehr angenehm. Dazu kommt aber, dass wir die einzigen Gäste im Lokal sind, das mag ich eigentlich überhaupt nicht. Da stehen mehrere Ober herum und haben nichts zu tun und natürlich kommt sofort einer zu uns. Der erklärt uns dann ein bisschen das Menü, klingt spannend, ich kenne kaum etwas von dem, was wir heute abends serviert bekommen. Und sofort kommt auch der Sommelier, schreibt man den eigentlich so? Bisher hatte ich noch nichts mit dieser Berufssparte zu tun. Christian ordert dann auch noch wie empfohlen zu jedem Gang einen neuen Wein. Hoffentlich sprengt das unsere Reisekasse nicht endgültig. Jetzt geht es los, vor den 6 Gängen kommt der Gruß aus der Küche, der besteht aus einem Stück Calamari in irgendeiner Soße, dann kommt Thunfisch in irgendwas, auch hier eine Mikromenge, dazu passender Wein und dann eine Suppe mit Entenbrusteinlage, auch dazu wieder ein passender Wein. Die Suppe würde mengenmäßig auch in ein Schnapsglas passen, die zwei Scheiben Fleischeinlage darin wiegen jeweils grob geschätzt ungefähr zwei Gramm. Zwischendrin bin ich versucht, zu sagen, dass sie beim nächsten Gang bitte nicht mehr so reichlich auflegen, es wäre einfach zu viel. Irgendwann kommt dann noch Entenbrust an Gemüse, ich bin am Überlegen, ob ich das mit dem Makroobjektiv fotografieren soll, ich fürchte, dass es ansonsten nicht darstellbar ist. Schon verblüffend, wie wenig man auch noch in Scheiben schneiden kann. Ich sage zu Christian, dass ich hier sicher nicht satt werde, wenn das so weitergeht. Aber nach 6 Gängen und dem köstlichen Gruß aus der Küche bin ich tatsächlich satt! Fazit: viele Mikroportionen füllen den Magen auch, und zwar sehr, sehr gut! Kleiner sollten die Portionen allerdings nicht mehr sein! Meine Sorgen zwecks der hohen Preise hier lösen sich nach dem dritten Gang auch in Wohlgefallen auf, wie schon beschrieben, hat Christian ja zu jedem Gang einen extra Wein bestellt und der hat bekanntlich Alkohol. Jedenfalls ist es ein total lustiger Abend.

Da es auf dem Weingut so schön ist, haben wir schon gestern beschlossen, noch einen Tag zu bleiben. Wie von Zauberhand fehlt uns heute morgens gar nichts, ich war ja ziemlich überzeugt, dass da von dem kleinen Rausch was übrig bleibt! Dann hätte ich dem Sommelier die Ohren langgezogen – hatte der wirklich große Ohren oder habe ich mir das nach Weinrunde fünf eingebildet?

Jedenfalls gibt es auf der Terrasse mit Blick auf die umliegenden Berge ein Frühstück mit allem Drum und Dran, auch Austern und Champagner wären verfügbar, Austern mögen wir aber sowieso nicht und Champagner zum Frühstück muss auch nicht sein – vor allem, da

Kapitel 16 – Zurück in Südafrika – Ein Traum geht zu Ende

wir gleich im Anschluss eine Runde mit dem Motorrad drehen wollen. Wir fahren nach Franchhoek und dann noch nach Stellenbosch, beides ebenfalls sehr reizende Weinorte. Speziell Stellenbosch hat sich aber seit unserem letzten Besuch vor einigen Jahren verändert und vergrößert. Wir besuchen einen gemütlichen Markt und sitzen uns dann auf die Terrasse eines Cafes, von da aus können wir die Leute beobachten. Die Sonne scheint angenehm warm, hier kann man es aushalten. Wir sind ganz nahe an Kapstadt, eine halbe Stunde Fahrt... Wir fahren den ganzen restlichen Tag durch dieses wunderbare Weinbaugebiet, es gefällt uns sehr gut. Es soll hier ja auch sehr viele deutsche Auswanderer geben, die haben sich schon ein ganz tolles Fleckchen herausgesucht. Zum Abendessen geht es heute in das Zentrum von Paarl in ein Fischrestaurant. Zurück im Hotel sitzen wir dann noch ganz trübsinnig auf der Terrasse, die Gedanken an das Ende der Reise lassen sich nicht mehr verdrängen. Ich möchte Afrika absolut nicht mehr verlassen. Unsere Erkundigungsgänge zu den verschiedenen Immobilienmaklern in Paarl haben aber nichts ergeben, wir haben festgestellt, dass wir jetzt nicht unbedingt nach Südafrika oder in ein anderes der auf dieser Reise besuchten Länder auswandern wollen, sondern dass der Reiz der Reise eben darin besteht, dass man praktisch jeden Tag an einem anderen Ort ist, andere Menschen kennenlernt und unvorstellbar viel sieht. Unterwegs war ja sowieso alles schon so schön aber am Ende einer Reise neige ich dann immer dazu, dass ich alles noch mehr glorifiziere, immer das gleiche! Dabei haben wir so unwahrscheinlich viele Eindrücke gesammelt, die müssen wir ja alle erst einmal verarbeiten.

Beim Frühstück würde ich heute vor lauter Traurigkeit am liebsten doch gleich ein Gläschen Champagner trinken oder auch zwei. Wir können es nicht mehr vermeiden, heute geht es endgültig ans Ziel, wir brechen nach Kapstadt auf. Wir fahren und fahren und Christian sucht noch kleinere Straßen, die hinter herum führen, damit wir nicht so schnell ankommen. Und dann kommen wir auf eine Stadt zu, ich sehe die Skyline am Meer. Ich sehe alles aber nur leicht verschwommen und fange beim Anblick erst so richtig zu heulen an. Ich muss das Visier komplett aufmachen, damit die Tränen wieder trocknen ich kann ja so fast nichts mehr erkennen. Ich bin so durcheinander, dass ich erst nach einiger Zeit feststelle, dass das hier ja gar nicht Kapstadt ist sondern Sommerset West.

Christian fährt zu einer kleinen Pause noch irgendwo raus, ich erzähle ihm den Irrtum, wir lachen beide. Wie konnte denn das passieren, ich war doch schon in Kapstadt? Der Wehmut lässt ein bisschen nach.

Gut, dass Christian die Strecke Richtung Kap der guten Hoffnung, dem eigentlichen Zielpunkt unserer Reise, wählt und noch nicht nach Kapstadt hinein fährt. Eine traumhafte Fahrt, meistens direkt am Meer entlang. Die Wellen sind sehr hoch, der Wind ist ganz brutal, wir surfen praktisch Richtung Süden. Dann kommt die Zahlstelle am Kap der guten Hoffnung, das ganze hier ist ein Nationalpark und wir fahren die letzten Kilometer.

Angekommen sehen wir nicht gleich ein Schild fürs Abschlussfoto und sind ziemlich enttäuscht. Dann sehen wir es aber, wir müssen nur ein bisschen weiter auf unerlaubtes Terrain vordringen, die Mopeds irgendwie aufstellen und dann noch jemanden finden, der ein Foto von uns macht. Wir unterhalten uns länger mit William, einem Österreicher, der vor langer Zeit nach Kapstadt ausgewandert ist. Er gibt uns seine Telefonnummer für eventuelle Probleme. Ihn verpflichte ich auch, dass er von uns einige Fotos macht. Das Ergebnis, William verzeih es mir bitte, ist grauenhaft. Wie kann man nur so gar keinen Blick haben?

Ich sehe, dass uns ein Tourist fotografiert und sage zu Christian, dass ich den frage, ob er mir vielleicht ein Foto davon zukommen lässt. Seine Frau, die gleich daneben steht, sagt, dass er das sicher machen kann. Da ich schon sehe, dass er weiß, wie man mit dem Fotoap-

Kapitel 16 – Zurück in Südafrika – Ein Traum geht zu Ende

parat umgeht, frage ich ihn noch, ob er auch mit meiner kleinen Kamera noch ein Foto von uns machen kann, was er auch geduldig tut. Das Ergebnis sieht man direkt auf der Homepage. Wir führen hier noch viele Gespräche mit deutschen, englischen, österreichischen und anderen Touristen. Sie alle sind sehr interessiert und können es, wie so viele andere, die wir auf der Reise getroffen haben, nicht glauben, dass wir die gesamten 18.500 Kilometer mit den Motorrädern gefahren sind. Viele schauen wehmütig, man sieht Ihnen an und sie sprechen es aus, dass sie auch gern so eine Reise machen würden. Sie sagen uns, sie hätten nicht den passenden Partner, die Zeit, das Geld, den Mut, aber vielleicht irgendwann…. Man sollte nur nicht zu lange träumen!

Dann fahren wir nach Kapstadt, es bleibt nicht mehr aus. Ich habe gestern abends noch über das Internet wieder mal im „Hot-Deal-Verfahren" ein Guesthouse in Kapstadt-Greenpoint gebucht, die Lage ist sehr zentral, zu Fuß sind es zur Waterfront keine zehn Minuten. Zum Abschluss soll es schon nochmal eine besondere Unterkunft sein!

Und dann sehen wir Kapstadt, die Traumstadt an der Südspitze Afrikas! Die Lage ist einmalig! Die beiden berühmtesten Sehenswürdigkeiten sind der Tafelberg und die „Victoria and Alfred Waterfront". Unbedingt besuchen sollte man auch die Long Street in der Innenstadt, eine der belebtesten Straßen von Kapstadt mit vielen verschiedenen Geschäften, Restaurants, Cafes und Kneipen. Auch die vorgelagerte Insel Robben Island, die ehemalige Gefängnisinsel, auf der Nelson Mandela gefangen war, kann man besichtigen. Um Kapstadt herum findet man den Botanischen Garten Kirstenbosch, den sehr touristischen Nobelvorort Camps Bay und den Bluebergstrand im Norden der Stadt, von dem aus man einen wundervollen Blick auf den Tafelberg hat. Vor allem abends zum Sonnenuntergang ein sehr empfehlenswerter Aussichtspunkt!

Das Guesthouse finden wir schnell und Daniel, der Besitzer, der vor 3 Jahren aus Deutschland ausgewandert ist, begrüßt uns sehr freundlich. Er macht uns in seiner Garage Platz für die Motorräder und zeigt uns dann sein viktorianisches Guesthouse. Viktorianisch ist aber nur

Kapitel 16 – Zurück in Südafrika – Ein Traum geht zu Ende

die Substanz des Hauses, möbliert ist es modern und sehr ansprechend. Daniel sagt noch, dass es genau heute wie so oft ist, dass die, die als letzte buchen, auch noch das beste Zimmer bekommen. Und das ist wirklich toll, wir sind beide begeistert.

Abends gehen wir dann noch zur Waterfront auf ein ausgiebiges Menü mit einer Flasche Wein. Wir feiern die Ankunft in Kapstadt! Der Blick auf den Tafelberg ist spektakulär, ich habe tragischerweise keinen Fotoapparat dabei, man soll abends, und das ist hier ab 18Uhr, keinerlei Wertsachen mit sich führen. Und eigentlich sollte man in der Innenstadt keinesfalls mehr zu Fuß unterwegs sein. Und am Kap der guten Hoffnung haben wir ja von einer Reisegruppe gehört, dass gestern abends ein deutsches Ehepaar „erleichtert" wurde, mitten in Kapstadt, 300 Meter vom Hotel entfernt wurden sie von fünf Männern umstellt und dann komplett ausgeraubt! Um 18 Uhr 30! Die Kriminalität hier soll ziemlich zunehmen, schade!

Da sitzen wir jetzt also an der Waterfront und überlegen, dass wir ja demnächst heimfliegen müssen, wir wissen noch nicht wann, wir haben auch noch keine vernünftige Möglichkeit für den Rücktransport der Motorräder gefunden. Und vermutlich kann sich jeder vorstellen, wie gern wir die Lösung dieser Probleme jetzt in Angriff nehmen. Ziemlich spät nachts kommen wir dann zurück ins Hotel und erschrecken fast zu Tode als ein Schwarzer die Gartentür plötzlich aufreißt, als wir gerade den Schlüssel ins Schloss stecken wollen. Er stellt sich aber gleich als Nachtwächter vor und wir unterhalten uns noch ein bisschen mit ihm. Auch er ist, wie das komplette Personal hier im Guesthouse, aus dem Kongo. Und ich kann nur sagen, dass die Leute alle wirklich ausgesprochen höflich und bemüht sind. Aber normal ist das nicht, oder?

Heute Morgen kommt als erstes der bestellte Mietwagen und danach suchen wir aus den „Gelben Seiten" ein paar Firmen heraus, die für den Rücktransport in Frage kommen und rufen bei denen an. Die ganze Sache lässt sich aber sehr zäh an und morgen ist dann auch

Kapitel 16 – Zurück in Südafrika – Ein Traum geht zu Ende

noch ein Feiertag hier in Südafrika. Wir lassen das dann auch ganz schnell ruhen und machen endlich, worauf wir uns schon seit einiger Zeit richtig freuen: wir gehen ins Stadtzentrum und kleiden uns vollkommen neu ein. Mittlerweile passen mir Sachen, die drei Größen kleiner sind als noch in Deutschland, ich bin begeistert. Und dazu dann noch die Preise, teilweise kosten die Klamotten hier weniger als die Hälfte, und zwar Markenkleidung, aber echte! Ich drehe mich vor dem Spiegel, welch Unterschied zu den letzten Wochen: ewig diese schon seit langem viel zu große Outdoorhose und dazu die immer gleichen schwarzen T-Shirts und jetzt das, eine Jeans, die passt, ein blütenweißes T-Shirt in der richtigen Größe, toll! Auch Christian sieht ganz ungewöhnlich aus in seinen neuen Klamotten, die ihm endlich wieder einmal passen. Hochzufrieden und voll bepackt bringen wir alles ins Hotel. Die alten Sachen entsorgen wir, ich rette aber in letzter Sekunde doch noch ein T-Shirt, von allem kann ich mich heute doch noch nicht trennen. Passend zur neuen Kleidung wasche ich mir die Haare und hole den sorgsam gehüteten Haarschaum aus dem Gepäck, den ich jetzt endlich verwenden kann. Christian entdeckt den natürlich prompt und fragt, wo ich den gekauft habe. Ich erzähle ihm, dass der Haarschaum jetzt zusammen mit uns 18.500 Kilometer gereist ist. Christians Reaktion ist nur ein ungläubiges Kopfschütteln und die Frage, ob denn ansonsten noch alles in Ordnung wäre?

Nachmittags wollen wir eine geführte Tour durch ein Township im Süden von Kapstadt machen. Wir kommen da an und treffen auch gleich auf zwei Touristen aus Holland, die gerade mit ihrem Führer zusammen eine Tour beginnen wollen. Wir dürfen uns da ganz kurzfristig noch anschließen und los geht es. Auf diesem sehr interessanten Rundgang erfahren wir viel über die Lebensumstände der Bewohner. Die Schwarzen, die hier arbeiten, wenn sie denn eine Arbeit haben, sind meistens als Hausangestellte und Gärtner bei den Weißen beschäftigt. Und bemerkenswert ist auch, dass der allergrößte Teil der Mitarbeiter von Sicherheitsdiensten, die die Häuser der Weißen bewachen, auch Schwarze sind. Die Politik hat sich zwar verändert aber die Mentalität der Menschen ist gleich geblieben. Private Kontakte zwischen Schwarzen und Weißen gibt es so gut wie keine, nicht auf dem Land und auch nicht in Kapstadt selbst. Wir haben kein einziges schwarz-weißes Paar gesehen, in ganz Afrika nicht! Dann schauen wir noch in der Schule vorbei, die durch die Bank entzückenden Kinder machen gerade Brotzeit. Und dann gibt es für uns noch eine kleine Tanzvorführung. So eine Schule im Township ist nicht selbstverständlich, diese hier wird ausschließlich durch Spendengelder finanziert. Das ist ja schon ein Lichtblick und die Kinder hier wirken auch froh. Wir kommen noch an einem Blechcontainer mit handgemaltem Friseurschild vorbei, im Innenraum warten die Frauen auf wackeligen Stühlen, dass sie an die Reihe kommen. Gleich daneben der gut sortierte Laden in einer schiefen Wellblechhütte und die Bäckerei mit der freundlichen Verkäuferin. Zwischen den Hütten sehen wir einige Autowracks, wir erfahren, dass die Besitzer oft hoffen, dass sie doch irgendwann einmal genug Geld angesammelt haben, dass sie aus den Wracks fahrbare Untersätze machen. Oder einen schön restaurierten Oldtimer, den sie für gutes Geld verkaufen können. Die wenigen fahrtüchtigen Autos, die wir hier sehen, sind aber in einem so erbärmlichen Zustand, die würden bei uns sofort aus dem Verkehr gezogen. Wir sind froh, dass wir hier waren und das gesehen haben.

Heute müssen wir aus dem Guesthouse ausziehen, die Zimmer waren schon länger reserviert. Wir haben gestern schon ein anderes Hotel gebucht. Vom Zimmer in der fünften Etage haben wir einen direkten Blick auf den Tafelberg. Außerdem ist das Hotel insgesamt sehr originell. Mittlerweile haben wir beschlossen, die Motorräder mit dem Flugzeug nach Deutschland zurückzubringen, alles andere ist uns mittlerweile zu umständlich. Das kostet jetzt zwar etwas mehr als der Transport mit dem Schiff aber wir haben bestimmt in Deutschland Anfang November, wenn die Motorräder dann endlich ankommen würden, auch keine Lust, mit dem LKW von Hamburg oder Bremerhaven die Motorräder nach München zu bringen. Das kostet ja schließlich auch was. Außerdem möchten wir die Zeit hier in Kapstadt nicht mit dieser dauernden Sucherei verbringen. Schlussendlich buchen wir einen Flug über die Emirate nach München. Unsere Motor-

Kapitel 16 – Zurück in Südafrika – Ein Traum geht zu Ende

räder fliegen über London und Frankfurt nach München. Ein Riesenvorteil bei der gebuchten Fluglinie ist, dass die Motorräder auf eine Palette kommen und wir das gesamte Gepäck da mit aufladen können. Dann kann ich ja jetzt endlich noch richtig einkaufen!

Zwei Tage vor unserem Abflug bringen wir dann die Motorräder zum Flughafen, die Palette wird gebaut, die Motorräder müssen wir noch ein bisschen zerlegen, das Gepäck kommt drauf und dann alles zum Zoll bringen und das Carnet ausstempeln lassen. Jetzt wird jede Palette mit Folie „versiegelt" und ab geht es in die Gefahrenguthalle. Das ist mit ein Grund dafür, dass diese Motorradtransporte relativ teuer sind, die Motorräder werden ausschließlich als Gefahrengut transportiert. Und das kostet. Ein letztes Foto von den Motorrädern, ich bin wie gelähmt vor Entsetzen, das ist das endgültige Aus der Reise! Es tut mir so unendlich leid, ich kann es gar nicht ausdrücken. Zwei weitere wunderbare Tage in Kapstadt folgen bevor auch wir nach genau 90 Tagen ins Flugzeug nach Hause steigen.

Es war das größte Abenteuer und die schönste Reise unseres Lebens. Nur das Versprechen von Christian, dass wir so was wieder machen, lässt die Tränen das erste Mal über Botswana wenigstens so weit trocknen, dass ich einen Blick auf Afrika von oben genießen kann.

Vielleicht ja bis zur nächsten Reise….?!?

Fazit Südafrika: das Land lässt keine Wünsche offen, weite Landschaften, wunderschöne Tafelberge, tolle Nationalparks, Traumstrände und dazu noch Kapstadt, für mich eine der fünf schönsten Städte der Welt! Südafrika kann ich absolut empfehlen, das Land hat für jeden etwas zu bieten.

Kapitel 17

Fazit

Ich würde jedem, der auch nur die kleinste Chance dazu hat, empfehlen, solch eine Reise zu machen. Es muss ja nicht Afrika sein, es muss halt ein Ziel sein, das einem persönlich zusagt.

Ich würde so eine Reise lieber heute als morgen noch einmal machen, es war einfach einmalig schön. Mit das Beste an so einer Reise ist, dass man endlich einmal wieder aus dem Alltag rauskommt und sieht, dass es da auch noch etwas Anderes gibt! Ich kann über meinen Alltag in Deutschland nicht klagen, der ist sogar recht schön, aber es ist eben Alltag! Für mich ist wichtig, dass ich zu jeder Zeit weiß, dass es eben auch noch etwas Anderes gibt.

Schon oft befragt, was wir bei so einer Reise anders machen würden, kann ich eigentlich nur sagen, dass 3 Monate für diese Strecke schon sehr knapp bemessen sind. Nächstes Mal sollten es mindestens 4 Monate sein. Wir mussten doch das ein oder andere Highlight links liegen lassen. Ich bin mir aber nicht sicher, ob wir das nach 4 Monaten nicht genauso sagen würden, ob wir dann nicht 5 Monate für besser halten würden? Vermutlich schon!

Und das Wichtigste, dass man so eine Reise machen kann: fest beschließen, dass man sie macht und dann zügig einen genauen Abfahrtstermin festlegen, der Rest ergibt sich von selbst, ganz sicher!

Kapitel 18
Tipps und Ausrüstung

Motorräder:
Vorab eine kleine Statistik: Wir haben von München nach Kapstadt genau 18.496 km zurückgelegt, laut Christians Bordcomputer sind wir die ganze Strecke mit einem Schnitt von 60,0 km/h gefahren und haben dabei durchschnittlich 5,2 Liter auf 100 km verbraucht. Wir mussten ca. 85 mal tanken, 1 mal Reifen wechseln, 4 mal Luft nachfüllen, ab und an die Kette schmieren, 1 mal Öl bei der 1200er nachfüllen und die Batterie bei der 650er wechseln.
Im Ganzen betrachtet haben sich die Motorräder gut bewährt.
Christians Motorrad: BMW 1200 GS Modell 2007 (98 PS) mit zwei Alukoffern ZEGA-Case mit 35 und 41 Litern und einem wasserdichten Ortlieb Packsack PS490 mit 109 Liter. Und dazu hat sich Christian ein Schaffell als Sitzunterlage besorgt, am liebsten hätte ich das irgendwann mal weggeschmissen, so viel High Tech und dann dieses Schaffell? Ansonsten sind nur noch ein Sturzbügel, eine spezielle Sitzbank, ein Lenkeranschlag und Pivot Pegs – Gelenkfußrasten bei der 1200er hinzugekommen.
Mein Motorrad: BMW 650 GS Modell 2002 (50 PS) mit zwei Alukoffern ZEGA-Case mit je 41 Litern. Dazu ein wasserdichter Ortlieb Packsack mit 59 Liter. Da der Tankinhalt der Mopeds nicht der größte ist, hatten wir noch 4 Reservekanister je 5 Liter dabei.

Reifen:
Bei den Reifen haben wir uns für Conti TKC 80 entschieden, da diese unserer Meinung nach den besten Kompromiss für die wahrscheinlich auftretenden Anforderungen darstellen. Je einen zweiten Satz Reifen haben wir bereits von Deutschland aus mitgenommen, der Vorabtransport nach Jordanien war uns dann doch zu unsicher.

GPS:
Für die Navigation haben wir uns ein Garmin GPSMAP 60CSx besorgt. Von Tracks4Africa haben wir noch ein paar Tracks besorgt.

Campingausrüstung:
Ein Zelt Vaudee Campo Grande, Zeltunterlage, Thermarest Matten, Schlafsäcke, aufblasbare Kissen und eine minimalistische Küchenausrüstung. Das ganze Campingequipment ist eigentlich nur für den Notfall und für die Wüste gedacht.

Fotoausrüstung:
Canon 400D, 1 Objektiv 28-300mm, 1 Objektiv 24-70mm, 1 Reise-Stativ, UV-Filter, Polfilter, Blasebalg, Reinigungstücher, 1 Akkuladegerät, das auch über die Bordsteckdose auflädt, 3 Akkus, Speicherkarten mit insgesamt 56 GB Speicherkapazität, Sonnenblenden, 1 kleine Kamera Fuju Finepix F50, dafür auch 1 Akkuladegerät, das auch über die Bordsteckdose auflädt, 2 Akkus, 3 Speicherkarten je 2 GB, Videokamera Panasonic HDC-SD100, Speicherchips, 2 Akkus, Akkuladegerät, das auch über die Bordsteckdose auflädt, Beschreibungen, Fototasche, Videotasche.

Computer:
kleines Laptop, Kartenlesegerät, Akku, Mikrofon für Scype, Reisemaus, verschiedene Kabel, 2 zusätzliche externe Festplatten zur Doppelsicherung der Fotos und Filme.

Kapitel 18 – Tipps und Ausrüstung

Geld:
wir hatten Reiseschecks, die noch von einer anderen Reise übriggeblieben sind, dabei. Diese Reiseschecks kann ich absolut nicht mehr empfehlen, die werden praktisch nirgends mehr angenommen und wenn doch, dann sind sehr hohe Gebühren fällig. Wir hatten die normalen Kreditkarten für den Notfall dabei, ansonsten die Visa-Karte von DKB, die ich wärmstens empfehlen kann. Mit dieser Kreditkarte kann man weltweit kostenlos Bargeld abheben. Und auf diese Art kann man sich eine Menge an Gebühren sparen. Außerdem hat man keine Wechselgebühren etc. Die Karte hat in jedem von uns bereisten Land, außer Sudan (da funktionieren aber auch keine anderen Kreditkarten), einwandfrei funktioniert und so hatten wir niemals Schwierigkeiten, Bargeld in Landeswährung zu bekommen.

Telefonieren:
Ich habe mir die Travelsimcard von TUI besorgt (im Reisebüro nachfragen) und das war eine sehr gute Entscheidung. Diese Simcard hat den Vorteil, dass man immer die gleiche deutsche Handynummer hat. Man muss nicht in jedem Land extra eine neue Simcard besorgen. Und die Kosten sowohl für eingehende als auch abgehende Gespräche sind sehr günstig. Der Empfang war von München bis nach Kapstadt mit ganz wenigen Ausnahmen ausgezeichnet. Ein weiterer Vorteil der Karte ist, dass es keine monatlichen Grundgebühren gibt und man die Karte per Internet aufladen kann.

Internet:
Bis auf ganz wenige Ausnahmen gab es in jeder Stadt und jedem kleinen Ort ein Internetcafe. Die Übertragungsgeschwindigkeiten ließen allerdings teilweise sehr zu wünschen übrig. Es gab auch in vielen Hotels WLAN, und so konnten wir mit unserem mitgebrachten Laptop direkt ins Internet.

Tanken:
Da der Tankinhalt unserer beiden Motorräder ja nicht der größte ist, haben wir noch 4 Reservekanister a 5 Liter dabei gehabt. Bis inkl. Jor-

danien waren wir mit dem Sprit sehr wählerisch danach gab es über lange Strecken teilweise nur sehr schlechtes Benzin. Das war aber für beide Motorräder kein Problem, teilweise leichte Leistungsabfälle haben wir bei den Geschwindigkeiten in Afrika nicht so sehr bemerkt. Wir haben die Reservekanister einmal im Sudan gebraucht und einmal in Äthiopien. Ab Sudan bis Südafrika waren die Kanister immer gefüllt. Die Benzinpreise bewegten sich zwischen ca. 0,50 Euro in Syrien bis ca. 1,70 Euro in der Türkei. Sehr teuer haben wir noch auf dem Schwarzmarkt in Äthiopien getankt, pro Liter ca. 2 Dollar.

Verständigung:
Wir haben uns durchgehend von München bis nach Kapstadt auf Englisch verständigt. Allerdings waren wir auch oft in Gegenden, in denen niemand Englisch sprach, da hat es dann mit Deuten, Händen und Füßen funktioniert. Es geht also immer!

Reisezeit:
wir sind am 06.Juli 2009 in München weggefahren und am 03.10.2009 zurückgekommen. Die Temperaturen haben sich zwischen 48 Grad im Sudan und 12 Grad im Äthiopischen Hochland bewegt. Die Reisezeit war eigentlich optimal, nur die Hitze im Sudan war extrem und in Äthiopien hat es teilweise geregnet, ansonsten absolut tolles Wetter bis nach Südafrika. Ich glaube aber, dass man bei 3 Monaten Reisezeit durch den afrikanischen Kontinent von ganz oben bis ganz unten auf jeden Fall einen Kompromiss eingehen muss. Sicher wäre es im Dezember im Sudan angenehmer aber dafür würde es an anderer Stelle dann wesentlich mehr regnen. Wir würden jederzeit wieder Anfang Juli zu so einer Tour aufbrechen.

Übernachten:
wir haben uns schon in Deutschland vorgenommen, nach Möglichkeit immer in Hotels und Gästehäusern zu übernachten. Christian campt leider nicht so gern. So ist es dann auch gekommen, wir haben sehr oft in ausgezeichneten Hotels übernachtet, haben aber durch viele, teilweise

zähe Verhandlungen meistens sehr günstige Preise bekommen. Man darf da bloß nicht gleich aufgeben. Normalerweise wollen auch 5-Sterne-Hotels ihre Zimmer vermieten und wenn es sein muss halt auch zu einem günstigen Preis. Unser Vorteil war, dass wir ja meistens erst abends angekommen sind und dann in jedem Hotel schon klar war, dass da eben noch leere Zimmer sind, die eigentlich vermietet werden sollen. Und die haben wir fast immer bekommen. Zwischendrin haben wir aber auch in unglaublichen Absteigen gewohnt. Gecampt haben wir nur einmal in Zambia, zwei Nächte haben wir im Norden Kenias im LKW verbracht. Problem in Afrika ist, dass es meistens nur ganz miese Absteigen oder Luxushotels gibt, nette saubere 3-Sterne-Hotels sucht man oft vergebens. Die Übernachtungen haben einen großen Posten unseres Reisebudgets ausgemacht. Die Preise haben sich zwischen 0 Euro im Sudan und Kenia und ca. 180 Euro im 5-Sterne-Hotel bewegt. Der Durchschnittspreis lag bei ca. 50 Euro pro Nacht pro Zimmer mit Frühstück. Wenn jemand das Geld dafür nicht ausgeben möchte, gibt es fast immer die Möglichkeit, irgendwo günstig oder gar kostenlos zu campen.

Gesundheit:

Unbedingt vorher zum Tropeninstitut gehen, wir hatten folgende Impfungen: Hepatitis A und B, Tollwut, Gelbfieber, Typhus, alle Standardimpfungen, zur Malariaprophylaxe hatten wir Malarone, an Medikamenten Antibiotika, ein starkes Schmerzmittel, Immodium akut und halt die gängige Reiseapotheke dabei. Mückenmittel kann man überall auch vor Ort kaufen.

Dokumente:

Reisepässe, Carnet de Passages, Visa für Syrien, Jordanien, Ägypten, Sudan und Äthiopien haben wir bereits im Vorfeld besorgt, internationaler Führerschein, internationaler Fahrzeugschein, grüne Versicherungskarte, ADAC-Plus Karte, Langzeitkrankenversicherung vom ADAC, pro Person 10 Passfotos, mehrere Passkopien, alle Dokumente haben wir im Internet hinterlegt, damit wir darauf auch aus dem Ausland zugreifen können.

Literatur:

"Africa", Lonely Planet, 2007, nicht empfehlenswert, zu oberflächlich und bereits veraltet. Außerdem ist der Reiseführer dick und schwer. Karten: Travelmag "Naher und Mittlerer Osten", RV Verlag "Afrika Nordost", International Travel Maps "Sudan" und Michelin, Nr. 746, Zentral-, Südafrika und eine Detailkarte Sudan. Ansonsten immer aktuell im Internet.

Kleidung und Schuhe:

je drei Satz Unterwäsche und Socken sowie eine lange Outdoorhose mit abtrennbaren Beinen, damit man die auch als kurze Hose anziehen kann, dazu je ein Fleecepullover. Ein Paar feste Schuhe und ein Paar Schlappen. Fürs Motorrad noch: Helm, Motorradjacke, Motorradhose, Motorradstiefel, Handschuhe, Regenjacke, Regenhose, Sturmhaube und Halstuch. Dazu je ein Reisehandtuch, ein Waschlappen, ein großes Baumwolltuch.

allgemeine Packliste:

3 Bücher, Feuerzeug, Sonnenbrille, Geldgurt, Handy, Handyladegerät, IPOD, Klettband, Landkarten, Reiseführer, Leatherman, Nähzeug, Schreibsachen, Föhn, Spielkarten, Stirnlampen, Taschenmesser, Reisewäscheleine, 3 Wassersäcke, Weltstecker.

Ersatzteile und Motorradzubehör:

Arbeitshandschuhe, Benzinfilter, Blinkerbirnen, Bordwerkzeug komplett, Dichtmasse, Ersatzbirnen, Ersatzschläuche, Ersatzvisier, Erste Hilfe Tasche, Expander, Flickzeug, Flüssigmetall, Panzerklebeband, Gaszug, Kabelbinder, Kettenspray, Kompressor, Kriechöl, Kupplungs- und Bremshebel, Kupplungszug, Lüsterklemmen, Luftfilter, 2 Reifen-Montiereisen, Reserveschlüssel für die Motorräder und die Koffer, Öl, Ölfilter, Regenschutz Tankrucksack, Reifenpilot, Ventile, Schrauben, selbstverschweißendes Isolierband, Sicherungen, Spannriemen, Teppichmesser, Throttlerocker, Universal-Nippelsatz, Warnweste, Zündkerze, Zweikomponentenkleber.